Uni-Taschenbücher 281

UTB

Eine Arbeitsgemeinschaft der Verlage

Birkhäuser Verlag Basel und Stuttgart
Wilhelm Fink Verlag München
Gustav Fischer Verlag Stuttgart
Francke Verlag München
Paul Haupt Verlag Bern und Stuttgart
Dr. Alfred Hüthig Verlag Heidelberg
J. C. B. Mohr (Paul Siebeck) Tübingen
Quelle & Meyer Heidelberg
Ernst Reinhardt Verlag München und Basel
F. K. Schattauer Verlag Stuttgart-New York
Ferdinand Schöningh Verlag Paderborn
Dr. Dietrich Steinkopff Verlag Darmstadt
Eugen Ulmer Verlag Stuttgart
Vandenhoeck & Ruprecht in Göttingen und Zürich
Verlag Dokumentation München-Pullach
Westdeutscher Verlag/Leske Verlag Opladen

Günter Wiswede

Motivation und Verbaucherverhalten

Grundlagen der Motivforschung

2. neubearbeitete Auflage

Ernst Reinhardt Verlag München/Basel

GÜNTER WISWEDE, geb. 6. 6. 1938 in Nürnberg; studierte Ökonomie, Soziologie, Psychologie an der Universität Erlangen-Nürnberg; dort auch Erlangung des Diploms und des Doktorgrades der Wirtschaftswissenschaften. Ab Januar 1972 Privatdozent für Soziologie an der gleichen Universität.
Schwerpunkte: Verhaltenstheoretische Soziologie, Sozialpsychologie des wirtschaftlichen Verhaltens.

ISBN 3-497-00708 0

Printed in Germany
Einbandgestaltung: Alfred Krugmann, Stuttgart
Satz und Druck: Buchdruckerei Loibl, Neuburg (Donau)
Aufbindung: Sigloch, Stuttgart

Vorwort

Motivforschung bezeichnet in dieser Arbeit das Gebiet der verhaltens- und motivationsorientierten Konsumtheorie. Dieses Gebiet hat sich in den nahezu zehn Jahren seit Erscheinen der ersten Auflage dieses Buches immens ausgeweitet.

Die hier vorgelegte Neubearbeitung hat daher sehr wesentliche Änderungen erfahren, so daß faktisch ein neues Buch entstanden ist. Diese Änderungen betreffen vor allem die Rezeption der neueren relevanten Arbeiten sowie die stärkere Einbeziehung kognitiver Konzepte und der Lerntheorien.

Auch wenn sich diese Arbeit in starkem Maße mit Ergebnissen befaßt, die aus dem Umkreis der Marketingtheorie und -praxis hervorgegangen sind, so möchte ich meinen bereits seinerzeit geäußerten Standpunkt wiederholen, daß ich die verengte und vorwiegend pragmatische Perspektive und Ideologie des Marketing keineswegs für verbindlich erachte. Die verhaltensorientierte Konsumtheorie (Motivforschung) ist Teil der Sozialwissenschaft und damit auch unabhängig von partikularen Interessen von theoretischer und praktischer Relevanz.

Hinsichtlich der sozial-strukturellen Aspekte des Konsumverhaltens, die in dieser Arbeit zugunsten der mehr motivationalen Komponenten in den Hintergrund getreten sind, darf ich auf mein 1972 erschienenes Buch »Soziologie des Verbraucherverhaltens« verweisen, wo ich mich diesen Fragen explizit zugewandt habe.

Nürnberg, im Mai 1973

Günter Wiswede

Inhaltsverzeichnis

Einführung

1. Begriff und Entwicklung der Motivforschung

Begriff und Inhalt der Motivforschung haben zahlreiche Metamorphosen im Verlauf ihrer Entwicklung mitgemacht, und ähnlich wie der umstrittene Begriff des Motivs selbst ist auch die Bezeichnung »Motivforschung« höchst unterschiedlichen Deutungen ausgesetzt gewesen. In ganz allgemeinem Sinne könnte man unter Motivforschung die Analyse der Motivation menschlichen Verhaltens verstehen. Motivforschung in solcher Version wäre identisch mit allgemeiner Motivations- und Verhaltenstheorie, und da Fragen der Motivation herkömmlicherweise (nicht notwendigerweise) der Psychologie zugerechnet werden (oder auf psychologische Aussagensysteme reduzierbar sind), so wäre sie gleichsam eines der Kernstücke der Psychologie.

Im Zuge der Entwicklung bestimmter Teildisziplinen und Forschungsansätze hat jedoch die Motivforschung ihre bevorzugte Anwendung im Bereich der Analyse von Käuferentscheidungen gefunden. Wie *Kunz* (1969) betont hat, ist eine solche Einengung des Begriffs auf die Untersuchung des Konsumentenverhaltens in keiner Weise methodisch oder logisch zu begründen. Allerdings dürfte dies für die Mehrzahl aller Abgrenzungen sozialwissenschaftlicher Disziplinen gelten, deren Erkenntnisobjekt und Kompetenzbereich eher von Fragen zufälliger historischer Entwicklung als von sachlogischen Überlegungen abhängen dürfte. Man kann zwar mit Recht der Auffassung sein, daß man den hier unpassenden, viel zu weit greifenden Namen Motivforschung lieber aufgeben sollte, zumal dieser Begriff oftmals mit einer sehr spezifischen und einseitigen, halbwissenschaftlichen und spekulativen Ausrichtung identifiziert wird, die heute nur noch als Ausdruck einer längst überholten Entwicklungsstufe dieses Forschungszweiges verstanden werden kann. Aber der Name ist nun einmal da, und wir wollen ihm die Untersuchung derjenigen Motivation zuordnen, die das Verbraucherverhalten bestimmt.

Eine weitere Abgrenzung ist notwendig, wenn man Motivforschung der Verhaltensforschung gegenüberstellt. Beide versuchen zwar, »Erklärungen« des menschlichen Verhaltens zu geben, doch nähern sie sich dem Untersuchungsgegenstand gewissermaßen von zwei verschiedenen Richtungen her. Die Beobachtung als Forschungsmethode ist der Verhaltensforschung im engeren Sinne zugeordnet, während sie für die Analyse von Motiven schon deshalb unbrauchbar ist, weil diese nicht sichtbar und beobachtbar sind, sondern nur als »erschließbare« Konstrukte auftreten. Heute besteht jedoch zwischen Verhaltens- und Motivationsforschung kein sachlich begründeter Unterschied mehr, weil sich die Verhaltensforschung von einer nicht mehr zeitgemäßen molekularen behavioristischen Betrachtungsweise gelöst hat. So akzeptiert heute auch die unter dem Primat der Beobachtung stehende Lerntheorie die Existenz sog. intervenierender Variabler, z. B. von Erwartungen.

Ferner ist abzuklären, ob die Motivforschung als Methode, als »box of tools« oder aber als Teildisziplin in Erscheinung treten soll. Die ältere amerikanische Motivforschung hat sich überwiegend in diesem ersteren Sinn verstanden, nämlich als »set of miracle tools available to plumb the depths of the consumer's psyche in some mysterious way« (*Engel* et al., 1968). Nun gehören auch diese »tools« keineswegs der so verstandenen Motivforschung allein an; sie sind vielmehr sämtlich der Psychologie und der Sozialforschung entnommen und – wenn überhaupt – allenfalls nach gewissen Prinzipien für die hier zu untersuchenden ökonomischen Belange modifiziert worden. Es ist also nicht klar, welche dieser Verfahrensweisen man unter welchem Aspekt unter der Bezeichnung Motivforschung zusammenfassen könnte. Es ist daher vorzuziehen, als Motivforschung eine bestimmte Teildisziplin zu verstehen, in die als interdisziplinären Forschungsbereich alle relevanten ökonomischen, soziologischen und psychologischen Komponenten einfließen, die das Verbraucherverhalten als Ausdruck seiner Motivation erklären. In diesem Sinn kann unter Motivforschung jeder Versuch mit jeder adäquaten Methode verstanden werden, das Konsumverhalten von Individuen zu erklären und vorauszusagen. Es ist einleuchtend, daß ein solcher Begriff der Motivforschung sowohl theoretisch als auch methodisch wesentlich mehr impliziert als die Motivforschung amerikanischer Observanz, die ohnehin heute nur noch Ausdruck einer überholten Entwicklungsstufe ist. Geblieben ist allerdings der Versuch, die Frage nach dem »Warum« des Konsumverhaltens hartnäckiger zu stellen und sich nicht mit dem zufriedenzugeben, was Befragte aussagen.

Ausgelöst wurde die Entwicklung der Motivforschung in den Vereinigten Staaten durch einen Artikel von *P. F. Lazarsfeld* (1935) mit dem Titel »The Art of asking Why«, ein Ansatz, der dann später unter der Bezeichnung »complex approach« (differenzierende Analyse eines spezifischen Verhaltensaktes einer Einzelperson in einer bestimmten Situation) in der empirischen Sozialforschung wieder aufgetaucht ist. Der Grundgedanke des Aufsatzes von *Lazarsfeld* war der, daß bekanntlich Menschen auf direktes Befragen nicht immer Aufschlüsse über ihre Beweggründe geben. Dies ist zum ersten Teil eine Frage der Mitteilungs-Willigkeit: Der Proband will aus bestimmten Gründen über den Befragungsgegenstand nichts mitteilen; vielleicht ist ihm die Frage zu intim, vielleicht möchte er keinen Statusverlust erleiden, so daß wir entweder gar nichts erfahren oder aber Scheinmotive ergründen, die bewußt vorgetäuscht sind. Zum zweiten ist es eine Frage der Mitteilungsfähigkeit: Individuen sind nicht immer in der Lage, ihre Motive einwandfrei zu erkennen und zu verbalisieren. Wir erhalten also in solchem Falle ebenfalls keine Auskunft oder aber irreführende Auskünfte (sog. Kulissenmotive), die deshalb auftreten, weil Individuen dahin tendieren, ein Motivvakuum nach dem »Horror-Vacui-Prinzip« (*Conant, Hofstätter*) abzubauen und Motive (meist Kaschierungen oder Rationalisierungen) erfinden, die dann Pseudoerklärungen darstellen, an die der Proband u. U. selbst glaubt.

Aus diesem Grunde meinten dann einige Richtungen, die sich das Etikett des »qualitativen« Ansatzes umhängten, die herkömmlichen Instrumente der Markt- und Meinungsforschung mitsamt den hochentwickelten statistisch-mathematischen Erhebungs- und Auswertungsverfahren über Bord werfen zu müssen, wobei populäre Vorurteile gegen die Statistik und ein gewisses Mißtrauen gegen die Zahl Hilfestellung leisteten. An die Stelle der herkömmlichen Verfahren der empirischen Sozialforschung traten dann vor allem indirekte, der Psychologie entnommene Verfahrensweisen, die als allein geeignet angesehen wurden, die »wahren« Beweggründe des Verbrauchers zu ermitteln. Je tiefer man auf diese indirekte Weise in die Motivation eindringe, desto ähnlicher und elementarer würde diese und desto weniger Personen brauchten befragt zu werden. Die Analyse solle also nicht in die Breite, sondern vielmehr in die Tiefe gehen. *D. L. Leonhard* (1955) meint auf diese Weise von »motivational absolutes« ausgehen zu können, die bei allen Menschen gleich seien. Folgerichtig müßte dann die Motivforschung zu richtigen Ergebnissen selbst dann kommen, wenn sie lediglich einen einzigen Probanden untersucht, gesetzt, man führt die Analyse nur »tief« genug durch.

Die Motivforschung ist dann im Zuge der weiteren Entwicklung immer mehr mit einer Forschungsrichtung identifiziert worden, wie sie von *E. Dichter* vertreten und von *V. Packard* popularisiert wurde. Bei *Dichter* und anderen werden bestimmte Elemente und Aussagen der Psychoanalyse eklektisch auf das Konsumverhalten angewandt. Diese »Erkenntnisse«, die meist auf die höchst umstrittene psychoanalytische Symbollehre rekurrieren, sind oft glossiert worden und verdienen meist auch nichts anderes.

Die unabweisbare Bedeutung der Motivforschung liegt aber in folgenden vier Gesichtspunkten:

(1) Sie hat mit besonderem Nachdruck auf die Rolle des Unbewußten bei Kaufentscheidungen hingewiesen und hierbei insbesondere den Mechanismus der Rationalisierung in den Vordergrund gerückt, um damit auch die bevorzugte Verwendung indirekter Verfahren zu legitimieren.

(2) Sie hat ferner die Einbeziehung von Erkenntnissen auch der Tiefenpsychologie gefordert, wenn auch die ersten Anwendungen solcher Konzepte dilletantisch ausgefallen sind und sich überwiegend auf das Gebiet bloßer Spekulation begeben haben.

(3) Sie hat darüber hinaus durch die Konzeption des »Image« die symbolhafte Komponente des Warenerlebnisses in den Vordergrund gerückt, obgleich sie an der späteren Ausgestaltung und Verfeinerung des Imagekonzeptes nicht mehr beteiligt war.

(4) Sie hat schließlich die Entwicklung und Anwendung neuer Methoden angeregt, vor allem im Hinblick auf die Verwendung subtilerer psychologischer Verfahrensweisen, wenn auch deren Reliabilität oftmals überschätzt worden ist.

Diese Gewichtsverlagerung hat auch deshalb besondere progressive Bedeutung, als die herkömmliche Konsumforschung in der Hauptsache oder auch ausschließlich mit dem Begriff der Einstellung (attitude) gearbeitet hat. Dieser Begriff steht auch heute im Vordergrund der meisten relevanten Arbeiten, und auch die moderne Psychologie arbeitet mit diesem Konstrukt sehr erfolgreich. Dies liegt in der Hauptsache daran, daß sich Einstellungen durch zahlreiche hochentwickelte Verfahren messen lassen. Das gilt vor allem auch für die Messung von »consumer attitudes«, »consumer discontent«, »consumer sentiments«, die als Konjunkturindikatoren herangezogen werden (*Pfaff, Niessen/Haarland, Poser, Strümpel, Fair, Schmiedeskamp* u. a).

Nun besteht kein Zweifel, daß Einstellungen motivationale Relevanz besitzen. Einstellungen sind Ausdruck der von den kognitiven Prozessen auf spezielle Objekte (z. B. Produkte) gelenkten Motive (vgl. *Kroeber-Riel*, 1972). Die Problematik der Einstellung erweist sich somit als Frage nach der »wahrgenommenen Instrumentalität eines Produktes für die Befriedigung eines spezifischen Motivbündels« (vgl. *Howard* und *Sheth*, 1969). Nun ist der Prognosewert und Erklärungswert eines Konstrukts nicht identisch mit seiner operationalen Griffigkeit. So führen Einstellungsvariablen oftmals zu nichtssagenden oder beinahe tautologischen Aussagen, ungefähr in folgendem Stil: Personen, die sparsam eingestellt sind, werden relativ höhere Teile ihres

Einkommens sparen oder: Personen, die ein Konsumgut positiv beurteilen, werden dieses eher kaufen als solche, die es schlecht beurteilen (vgl. hierzu im dritten Problemkreis).

Uns scheint, daß man mit Einstellungen zwar oftmals Prognosen oder Antizipationsaussagen formulieren kann, die gesamtgesellschaftlich oder konjunkturwirtschaftlich brauchbar sind, daß darunter jedoch der Informationsgehalt in bezug auf die Erklärungsleistung sehr herabgesetzt wird. Einstellungen sollten also »hinterfragt« werden, d. h. motivational begründet werden, um echte Erklärungen für faktisches Verhalten zu bieten. Die Einstellungsforschung muß demnach mit Motivationsforschung verbunden werden.

2. Neuere theoretische Positionen

Motivforschung in jener älteren, eingeengten Version hat heute nur noch geringe Bedeutung. Was von ihr an brauchbaren Anregungen verblieben ist, wurde inzwischen im Rahmen einer vorwiegend sozialpsychologisch orientierten Konsumtheorie (vgl. *Kassarjian, Robertson*, eds., 1968; *Engel, Blackwell, Kollat*, eds., 1968, 1969, 1970; *Howard, Sheth*, 1969) integriert. Zusammenfassende Darstellungen geben *S. H. Britt* (ed., 1970) sowie *Kotler* (1971), *Sheth* (1967) und *Burk* (1967).

Die eingetretene Verlagerung betrifft mehrere Dimensionen. Tiefenpsychologische Deutungen des Konsumverhaltens treten in den Hintergrund; an deren Stelle stehen vermehrt Befunde aus der modernen experimentellen Sozialpsychologie (vgl. *S. H. Britt*, 1970 a). Die konkrete Forschung entzündet sich an empirisch einzulösenden und überprüfbaren Befunden. Damit einher geht eine gewisse Interessenverschiebung in der Psychologie überhaupt. Während in der älteren Motivationsforschung der Schwerpunkt mehr auf dem energetischen Aspekt lag (Triebe, Libido etc.) – Motivation gewissermaßen als Energiequelle – fassen neuere Arbeiten auf diesem Sektor insbesondere nach Einbeziehung kognitiver Komponenten Motivation mehr als Steuerungsmechanismus auf.

Diese Steuerungsmechanismen werden von bestimmten sozialpsychologischen Theorien, die meist auf das Zustandekommen von Einstellungen gerichtet sind, abgestützt. So haben Einstellungsuntersuchungen in den meisten Fällen die komplexere Erforschung von Motiven ersetzt; es dominieren psychometrische und kognitive Modelle. Relevant sind hier vor allem die verschiedenen kognitiven Theorien (*Heider, Festinger, Osgood, Newcomb*) im Hinblick auf Einstellungsänderungen, wobei jedoch vorwiegend *Festingers* Theorie der kognitiven Dissonanz (1957) auf das Konsumverhalten Anwendung gefunden hat (vgl.

Brehm, 1956; *Holloway*, 1967; *Oshikawa*, 1969; *Kassarjian, Cohen*, 1965; *Lo Sciuto, Perloff*, 1967; *Hörning*, 1970; *Wiswede*, 1972; *Hansen*, 1972). Störungen des Einstellungssystems sind als selbständige Antriebskraft interpretierbar (*Feldman*, 1966; *Fishbein*, 1967; *Kroeber-Riel*, 1971) und insoweit von erheblicher Bedeutung auch für das Motivationsgeschehen.

Neben der Einbeziehung kognitiver Komponenten sind vor allem auch die von früheren psychologischen Untersuchungen vernachlässigten sozialen Komponenten stärker berücksichtigt worden. Im Zusammenhang mit der Theorie des Anspruchsniveaus (*Lewin* u. a.) ist auch die Theorie der Bezugsgruppen (*Hyman, Merton* u. a.) im Rahmen der Konsumforschung angewendet worden (vgl. *Bourne*, 1968; *Bush* und *London*, 1960; *Venkatesan*, 1966; *Starbuck*, 1963; *Stafford*, 1966). Die mehr soziologischen Konzepte zur Erklärung des Konsumverhaltens sind schwach entwickelt; neuere Gesamtdarstellungen stammen von *Hörning* (1970); *Hillmann* (1971); *Hunzicker* (1972); *Wiswede* (1972). Zum Teil wird jedoch auch hier ein verhaltenstheoretisches Bezugsfeld gewählt, wobei lerntheoretische und kognitive Theorien im Vordergrund stehen.

Neben der Einbeziehung kognitiver und sozialer Komponenten sind vor allem wahrnehmungs- und lernpsychologische Konzepte auf das Konsumverhalten angewandt worden. Die stärkste aktuelle Aktivität dürfte die Rezeption der Lerntheorie für die Problematik des Käuferverhaltens sein. Allerdings herrschen hier einige Ungereimtheiten im Hinblick auf die zur Anwendung gelangende Perspektive, die einmal viel zu eng sein dürfte (etwa im Hinblick auf das Insistieren auf dem probabilistischen Lernmodell von *Bush* und *Mosteller*, 1955), zum anderen häufig eklektisch ist (d. h. aus dem Sortiment der Lerntheorien Passendes herausgreift, ohne auf die dabei entstehenden theoretischen Konsequenzen zu achten) und die zum dritten einer ausgesprochen mechanistischen Gedankenwelt entsprechen dürfte (indem sie sich mitunter wenig Gedanken um die realwissenschaftliche Relevanz der Modelle macht). Mit diesen Einschränkungen sind daher die neueren lerntheoretischen Modelle zum Käuferverhalten zu versehen (z. B. *Kuehn*, 1962; *Haines*, 1964, 1969; *Lavington*, 1970; zusammenfassend: *Massy, Montgomery, Morrison*, 1970). Dieser Gefahr entgeht auch nicht der bisher wohl komplexeste und auf höchstem Niveau stehende Versuch von *Howard* und *Sheth* (1969).

Die Neigung der Marketing-Theorie, in mechanistischen Modellen zu denken, kommt auch in den zahlreichen Versuchen zum Ausdruck, das Käuferverhalten in Begriffen des »operation research« zu deuten, etwa in Form bestimmter Markoff-Ketten oder in Simulationsmodellen. Diese Modelle sind nicht in nomologischen Hypothesen formuliert; sie sind, in der Sprache der Wissenschaftstheorie: dürftig interpretierte Kalküle. Die Bewertung solcher Modelle ist nur möglich, wenn sie sich in empirisch formulierten Hypothesen bewähren. Wir werden auf solche Modelle des Käuferverhaltens, die in der heutigen Marketing-Theorie eine bedeutende Rolle spielen, noch einzugehen haben und ihre Relevanz für die Erklärung des Konsumverhaltens noch genauer prüfen.

3. Methoden der Motivforschung

Mit gewissen Schwerpunktverlagerungen, die dem besonderen Charakter der Motivforschung entspricht, läßt sich sagen, daß ihr grundsätzlich alle Forschungstechniken offenstehen, die im Rahmen der gesamten Sozialwissenschaften entwickelt worden sind (vgl. *P. F. Lazarsfeld*, 1955; *Haseloff, Hoffmann*, 1968). Kaum eines dieser Verfahren ist an eine bestimmte theoretische Position gebunden; vielmehr ist es ja das Ziel des Forschungsablaufs, eine solche Position erst zu begründen. So ist etwa die Verwendung eines projektiven Tests, z. B. des gebräuchlichen Thematic Apperception Test, nicht an eine bestimmte Motivationstheorie gebunden (er läßt sich z. B. ebenso im Rahmen der Psychoanalyse wie auch bei Erforschung der Leistungsmotivation einsetzen), wie er gleichwohl nicht auf einen bestimmten Problembereich eingegrenzt wird (er läßt sich z. B. bei Untersuchungen des Verbraucherverhaltens ebenso einsetzen wie bei der Ermittlung potentieller Delinquenz).

Kontroversen hat es vor allem um die Fragen gegeben, ob qualitative oder quantitative, direkte oder indirekte Verfahrensweisen mehr Erfolg bei der Erforschung von Motiven versprechen. Obgleich die Konfrontation der Standpunkte mit gleichzeitiger Geringschätzung der Gegenposition im Streit um die Motivforschung der Vergangenheit angehört, kann man doch sagen, daß der »complex approach« (*Lazarsfeld*) vorwiegend mit qualitativen, intensiven und indirekten Vorgehensweisen zu tun hat. Jedoch ist diese Schwerpunktverlagerung im Forschungsprozeß nur eine Seite der Medaille: sie muß später ergänzt werden durch quantitative Verfahren (Messung von Motivquanten) und durch statistisch repräsentative Verfahren (Verteilung von Motivquanten).

Besondere Schwierigkeiten scheint hier der Begriff der Repräsentanz zu machen, wobei man vielfach davon ausgeht, es gebe eine allgemeingültige, für alle Fälle zutreffende Teilmassegröße, um im statistischen Sinne als repräsentativ zu gelten. Diese sog. »Repräsentanz« ist in Wahrheit von zahlreichen Bedingungen abhängig, z. B. von der Größe und der Homogenität der Gesamtmasse, vom Gegenstand der Erhebung und von der Intensität der Studie. Die orthodoxe Motivforschung ließ sich beispielsweise von der Hypothese leiten, daß mit zunehmender Intensität einer Studie auch die Homogenität der Gesamtmasse immer größer wird und daß im umgekehrten Verhältnis das Sample kleiner werden kann. Statistisch repräsentative Aussagen erfolgen – bildlich gesprochen – mit Hilfe einer Betrachtungslinse, die das Gesamtergebnis zwar eintrübt, jedoch nicht verzerrt. Dies hat seine Ursache darin, daß die individuellen Unterschiede in beliebige Richtungen streuen (können), wodurch eine einseitige Ausprägung der Fehlertendenz vermieden wird. Das Auftreten von Fehlerquellen bei der Motivforschung unterliegt jedoch meist einer bestimmten richtungsmäßigen Tendenz, die nahezu unabhängig von der Anzahl der Befragungspersonen gegeben ist. Das Bild, das unsere Linse jetzt liefert, ist nicht mehr getrübt, also neutral, sondern verzerrt. Diese Verzerrung ist um so größer, je mehr Spielraum der Interpretation verbleibt. Das Ausmaß der Fehlertendenz ist durch bevorzugte Verwendung von Methoden der (mikrostatistischen) quantitativen Psychologie im Rahmen der Motivforschung wesentlich kleiner geworden, wenngleich selbst im Rahmen faktorenanalytischer Auswertung (*Thurstone*, [5]1957) noch subjektive Komponenten der Interpretation eine Rolle spielen.

Heute wird eine Motivuntersuchung meist mehrstufig durchgeführt, wobei folgende Regeln bestehen: Je weiter die Untersuchung fortschreitet, desto mehr sollten die Verfahren strukturiert sein; desto mehr sollte man zwischen verschiedenen Kategorien von Probanden differenzieren; und desto mehr sollte man die Erhebungsbasis erweitern. *E. Noelle-Neumann* (1963) gibt ein Schema der mehrstufigen Untersuchung: Zunächst wird mit unstrukturierten Explorationen das Thema nach möglichen Hypothesen ausgelotet, anschließend mit halbstrukturierten Interviews und kleinen kontrastierenden Testgruppen zu je 20–30 Personen eine psychologische Studie durchgeführt, diese bereits zahlenmäßig ausgewertet und interpretiert. Es folgt eine sozialpsychologische Leitstudie mit etwa 300 Interviews mit Testgruppen, die nach soziologischen Kriterien variieren. Die letzte Stufe bildet dann eine Umfrage auf breiter statistischer Basis, um die entwickelten Hypothesen weiter zu testen und entsprechend zu modifizieren.

Die Zusammenhänge zwischen den einzelnen Daten bleiben also letztlich der Statistik überantwortet, wie sie in einfacher Form durch Signifikanztests und durch Varianz- und Diskriminanzanalyse gegeben sind und wie sie durch die verschiedenen

Formen der Korrelationsstatistik und schließlich durch das Instrumentarium der multiplen Faktorenanalyse repräsentiert sind. Die bevorzugte Anwendung dieser Techniken zeigt die zunehmende Konvergenz der Motivforschung mit den üblichen Forschungspraktiken der Sozialforschung und unterstreicht die passagere Rolle, die jene unstrukturierten Verfahrensweisen im Forschungsprozeß spielen, wo ihre Bedeutung mehr oder weniger auf die Formulierung von Arbeitshypothesen reduziert bleibt.

Von den zur Auswahl stehenden Befragungsmethoden (vgl. *E. K. Scheuch*, 1967) benutzt die Motivforschung vorwiegend das offene Interview (im Gegensatz zum geschlossenen bzw. strukturierten Interview) sowie das Intensivgespräch (evtl. auch die tiefenpsychologische Exploration). Das Intensivgespräch hat vor allem in der populärwissenschaftlichen Literatur die Bezeichnung »Tiefen-Interview« erhalten, und es entsteht der Eindruck, als handle es sich tatsächlich um eine tiefenpsychologische Exploration, die sich – wie im Falle der klinischen Psychologie – über Wochen und Monate erstrecken würde. Das Intensivgespräch ist zwar wesentlich länger als übliche Befragungen – bis zu drei Stunden – und die Länge der jeweiligen Protokolle beträgt oft bis zu 50 Seiten. Die Länge eines solchen Interviews ist allerdings noch kein Maßstab für die Qualität des Inhalts: Je ausgedehnter die Studie, desto höher der Anteil irrelevanter Aussagen.

Außerdem muß angenommen werden, daß mit wachsender Tiefe der Befragung und mit wachsendem Nachdruck, mit dem eine bestimmte Frage ausgelotet wird, die Störvariable des sozialen Kraftfeldes zwischen Interviewer und Probanden zunimmt. Mit wachsender Tiefe geht ein störender Eingriff in die Motivkonstellation des Individuums einher, der das objektive Bild des zu Erkennenden nicht nur trübt, sondern in der angedeuteten Weise verzerrt (Komplementaritäterscheinung).

Weitere Probleme treten beim Überfragt-Sein auf. Soll beispielsweise ein neues Produkt auf den Markt gebracht werden, so haben wir eine hypothetische Situation vor uns: Die Einstellungs- oder Motivkonstellation soll sich gewissermaßen erst in dem Moment bilden, in dem die Befragung stattfindet. Der Vorgang läßt sich nach dem Horror-Vacui-Prinzip topologisch verfolgen: Durch die Konfrontation mit einem neuartigen Problem wird das Füllen einer Gestaltlücke notwendig. Dieser Vorgang unterscheidet sich von einem später aktuell werdenden Realvorgang dadurch, daß er in der hypothetischen Situation mit größerer Ich-Nähe vorgenommen wird (*B. Spiegel*, 1958; *Kroeber-Riel*, 1972). Damit hat die Lücke in der hypothetischen Situation topologisch andere Nachbarn als in der realen Situation, in der die Motivation mit größeren Anteilen unbewußter oder habitueller Komponenten besetzt würde.

Ein völlig strukturloses Interview könnte man auch als freie Assoziation bezeichnen. In der Motivforschung werden meist strukturierte Assoziationsverfahren durch vorgegebene akustische, optische, verbale oder figurale Reize verwendet. Zur Verbal-Assoziation gehören u. a. der Wortassoziationstest (WAT), der Satzergänzungstest (SET). Zur Figural-Assoziation gehören der Picture-Frustrations-Test (PFT), der Ballontest (CST), der Szonditest, der Physiognomische Test und vor allem der Thematic Apperception Test (TAT) in seinen zahlreichen Varianten, der sich zur Feststellung von Angst- und Schuldgefühlen sowie zur Messung von Motivkonflikten eignet. Der Rorschachtest ist nicht in der Lage, absatzwirtschaftlich relevante Aufschlüsse zu bieten, ganz abgesehen davon, daß über Validität und Reliabilität dieses Tests in der individuellen Psychodiagnostik geteilte Ansichten bestehen. Wenn man schon unbedingt mit Formdeutversuchen arbeiten will, dann wäre der leichter durchzuführende Zulligertest vorzuziehen.

Die genannten Tests, deren Aufzählung gerade durch die Entwicklung der letzten Jahre noch weit mehr Raum erfordern würde, zählen zu den sog. projektiven Verfahren, deren Zielsetzung und Konstruktion vor allem die Anwendung im klinischen Bereich intendiert. Kriterium ihrer Anwendbarkeit ist das Problem der Umformbarkeit auf die Untersuchung »normaler« Verbraucher; und es geht eben auch nicht um die Untersuchung psychischer Krankheiten, sondern im Rahmen der Motivforschung ganz einfach darum, zwischen verschiedenen Personengruppen zu unterscheiden.

Die projektive Fragestellung zielt nun darauf ab, allzugroße Direktheit und allzu schnelle Identifikation zu vermeiden. Man fragt also nicht: Warum kaufen Sie im Kaufhof?, sondern etwa: Warum kauft Ihr Nachbar im Kaufhof? Oder: Welche der hier abgebildeten Personen würde nach Ihrer Meinung im Kaufhof kaufen? Oder: Welche der hier aufgezählten Waren würden Sie im Kaufhof kaufen?

Als »projektiv« können auch solche Methoden der Einstellungsmessung bezeichnet werden, bei denen der Proband die Konstruktion der Skala nicht so ohne weiteres durchschauen kann und, sofern ihm daran gelegen sein sollte, sich keinen irreführenden Skalenwert sichern kann. Die Skalen von *Thurstone* (Q-Sortierung), *Likert* (Konsistenz-Skala), *Edwards/Kilpatrick* (Kombinierte Skala) und *Guttman* (Skalogramm-Analyse) sind relativ leicht durchschaubar, während z. B. die Methode des »semantic differential« (*Osgood, Suci, Tannenbaum*) bzw. Polaritäts-Profils (*Hofstätter*) als projektiv anzusehen ist und im Rahmen der Motivforschung vor allem der Analyse von Produkt-Images dient. Dabei werden Gegenstände oder Begriffe auf einer Anzahl von siebenstufigen Skalen beurteilt, die als Gegensatzpaare (z. B. passiv-aktiv; weich-hart) formuliert sind. Die jeweiligen Profilwerte lassen sich dann nach Ähnlichkeiten vergleichen. Die Affinitäts-Analyse mißt dann die jeweiligen psychischen Affinitäten, die zwar in keinem direkten und logischen, jedoch in einem indirekten, assoziativen Bezug mit dem untersuchten Meinungsgegenstand stehen. Diese und andere Verfahren sind heute alltägliche Praxis der Motivforschung. In dem Maße, in dem Einstellungen motivationale Relevanz zukommt, müssen auch die Methoden der Einstellungsmessung für die Motivforschung von Bedeutung sein. Dies gilt im besonderen für die zahlreichen Experimente, die im Hinblick auf die motivierende Wirkung von Einstellungsänderungen angestellt wurden und die u. a. im Rahmen der Theorie der kognitiven Dissonanz interpretiert worden sind.

Die »klassischen« experimentellen Untersuchungsmethoden der Motivationsforschung sind die Stimulus-Darbietung (Darbietung eines oder mehrerer Konsumobjekte oder eines Objektes, dessen Eigenschaften variiert werden) und die Deprivation (d. h. die systematische Nicht-Befriedigung eines Motivs, z. B. des Hungers), wobei beide Methoden miteinander kombiniert werden können. Die Deprivationsmethode dürfte sich zum Testen »höherer« Motive, denen die physiologische Basis fehlt, schlecht eignen. Die Stimulus-Darbietungsmethode ist auf dem Gebiet des psychologischen Warentests und auf dem Felde der Werbepsychologie weit verbreitet.

Motive können grundsätzlich auch gemessen werden, und die Entwicklung der modernen Methoden der quantitativen Psychologie hat gerade hier ein weites Feld von Möglichkeiten eröffnet, die bisher vor allem auf dem Gebiet der Leistungsmotivation genutzt worden sind (*McClelland, Atkinson*). Die empirische Erfassung von Motivsystemen im Konsumbereich ist indessen noch wenig entwickelt. Erfolgversprechend dürften hier jedoch die verschiedenen faktorenanalytischen Untersuchungen von *R. B. Cattell* (1957, 1970) sein (vgl. zusammenfassend *Pawlik*, 1968). Diese Faktoren werden nicht nur als Beschreibungskategorien interpretiert, sondern als die hinter den Phänomenen stehenden Ursachen. Ob es zulässig ist, diese Faktoren motivational zu deuten oder ob sie lediglich »methodische Artefakte« sind, ist umstritten (in letzterem Sinne: *E. Roth*, 1970). Immerhin dürfte das »charakterologische Selbstkonzept« im Sinne von *Cattell* eine wesentliche Bereicherung und Objektivierung der psychologischen Persönlichkeitstheorie erbracht haben. Damit ist eine Annäherung zwischen Persönlichkeitstheorie und Motivationstheorie gegeben, auch wenn man der Meinung sein sollte, daß eine Kongruenz zwischen Faktoren- und Motivsystemen nicht gegeben ist, sondern daß es sich nur um methodische »Annäherungen« handelt.

ERSTER PROBLEMKREIS:

Die Verbraucher-Persönlichkeit

1. Merkmale

1.1 Variationen über den Verbraucher

Alle Menschen sind Verbraucher. Je nach gesellschaftlicher Situation wird im Verbrauch ein bloß nebensächlicher Vorgang des Stoffwechsels gesehen oder aber – und dies trifft für den gegenwärtigen Zustand zu – eine bedeutsame Aktivität im Rahmen des alltäglichen Lebensvollzugs, die in den Wertvorstellunges des einzelnen eine gewichtige Rolle spielt.

Was, wie und warum verbraucht wird, ist natürlich ganz allgemein vom sozialen Wertsystem abhängig (vgl. hierzu: *Wiswede*, 1972), doch muß die differentielle Betrachtung auf bestimmte Kategorien von Verbrauchern zielen, die sich hinsichtlich gewisser Merkmale ähnlich sind. Das Verbleiben bei relativ allgemeinen Kategorien, wie: »der« Verbraucher; der »typische« Verbraucher; die «Verbraucher-Rolle«; usw. bringt uns nicht viel weiter, und es ist nicht sicher, ob wir die Schablone vermeiden, wenn wir im soziologischen Sinn eine »Verbraucher-Rolle« hypostasieren (vgl. *Hillmann*, 1971), die allenfalls einen gewissen beschreibenden oder kulturkritischen Wert haben dürfte. Gegenüber solchen Vorstellungen, die statt von Rollen eher von Stereotypen handeln, ist größte Skepsis am Platze. Besonders plastisch läßt sich das am Stereotyp des Arbeiters demonstrieren, um das immer noch Vorstellungen von Hinterhauswohnung, Biergelage, Klassenkampf und Proletariat kreisen, die mit der sozialen Wirklichkeit nur noch wenig gemein haben. Ein ähnlicher Wandel ließe sich unschwer auch am überkommenen Schema der Hausfrau alten Stils nachweisen. Dennoch leben diese stereotypen Systeme – vereinfachte Formeln der öffentlichen Meinung – mit einer gewissen Hartnäckigkeit auch dann noch fort, wenn sie längst der Realität widersprechen.

Gerade ist man dabei, das Bild vom typischen Konsumenten unserer Tage zu entwerfen. Er wird vorgestellt als gierig, maßlos und unersättlich, als passiv und ferngelenkt, hoffnungslos einem »Verbraucher-Fetischismus« und »Konsum-Donjuanismus« verfallen. Das Bedenkliche solcher Kategorien liegt vielleicht gerade darin, daß in ihnen ein Teil Wahrheit stecken mag; dennoch bleiben sie Zerrbilder, und wenn sie auftauchen, ist die Tendenz unverkennbar, empirisch-theoretische Arbeit durch die Verwendung bloßer Schlagworte zu ersetzen. Für die Belange der Kulturkritik mag das vielleicht genügen, denn hier muß es darauf ankommen, vermeintliche Mißstände bewußt überzubelichten. Die Analyse des Verbraucherverhaltens, wie wir sie hier anstreben, hat jedoch keineswegs den Sinn, durch die Demonstration von Mißständen (oder was man dafür hält) aufzurütteln; der Verbraucher erscheint hier weder als Angeklagter, noch als schutzbedürftiger Sozialpartner.

Wie steht es also mit unserem »typischen Konsumenten«? Ganz sicher kommt er auch nicht dadurch zustande, daß wir alle individuellen Unterschiede einebnen. Bekanntermaßen lassen sich Nüsse und Äpfel nicht miteinander addieren. Aus diesem Grunde sagen auch die makroökonomischen Aggregatgrößen der Wirtschaftstheorie überhaupt nichts über die Motive und Einstellungen von Wirtschaftssubjekten. Es ist freilich möglich, »daß in bestimmten Fällen ›psychologische Gruppen‹ existieren, deren Mitglieder subjektiv alle in der gleichen Situation sind und daher einheitlich reagieren. Aber das steht nicht von vornherein fest; die psychologische Analyse muß daher immer auf die individuelle Einheit gerichtet sein« (*G. Katona*, 1960, S. 23).

Diese Aussage bedeutet nichts anderes als die simple Feststellung, daß jeder Mensch zu allererst eine Individualität ist, mag er auch noch so stark dem Boden des kollektiven Geschehens angehören. Wie so oft bei wichtigen Dingen, erscheint die Bemerkung, der Mensch sei ein einzelner und handle auch als ein solcher, beinahe trivial. Sie ist es aber nicht. Denn das Verhalten können wir immer nur am einzelnen studieren; es gibt kein Verhalten der Gruppe oder ein Verhalten der Gesellschaft. Wohl ist der einzelne in der Gruppe und in der Gesellschaft, und sein Verhalten ist stets auf diesen Sachverhalt bezogen, was aber nichts daran ändert, daß sich das Individuum verhält und nicht etwa die Gruppe. Verhaltens- und Motivationstheorien sind, selbst wenn die Beweggründe des Handelnden vorwiegend durch den Gruppenkontext (z. B. den Haushalt) geprägt sind, immer auf das Individuum bezogen (vgl. *Homans*, 1968; *Opp*, 1972). Erst in einem späteren Schritt können dann gleiche Verhaltensweisen in Gruppen zusammengefaßt werden, wobei sich für unser Anliegen noch die Komplikation ergibt, daß gleiche Verhaltensweisen nicht unbedingt auf gleiche Motive und Einstellungen hindeuten. Das kann so sein, muß es aber nicht.

Der »typische Konsument« ist also alles andere als eine makroökonomische Kategorie, für die das Gesetz der Unterschiedslosigkeit gilt. In der ausgleichenden Wirkung der großen Zahl würden sich ja alle individuelle Verschiedenheiten ausgleichen. Darauf könnte nun aber erwidert werden, daß für die Erforschung des Verbraucherverhaltens die Einstellung eines bestimmten Konsumenten vollkommen unerheblich sei, weil es eben nicht auf Herrn Schmidt oder Fräulein Müller ankomme, sondern auf eine Vorhersage darüber, wie sich alle Wirtschaftssubjekte oder bestimmte Verbrauchergruppen in einer gegebenen Situation verhalten. Dann würden die jeweiligen »Unterschiede in den Motiven und Einstellungen und sogar die Freiheit jeder einzelnen Person, unterschiedlich zu handeln ... uninteressant und könnten ignoriert werden« (*Katona*, 1960, S. 25). Das Gesetz der großen Zahl läßt sich indes nur auf solche wirtschaftliche Situationen anwenden, bei denen Zufallsfaktoren vorherrschen, so daß sich individuelle Unterschiede ausgleichen. Das wird jedoch nur dann der Fall sein, wenn die Entscheidungen des einzelnen das Ergebnis gegenseitig unabhängiger Ursachen sind. »Wenn aber die gleichen Faktoren sehr viele Menschen zur gleichen Zeit in der gleichen Richtung beeinflussen, so addieren sich die Abweichungen, anstatt sich auszugleichen« (*Katona*, 1960, S. 27).

Zudem wäre das zweifellos ein recht grobes und bis zur Unkenntlichkeit verwaschenes Bild, wenn wir die differenzierten Handlungsvollzüge einzelner Verbraucher auf eine Analyse von Aggregatszuständen reduzieren würden. Nach den Worten *Machlups* führt eine solch globale Untersuchung zu Ergebnissen, »die weniger aufschlußreich und unsicherer sind als die Erkenntnisse einer für die Erklärung der Beziehungen zwischen den kleinsten Wirtschaftseinheiten bestimmten Theorie. Die Bedeutung von Erkenntnissen einer mikroökonomischen Theorie und ihre quantitative Zuverlässigkeit wird um so kleiner, je größer der Umfang und je kleiner die tatsächliche Homogenität der Gruppe ist, mit der die Analyse operiert« (*Machlup*, 1949, p. 991).

Wir halten daraus fest, daß der Begriff des typischen Verbrauchers, sofern er in der Makroökonomie beheimatet sein soll, für unsere Belange nicht ausreicht. Erst die Analyse der Entscheidungen von Wirtschaftssubjekten bietet die Voraussetzung, individuelle Gegebenheiten homogenen Gruppen zuzuteilen. Bevor aber eine solche Integration möglich ist, heißt es zunächst: *differenzieren.*

Wir sind also mit dem Begriff des »Verbrauchers-im-allgemeinen« nicht recht zufrieden, wollen ihn etwas konkretisieren und durch differentielle Fragestellung gewissen Verschiedenheiten Rechnung tragen. Hierzu stellen wir zunächst einige sehr einfache Überlegungen an. Eine solch einfache Überlegung ist z. B. die, daß der Mensch bei seiner Geburt in eine Welt gerät, die ihm rahmenhaft bereits den Umkreis seines Verhaltens und Denkens vorzeichnet. Jeder Mensch findet demnach eine je spezifische Umwelt vor, in der er in einer unvorbedachten und unvorhergesehenen Weise zu leben hat. Es entspricht dem elementaren Gefüge des menschlichen Lebens, daß sein Verhalten durch diese vorgefundene Situation wesentlich mitbestimmt wird. Verhalten ist also situativ bedingt. Auf diese Weise findet sich auch der Verbraucher stets dem Determinantennetz einer gegebenen Situation ausgeliefert.

So ist der Mensch zunächst ein geschichtliches Wesen und lebt insofern in einer bestimmten *historischen Situation*. »Erst der geschichtliche Mensch ist«, wie *Vierkandt* (1925, S. 869) einmal sagte, »der wirkliche in der Erfahrung gegebene ..., während der natürliche Mensch nur ... eine Fiktion bedeutet.« Er steht weiter in einer *gesellschaftlichen Situation*, die ihn in ständigem Dialog zu seiner sozialen Umwelt modelliert. Dabei entwickelt er ein bestimmtes Verhältnis zur Gesellschaft als Ganzes, er lernt, daß er sein Verhalten auf andere Menschen abzustimmen hat und handelt aus einer ihm eigentümlichen Gruppensituation heraus. Sein Verhalten wird ferner durch die *kulturelle Situation* bestimmt, in der sich zeigt, auf welche Weise die Bedürfnisse der Gesellschaftsglieder über den bloßen Vitalbereich hinaus sublimiert werden konnten. Die jeweilige *wirtschaftliche Situation* hat naturgemäß den bedeutsamsten Einfluß auf das Verbraucherverhalten. Hier ist es etwa von Belang, in welcher Wirtschaftsordnung wir leben, welche Höhe das Sozialprodukt hat und in welcher Weise die Einkommen verteilt werden. Außerdem ist es wichtig, die konjunkturellen Einflüsse zu kennen sowie die Erwartungen der Verbraucher hinsichtlich Markttendenz, Höhe der Preise, Höhe der Einkommen, Geldwertschwankungen und dgl. Besondere Aufmerksamkeit verdient schließlich auch die jeweilige *ökologische Situation*, in die der Verbraucher hineingestellt ist. Es gibt bezeichnende Unterschiede im Konsumentenverhalten der einzelnen Gebietsregionen, was allerdings in dem üblichen schematischen Verfahren der Repräsentanzgewinnung, das meist nur den sozialen Status berücksichtigt, kaum sichtbar werden dürfte. Daß auch die Landschaft selbst und ihre geopsychische Spiegelung mitsamt ihren Einflüssen von Wetter, Klima, Höhenlage, Bodenbeschaffenheit usf. verhaltensdeterminierend wirken können, sei nur am Rande vermerkt. Auch die Wohnortgröße mit ihren regional bestimmten Sonderheiten kann maßgeblichen Einfluß auf die Verhaltensweisen von Verbrauchern gewinnen. Die Bedürfnisse der Stadtbevölkerung weichen von denen der Landbewohner oft in erheblichem Maße ab, obgleich hier der Einfluß der städtischen Sitten als Verhaltensmuster unverkennbar ist, was dann gelegentlich dazu führen kann, daß man sich auf dem Lande städtischer noch gebärdet als in der Stadt selbst. Nicht zuletzt unter dem Einfluß einer durch Massenmedien beschleunigten Diffusion von Konsum-Mustern hat dieser Prozeß doch letztlich zu einer »Urbanisierung der Bedarfssitten« geführt, von der schon *Sombart* (1928) sprach.

Diesen Merkmalen der äußeren Situation, die häufig auch als demographische Merkmale bezeichnet werden, stellen wir nun eine andere Gruppe von Merkmalen gegenüber, die üblicherweise als soziale oder als Statusmerkmale bezeichnet werden. Hierbei wird üblicherweise unterschieden nach zugeschriebenen Merkmalen (Geschlecht, Alter, Anciennität) und durch eigenes Bemühen erworbenen Merkmalen (Bildungsgrad, Einkommen, Berufsstellung usw.).

Das erste dieser Merkmale, das Geschlecht, ist weniger durch psychische oder physische Unterschiede sinnvoll interpretierbar, sondern eher durch soziale Regelungssysteme, die den Geschlechtern bestimmte Rollenattribute zuordnen. Hier ist also von Bedeutung, welche Rollen eine bestimmte Gesellschaft den einzelnen Geschlechtern, z. B. den Ehepartnern zuweist und welchem sozialen Wandel solche Rollenmuster unterliegen. So kann z. B. das unterschiedliche Kaufverhalten von Mann und Frau aus der Rollenstruktur des Haushalts abgeleitet werden (*M. Komarovsky*, 1961). Der große Anteil gewohnheitsmäßigen Konsumverhaltens bei der Frau kann dann allein aus dem Umstand erklärt werden, daß sie gemäß ihrer Rolle oftmals vermehrt mit der Besorgung von Gütern des täglichen und periodischen Bedarfs befaßt ist. Soziale Rollen oder Rollenattribute sind wie Hülsen, in die die Motivationen der Handelnden einfließen. Der Zusammenhang zwischen Rollentheorie und Motivationstheorie wird hierdurch deutlich.

Ein zweites Merkmal ist das Alter, das ebenfalls im sozialen Kontext nicht eigentlich eine physiologische Variable ist (obgleich auch solche Beziehungen relevant sein können), sondern durch den Ablauf bestimmter Rollenstadien interpretierbar ist. *Lansing* und *Morgan* (1958), sowie *Wells* und *Gubar* (1966) haben die Verbrauchswandlungen im Hinblick auf den Lebenszyklus empirisch untersucht. Zunächst ergeben sich durch die Höhe des Haushaltseinkommens zyklische Veränderungen und damit allein hierdurch bedeutsame Konsequenzen für die jeweiligen Verbrauchsstrukturen. Unabhängig davon ändert sich auch die Dringlichkeit der Bedürfnisse als Folge veränderter Lebensgewohnheiten und sozialer Rollen im Lebensablauf (life-cycle). Dieser Sachverhalt wurde inzwischen explizit in den Rahmen der soziologischen Rollentheorie gestellt (*Wiswede*, 1972). Aus den Rollensukzessionen lassen sich bestimmte Konsum-Muster ableiten. Auch die jeweilige Rollensituation im Haushalt ist für das Auftreten spezifischer Konsum-Muster erklärungsrelevant (*M. Komarovsky*, 1961; *K. H. Hörning*, 1970; *G. Wiswede*, 1973).

Als weiterer Faktor für die Bestimmung des Status kommt nun das ins Spiel, was wir gewöhnlich die »soziale Schicht« nennen. Die früher häufig verwendeten Begriffe der Kaste, des Standes und der Klasse werden heute weitgehend vermieden, da solche Einteilungen nicht mehr so ganz wertneutral erscheinen. Nun hat aber die Kategorie der sozialen Schicht ihrerseits wieder komplexen Charakter, enthält also mehrere Schichtdeterminanten. Nach dieser mehrdimensionalen Auffassung können wir im einzelnen mindestens folgende Bestimmungsgründe unterscheiden: Einkommen, Berufsstellung, Wirtschaftszweig und Grad der Ausbildung. Diese Aufzählung enthält natürlich keinen abschließenden Katalog der Schichtdeterminanten; man könnte etwa daran denken, auch den sozialen Umgang oder gar das Verbraucherverhalten selbst, nämlich die Art und Weise der Verausgabung von Einkommen als Determinanten hier einzuführen, was ganz und gar nicht abwegig erscheint, da die heute weitgehend demonstrativ und renommistisch vorgenommene Verausgabung recht konkrete statusschaffende Bezüge aufweist. Überhaupt scheint der Faktor »Einkommen« in seiner Bedeutung ziemlich zurückzutreten, während der Faktor »Verausgabung« immer mehr an dessen Stelle tritt. Insofern hat man von der Existenz von »Konsum-Schichten« gesprochen (*Lipset* und *Zetterberg*, 1956).

Umstritten sind Auffassungen über den Kristallisationsgrad von Schichten. Die Theorie der Subkultur behauptet das Auseinanderfallen von Wertvorstellungen im Rahmen schichtspezifischer Subkulturen, und dies bedeutet im Hinblick auf den Konsumstil eine subkulturelle Differenzierung im Sinne sozialer Klassen (*Goldthorpe* und *Lockwood*, 1969; *Hamilton*, 1965). Diesen Vorstellungen steht die Nivellierungsthese entgegen, die jedoch seit *Schelskys* ersten Formulierungen zahlreiche Abstriche erfahren hat (*Hörning*, 1970; *Wiswede*, 1972). Vielmehr scheinen sich trotz Wegfall einiger Klassenschranken gewisse Klassentraditionen (etwa im Bereich der Arbeiterklasse) fortzusetzen. Auch scheint der Tatbestand nivellierter Besitztatbestände noch kein Indiz für die Ausübung gleichen Verwendungsverhaltens oder gleichen Stellenwertes der zugrunde liegenden Motive der nach sozialen Schichten differenzierten Verbraucher zu sein.

Als besonders erklärungsrelevant hat sich der Bildungsgrad erwiesen, der vor allem das Informationsverhalten der Verbraucher beeinflußt (vgl. neben der »klassischen« Literatur: *Norris*, 1941; *Katona* und *Mueller*, 1955; vor allem: *E. Kuhlmann*, 1971; *P. Vyskovsky*, 1971). Dies dürfte vor allem im Hinblick auf »selektives« Konsumverhalten zutreffen, und zwar sowohl bei der Beschaffung und Informationsverwertung als auch bei der Konsumverwendung. Wesentlich geringere Informationsbemühungen und Informationsausbeute kennzeichnen den Unterschicht-Konsumenten, und hier insbesondere den durch geringen Bildungsgrad Benachteiligten (vgl. *Caplovitz* 1963; *Kuhlmann*, 1971; *Wiswede*, 1972). Im Hinblick auf die Motivation dürfte gelten, daß Personen mit niedrigerem Bildungsgrad mehr aus dem Augenblick heraus entscheiden, eher zu Impulskäufen neigen, geringere Planungsphasen aufweisen, häufiger Stimmungen unterworfen sind und vor allem eine Zukunftsorientierung des Verhaltens vermissen lassen.

1.2 Zur Typologie des Verbrauchers

Es ist bereits ein altes Anliegen der Verbrauchsforschung, eine Typologie des Konsumenten zu entwickeln, um symptomatische Verhaltensweisen nach bestimmten Kriterien zu ordnen. Auch die Marketing-Strategie versucht, eine Marktsegmentation durchzuführen, wobei man seit langem argwöhnt, daß die »herkömmlichen« sozialen Merkmale (etwa Alter, Einkommen oder soziale Schicht) nicht mehr »griffig« genug sind, um zu einer wirklich absatzwirtschaftlich relevanten Segmentation zu kommen (*D. Yankelovitch*, 1964; W. *Haseloff*, 1972; u. v. a.). Die Aufgliederung des Materials nach sozialen oder demographischen Merkmalen des Verbrauchers ist in praktischen Analysen zwar meist leichter durchführbar, jedoch besteht hier sowohl in Wissenschaft und Praxis der Eindruck, gewissermaßen auf ausgetretenen Pfaden zu wandeln.

Fragen wir also genauer nach der Erklärungsrelevanz bestimmter typologischer Aussagen (zur wissenschaftstheoretischen Bedeutung vgl. *C. G. Hempel*, 1952). Hierzu ist es sinnvoll, mit dem Begriff der Persönlichkeit zu beginnen. In einem neueren Lehrbuch (*Herrmann*, 1969, S. 29) lesen wir hierzu: »Die Mehrheit heutiger Persönlichkeitsdefinitionen faßt Persönlichkeit auf als ein bei jedem Menschen einzigartiges relativ stabiles und den Zeitablauf überdauerndes Verhaltenskorrelat.« Der Typusbegriff versucht nun einen »mittleren« Weg zwischen der Analyse des ganz Individuellen (»ein« bestimmter Verbraucher) und dem ganz Allgemeinen (»der« Verbraucher). Freilich ist dieser Mittelweg ein etwas »fauler« Kompromiß. Denn der Typ ist stets nur auf ein Merkmal oder ein Bündel korrelierender Merkmale bezogen, die von mehreren Personen abstrahiert sind. Jede Typologie zieht also nur einen Ausschnitt der Gesamtpersönlichkeit in den Vordergrund, den sie allein für wesentlich hält. Die Typenlehre kann daher, wie *Allport* (1949, S. 298) ausführt, immer nur ein Segment der ganzen Persönlichkeit erfassen. Der damit vorgenommene Kompromiß zwischen individualisierender und globaler Betrachtung muß füglich von der Einzigartigkeit des Individuums absehen und vermag andererseits doch nichts generell Gültiges über die menschliche Persönlichkeit auszusagen.

Wir wollen uns nun einer Reihe solcher Gesichtspunkte zuwenden. Vielfach sind beim Käuferverhalten Einstellungen ermittelt worden, die sich als Faktor der Extroversion bzw. Introversion interpretieren lassen. Diese auf *Jung* (1949) zurückgehende Unterscheidung zwischen extravertierten und introvertierten Typen bietet auch im ökonomischen Bereich einige Ansatzpunkte. Der extravertierte Käufer ist ausgesprochen umweltbefangen; er ist auf äußere Reize sehr leicht ansprechbar. Seine Wahrnehmung ist im wesentlichen ganzheitlich; die Bindung an die Feldstruktur der Umwelt ist besonders ausgeprägt. In starkem Maße unterliegt er sozialer Beeinflussung. Der *introvertierte* Käufertyp neigt hingegen dazu, die Realität nach seiner Innerlichkeit umzuformen. Er projiziert gleichsam sein Seelenleben und seine augenblickliche Bedürfnislage auf das von ihm betrachtete Objekt, während beim extravertierten Typ der Anstoß des Motivationsvorganges im wesentlichen vom Objekt selbst ausgeht. Der introvertierte Käufer steht seiner Umwelt analytisch gegenüber: sein Blick erfaßt nicht die Situation in ihrer Ganzheit. Er sieht die Welt ausschnitthaft, selektiv, zergliedert. Diese Merkmale sind besonders wichtig bei der Ausformung typenspezifischer Produktbilder.

Die von *Riesman* (1950) stammende Scheidung in einen *außengelenkten* und einen *innengelenkten* Typ, die primär auf das Verbraucherverhalten zugeschnitten ist, scheint sich auf den ersten Blick mit der vorgenannten Einteilung zu decken. Um derlei Mißverständnisse auszuschalten, folgen wir zunächst der Begriffsbestimmung, die *Riesman* diesen beiden Typen gegeben hat und betrachten dann kurz einige Konsequenzen, die sich daraus für das Konsumentenverhalten ergeben. *Riesmans* dritten Typ, den traditionsgeleiteten Verbraucher, klammern wir hier aus.

Das Verhalten des innengelenkten Typus wird durch eine Kraft gesteuert, die bereits in frühester Kindheit verinnerlicht wurde. Das bedeutet nun aber keineswegs, daß der Mensch dadurch seine Individualität verwirklicht und ungehindert seine sogenannten inneren Werte auf die Außenwelt übertragen kann. Das verhaltensregulierende Agens ist vielmehr in der Jugend durch die Eltern eingepflanzt worden und auf die Dauer des gesamten Lebens als Verhaltensorientierung wirksam. Dieser Begriff der Innenlenkung ist übrigens mit der von *Freud* konzipierten Persönlichkeitsinstanz des »Über-Ich« nahezu identisch: Die Beziehung zwischen dem Ich und dem Über-Ich wird auch hier in entscheidendem Maße auf das Verhältnis des Kindes zu seinen Eltern zurückgeführt. Die Innensteuerung erfolgt nun – bildlich gesprochen – durch eine Art Kreiselkompaß, der den »richtigen« Kurs des Verhaltens angibt und so eine spezifische Form der Verhaltenskonformität bewirkt, die aus dem Verhaltensmuster der Innenlenkung stammt[1].

Das Verhalten des außengelenkten Typus wird nicht durch eine verinnerlichte Kraft, sondern durch das Verhalten der Zeitgenossen gesteuert, die die entsprechenden Modelle des »richtigen« Verhaltens liefern. »Die von dem außengeleiteten Menschen angestrebten Ziele verändern sich jeweils mit der sich verändernden Steuerung durch die von außen empfangenen Signale (S. 38).« Die auf diese Weise zustandekommende Verhaltenskonformität ist anderer Art: Sie gründet nicht mehr auf einem verinnerlichten Schema, sondern auf der Empfangs- und Folgebereitschaft des eigenen Verhaltens gegenüber anderen. Dem Bild des Kreiselkompaß' beim innengelenkten Verhalten entspricht somit das Bild einer Radaranlage als Steuerungsquelle des außengeleiteten Verhaltens.

Riesman, der diese Typologie in ein historisches Gewand kleidet, stellt nun die These auf, daß die Innensteuerung des Verhaltens allmählich aufhöre und einer weitgehenden Lenkung durch außerpsychologische Kräfte Platz mache. Damit habe sich auch der Reaktionsstil in Richtung einer zunehmenden Außenlenkung verschoben. Da sich der außengeleitete Verbrauchertyp niemals nach sich selbst, immer aber nach den anderen zu orientieren pflegt, vermag er nicht mehr »er selbst« zu sein; er weiß im Grunde nicht mehr, wer er wirklich ist. Er ist damit identisch mit einem Bündel verschiedener Rollen, die er in der Gesellschaft zu spielen hat. Die Statusbildung des einzelnen beginnt in wesentlichem Maße von den Konsumgewohnheiten abhängig zu werden: Man versucht, durch demonstrative Verbrauchsmodalitäten die Aufmerksamkeit der anderen auf sich zu lenken und verbraucht nicht mehr um seiner selbst, sondern um der anderen willen. Dieser Sachverhalt der sozialen Bezogenheit, der bei *Riesman* einen spezifisch kulturkritischen Aspekt annimmt und zeittypisches Verhalten in den Vordergrund rückt, ist in der Theorie der Bezugsgruppen (*Merton* und *Rossi*, 1950; *Hyman* und *Singer*, eds., 1968) genauer präzisiert worden.

Die Typologie von *Riesman* ist verschiedentlich kritisiert worden (*Kassarjian*, 1965; *Centers*, 1962; *Gruen*, 1960). Auch ist ver-

[1] Man bemerke an dieser Stelle den wesentlichen Unterschied zur Typologie *Jungs:* Dort stellt sich der introvertierte Typ als nach innen gerichtet dar, während der innengelenkte Typ *Riesmans* eben von innen her gesteuert wird. Deshalb decken sich die Unterscheidungen nicht.

sucht worden, die historische Aussage empirisch zu testen (*S. M. Dornbusch, L. C. Hickman*, 1959; *P. R. Morton*, 1967), indem man Aussagen der Wirtschaftswerbung auf ihren Gehalt »außengelenkter« und »innengelenkter« Elemente untersuchte. Die Ergebnisse dieser empirischen Untersuchungen befinden sich im Widerspruch zur These *Riesmans*, wonach die Außenlenkung zunehme.

Unter anderem Aspekt könnte man auch einen *aktiven* von einem *passiven* Konsumententyp unterscheiden. Der aktive Verbraucher hat ständig das Bestreben, gestaltend auf seine Umwelt einzuwirken. Er will Vorbild für andere sein, Bahnbrecher, Pionier. Er gilt als Meinungs- und Konsumführer und ist den Botschaften der Werbung in höherem Maße ausgesetzt als andere und gibt diesen Einfluß als »persönlichen Einfluß« in verstärkter Weise weiter (vgl. *Katz* und *Lazarsfeld*, 1955; *W. H. Whyte jr.*, 1961).

Der passive Verbrauchertyp läßt sich dagegen gern ein wenig treiben und die Dinge mehr an sich herankommen. Wesentlich leichter zu beeinflussen, entwickelt er kaum eigene Initiative und blickt verstohlen auf andere, bevor er selbst etwas unternimmt. Seine Kaufentscheidungen muß er erst durch die zustimmende Meinung der anderen rechtfertigen. Bevor er sich einen neuen Wagen kauft, orientiert er sich zunächst nach allen Seiten in seiner Bekanntschaft. Selbst dann, wenn er sich innerlich schon fest entschieden hat, erwartet er von den anderen, daß sie seinen Entschluß bestätigen, damit er sich vor sich selbst rechtfertigen kann. Er ist nicht der Pionier, der für andere Leitbild ist, sondern mehr der Typ des Nachahmers, der seine eigene Unsicherheit verbergen muß, um nicht aufzufallen.

Das Stichwort »auffallen« führt uns zu einer weiteren Unterscheidung: die in einen *demonstrierenden* und einen *heimlichen* Verbrauchertyp. Der Begriff des »conspicuous cosumer« ist ja seit *Veblen* genügend bekannt, so daß sich eine besondere Charakteristik weitgehend erübrigt. Wir haben es hier mit einem Konsumententyp zu tun, der nicht für sich allein verbrauchen kann, sondern alles zeigen, vorführen und demonstrieren muß, um überhaupt irgendeinen Nutzen bei seinem Verbrauchsakt zu empfinden. Er konsumiert daher vorwiegend Dinge, die einen solchen demonstrativen Nebeneffekt (Geltungsnutzen) vermitteln. Dieser Verbrauchertyp läßt es zwar an eleganter Unterwäsche, dagegen nie an einem eleganten Automobil fehlen. Er pflegt den externen, sichtbaren Bereich des Konsums, vernachlässigt jedoch den internen Bereich (Asymmetrie des Konsums).

In den zahlreichen Arbeiten über das Konsumentenverhalten stand dieser Typ des demonstrierenden Verbrauchers so sehr im

Vordergrund, daß man darüber den entgegengesetzten Typus, den heimlichen Verbraucher, fast übersehen hätte. Es liegt ja auch ganz in dessen Wesensart begründet, daß er nicht auffallen möchte und sich nach außen hin abzuschließen sucht. Er liebt es nicht, von anderen in seinen Verbrauchergewohnheiten beobachtet zu werden. Er kauft heimlich ein und sucht lieber entferntere Einkaufsstätten auf, wo niemand ihn kennt. Er ärgert sich, wenn seine Nachbarn sehen, daß er neue Möbel bezieht. Er hat Angst, gegen die ungeschriebenen Gesetze der (Eigen)Gruppe zu verstoßen, Angst, daß man mit dem Finger auf ihn zeigt und ihn als Fremdkörper, als Außenseiter betrachtet. Außerdem fürchtet er sich vor dem Neid der anderen und zieht daher lieber den Konsum in der Stille vor.

Der Typ des demonstrativen Konsumenten, wollten wir ihn näher lokalisieren, dürfte insbesondere im Falle von Status-Marginalität (ein »Nicht-Mehr« und ein »Noch-Nicht«) oder im Falle von Status-Inkonsistenz (*Lenski, Malewski*) auftreten. So konnte etwa *Malewski* (1967) zeigen, daß renommistisches und kompensatorisches Verhalten bei Vorliegen dieser Merkmale sehr wahrscheinlich ist. Sobald der Status eines Menschen sehr gesichert und stabilisiert ist, legt er auf solche Verhaltensweisen weniger Wert, die sichtbare Symbole seines Status sein würden.

Einige typologische Unterscheidungen sind auch relevant für die Differenzierung schichtspezifischer Subkulturen. So heben etwa *Kluckhohn* (1950), *Rosen* (1966; 1961), *Kohn* (1969) und *Caesar* (1972, zusammenfassend) hervor, daß Angehörige der Mittelschicht eher ein aktivistisches, Angehörige der Unterschicht mehr ein passivistisches Konsumverhalten an den Tag legen. Desgleichen handeln Unterschicht-Konsumenten *gegenwartsbezogener,* Mittelschicht-Konsumenten dagegen *zukunftsbezogener.* Dies würde bedeuten, daß die ersteren den Konsum von heute dem Konsum von morgen vorziehen, also z. B. kürzere Planungsperioden aufweisen, geringere Sparbeträge realisieren, die Anschaffung teuerer dauerhafter Güter nicht vornehmen können und wollen. Auch hat dies Konsequenzen für das Ausbildungsverhalten: Gegenwartsbezogene Konsumenten legen mehr Wert auf Wohlstand hier und jetzt, zukunftsorientierte Konsumenten sind dagegen eher bereit »Durststrecken« durchzustehen, mit der Aussicht auf spätere größere Konsumchancen.

Eine andere Unterscheidung, die auf *Atkinson* zurückgeht, betrifft das Merkmal, ob Personen eher *erfolgsorientiert* oder mehr *sicherheitsorientiert* sind. Erfolgsorientiert sind Personen, die ein gewisses Risiko eingehen und durch ausgeprägtes Leistungsstreben motiviert sind. Sicherheitsorientiert sind vor allem Personen, die wenig riskieren und sich auch bei Inhalt und Auswahl ihrer Konsumausgaben von diesen Motiven leiten lassen. *E. Boulding* (1966) hat empirisch festgestellt, daß sich bei erfolgsorientierten Konsumenten (bei Konstanthaltung des Einkommens) mehr befanden, die bestimmte dauerhafte Güter anschafften (Eigenheim, zwei Automobile, neue Haushaltsgeräte usw.). Diese Personen gehen höhere Risiken ein, begreifen sich als Innovatoren, belasten ihr künftiges Einkommen in höherem Maße (Teilzahlungskäufe), kaufen als Wertpapiere eher Aktien als Obligationen usw. Diese Verhaltensweisen dürften mit dem korrelieren, was *Mc Clelland* (1961) als »unternehmerische Persönlichkeit« bezeichnet.

Bei diesen Typologien läßt sich nun unschwer auch der Bezug zu bestimmten Verhaltenstheorien aufzeigen. So kann man z. B. der Typ des demonstrierenden Konsumenten u. U. aus der Theorie der Status-Inkonsistenz (*Malewski*) ableiten; diese wiederum aus der Theorie der kognitiven Dissonanz von *Festinger* (vgl. *Gschwender*, 1967). Die Typologie des sicherheits- und erfolgsorientierten Konsumenten läßt sich zurückführen auf eine bestimmte Version der Theorie der Leistungsmotivation, die *Atkinson* (1957) gegeben hat und auf die wir noch zurückkommen. *Atkinson* unterscheidet hier zwischen zwei Formen des Erfolgsmotives: dem Streben nach Erfolg und dem Streben nach Vermeidung von Mißerfolg. Es ist notwendig und sinnvoll, daß die verwendeten Typologien in solche Theorien einbezogen sind, da sie sonst nichts anderes sind als bloße Klassifikationen, also keine erklärenden Aussagen im eigentlichen Sinn.

Wir haben eine Reihe typologischer Kriterien besprochen, die absatzwirtschaftlich relevant sein könnten und die einen mehr oder weniger ausgeprägten Bezug zu bestimmten sozialwissenschaftlichen Theorien haben. Absatzwirtschaftlich relevant sind nun nicht lediglich Einsichten, die für den Gesamtmarkt gelten, sondern die für den zu erfassenden Teilmarkt relevant sind. Denn die Absatzpolitik eines Unternehmens zielt ja nur selten darauf ab, den gesamten Markt zu erreichen (Marktaggregation); vielmehr ist es sinnvoller, bestimmte Kategorien von Verbrauchern zu erreichen (Marktsegmentation), die bestimmte relevante Merkmale gemeinsam haben. Die hier vorzunehmende Segmentationsanalyse (*D. Yankelovitch*, 1964) ist seit langem der Meinung, daß die üblichen Aufteilungen nach Alter oder sozialer Schicht nicht »griffig« genug sind, um wirkliche Segmente zu erhalten.

In der Praxis arbeitet man für solche Zwecke oftmals mit ad hoc aufzustellenden Typologien, die nur für ganz bestimmte spezielle Problemstellungen relevant sind und bei denen es weniger auf ihren theoretischen Erkenntniswert als vielmehr auf die operationale Anwendbarkeit hinsichtlich der begrenzten Problemstellung ankommt. Wer z. B. die Absatzbedingungen für kochfertige Suppen untersucht, mag auf den Gedanken kommen, daß manche Frauen möglicherweise durch ein übertriebenes Schuldgefühl vom Kauf solcher Suppen abgehalten werden. So könnte es sich z. B. als nützlich erweisen, Personen nach dem Vorhandensein von Schuldgefühl gegenüber kochfertigen Speisen zu gruppieren. Wer den Markt für Zahnpaste untersucht, mag es für bedeutsam halten, die Verbraucher danach zu typologisieren, wer sich morgens die Zähne putzt, wer abends, wer morgens und abends und wer gar nicht usw. (richtungweisend vgl. *Alpert und Gatty*, 1969).

Neuerdings wird versucht, die Faktorenanalyse zur Ortung solcher Persönlichkeitsmerkmale heranzuziehen (*Haley*, 1968; *Alpert, Gatty*, 1969, *R. Bergler*, 1972). So führte etwa *R. Bergler* auf der Basis des Selbstkonzepts von *Cattell* (1957) bei vier Gruppen mit unterschiedlichem Raucher-Verhalten für verschiedene Altersgruppen eine Faktorenanalyse durch. Hierbei werden die folgenden Faktoren gegenübergestellt (*R. Bergler*, 1972, S. 103):

Faktor 1:	Impulsivität	vs. Steuerung
Faktor 2:	Selbstsicherheit	vs. Unsicherheit
Faktor 3:	Sozialaktivität	vs. Sozialpassivität
Faktor 4:	Stabilität	vs. Sensibilität
Faktor 5:	Egozentrizität	vs. Zurückgezogenheit

Innerhalb der einzelnen Gruppierungen sind nun spezielle Aussagen möglich, z. B. daß in der Gruppe der 16- bis 19jährigen weiblichen Nichtraucher eine geringere sozial-gesellige Extraversion zu beobachten ist als etwa in der Vergleichsgruppe der weiblichen Raucher in der entsprechenden Altersgruppe. Dies zeigt deutlich, daß Segmentationsanalysen heute mittels Faktorenanalyse und anderer Instrumente auch im psychologischen Bereich präzise durchgeführt werden können (vgl. *Hofstätter* 1972). Doch haben diese Konzepte bisher nur zu produktspezifisch relevanten Ergebnissen geführt, kaum jedoch zu Konzepten mittlerer oder höherer Reichweite (vgl. hierzu: *F. B. Evans*, 1962; *M. J. Gottlieb*, 1958; *J. B. Cohen*, 1968; *R. P. Brody, S. M. Cunningham*, 1968).

Neuerdings sind im Bereich der Textil-Marktforschung typologische Konzepte populär (ITexM/Contest, Marplan, Sigma u. a.). Relevant ist bei der erstgenannten der Zeitpunkt der Akzeptanz, d. h. die Bereitschaft des Verbrauchers, ein modisches Konsumgut zu einem früheren oder einem späteren Zeitpunkt zu kaufen. Als Konsumpioniere werden Frauen bezeichnet, die sich insbesondere durch Geschmackssicherheit und »Chic«, Aufgeschlossenheit für das Neue, ein Gefühl für die modische Aktivität, Risikofreudigkeit und Kontaktfähigkeit auszeichnen. Diese Frauen sind – nach jener Auffassung – keine »Outsider«, sondern Schlüsselpersonen im Sinne der Kommunikationstheorie, die sich durch Verstärker- und Relaisfunktionen (*Katz* und *Lazarsfeld*, 1955) charakterisieren lassen. Typ I und II werden zu solchen Pionieren gerechnet, während die dritte mehr indifferent und als wenig aktiv in Erscheinung tritt.

Ähnlich geht die zweite der aufgeführten Untersuchungen vor. Gruppe I sind auch hier die Avantgardisten, Gruppe II die Modebewußten, Gruppe III die Mitläufer, Gruppe IV die Konservativen und schließlich Gruppe V die Individualisten (offenbar eine Residualgruppe, die man nicht recht einordnen konnte). Auch hier rücken nun die ersten beiden Typen trotz ihres geringen Anteils an der Gesamtbevölkerung (etwa 10 %) in den Vordergrund der Betrachtung, weil sie als Modeführer sehr stark in die allgemeine Optik eindringen und insofern über das Schicksal der Mode entscheiden.

Zunächst ist zu sagen, daß auch solche Typologien nicht gerade neu sind. Wenn manche Modeforscher sich gelegentlich an wissenschaftlicher Literatur vergreifen würden, so wären sie irgendwann einmal auf die informativen Untersuchungen etwa von *E. Rogers* (1962) gestoßen. So kann nur festgestellt werden, daß die aus dem Bereich der Textil-Marktforschung vorliegenden Ergebnisse kaum über die Befunde von *Rogers* hinausgehen. *Rogers* unterschied in seiner Untersuchung über Konsumpioniere zwischen Neuereren (Innovatoren), früher Majorität I, früher Majorität II, später Majorität und Zögerern (Nachzüglern). Interessant ist, daß die Gruppe der Neuerer (u. U. Avantgardisten) nicht diejenige Zielgruppe ist, die die Werbefachleute und die Modetreibenden besonders interessiert. Erfahrungsgemäß findet sich die größte Anzahl von Meinungsführern in der Gruppe der Konsumpioniere (Frühe Majorität I, etwa 10–15 % der Bevölkerung). Dies stimmt auch mit dem Ergebnis von *King* (1966) überein, die die Modeführer gleichfalls dort lokalisiert. Zwar stellen diese Modeführer keine herausragende Elite dar, vor allem nicht in bezug auf den Sozialstatus, doch zeichnen sie sich durch eine Reihe von Eigenschaften aus: sie sind jünger, gehören einer etwas gehobenen Einkommensschicht an, haben spezialisiertere Aktionsbereiche, sind beweglicher und sind den relevanten Informationsquellen in einer besonderen Weise ausgesetzt, die sie dann auch zu ihrer Relaisfunktion befähigt.

Abgesehen davon, daß die genannten Untersuchungen über

die vorliegenden Befunde aus der Innovations- und Diffusionsforschung (vgl. *Rogers*, 1962; *Kegereis, Engel, Blackwell*, 1970; *Robertson, Kennedy*, 1969) nicht oder kaum hinausgehen, geben sie zu vielen weiteren kritischen Anmerkungen Anlaß; wir greifen einige heraus. Es wäre u. E. zweckmäßiger gewesen, die Variable Alter zumindest für einige Untersuchungszwecke konstant zu halten, sonst könnte es sein, daß in den gefundenen Charakteristika (z. B. konservativ vs. avantgardistisch) in der Hauptsache altersspezifische Variablen bedeutsam sind, die man eben allein mit dem Faktor Alter (oder Rollenstadium) auch hätte messen können.

Des weiteren ist der Verdacht naheliegend, daß die Meßinstrumente das Meßergebnis oft implizieren: Stuft man Modetypen anhand modischen Materials ein, so enthält die unabhängige Variable einen Teil der abhängigen Variablen. Sofern die Klassifikation nur eine Ansammlung von Definitionen, also reine Beschreibung sein soll, so ist dies selbstverständlich zulässig. Wenn sie aber —und dies ihre explizite Intention — empirische Beziehungen erklären soll und zu absatzwirtschaftlich relevanten Aussagen gelangen will, muß sie beides voneinander streng unabhängig definieren. Die Aussage wird sonst zur totalen oder partiellen Tautologie. Die Zuordnung eines Menschen zu einem der Typen verrät dann nicht mehr, als was für diese Zuordnung bereits erforderlich ist. Überspitzt formuliert, würde eine solche Tautologie dann so lauten, daß man sagt: »Individuen mit hoher Modeneigung neigen dazu, häufiger mit der Mode zu gehen.«

Ein weiterer Kritikpunkt ist damit gegeben, daß bisher niemand sich für die Frage interessiert hat, ob sich denn die Probanden später tatsächlich in der von der Typologie vorausgesagten Weise verhalten haben. Eine solche empirische Prüfung der Modeprognose liegt u. W. bisher nicht vor. Wäre sie vorgenommen worden, wäre man mit Sicherheit auf die Wirksamkeit des Harmonisierungs-Effektes und des Gruppeneinflusses gestoßen.

Ferner müßten Untersuchungen dieser Art sich mit dem Problem differentieller Mentalität auseinandersetzen. Es könnte z. B. sein, daß einige Frauen sich nur in bestimmten Hinsichten einem speziellen Typ unterordnen (z. B. progressiv sind), in anderen Dingen jedoch nicht (z. B. sehr konservativ sind). Es ist wahrscheinlich eine vereinfachende These, anzunehmen, daß ein Individuum, das z. B. als fortschrittlich ausgewiesen ist, sich in allen Lebenszusammenhängen cum grano salis als fortschrittlich erweisen wird.

Eine weitere Variante der Mode-Typologien kennzeichnet das sog. Mentalitäten-Modell von *Haseloff* (1970). Wenngleich zugestanden sein soll, daß hierbei differenziertere Ermittlungsverfahren vor allem im Hinblick auf das Analyse des Selbstbildes der deutschen Frau angewandt wurden – vergleiche hierzu auch die ähnliche Vorgehensweise bei Leseranalysen (Hamburg, 1968; Nürnberg, 1969) – gelten grundsätzlich hier die gleichen Bedenken, wie sie hinsichtlich der absatzwirtschaftlichen Relevanz und der sozialwissenschaftlichen Valenz typologischer Verfahren im allgemeinen gelten. Die Schwierigkeiten der Bestimmung des Selbstbildes sind dem Psychologen ja nicht unbekannt. Auch taucht naturgemäß immer wieder das Problem der sog. Mischtypen auf, das innerhalb der typologischen Verfahren nie ganz befriedigend sich lösen läßt. Hinsichtlich der bei *Haseloff* verwendeten Mentalitäten (z. B. romantisch-verspielt, emanzipiert usw.) ist überdies zu fragen, ob sich die überprägnante Schilderung von Charakterbildern nicht letztlich der unkritischen Verwendung von sozialen »Stereotypen« ausliefert, so wie man etwa vom »typischen« Deutschen oder von der »typischen« Rothaarigen spricht.

Es ist möglich, daß wir trotz der Anwendung raffinierter psychologischer Explorationen, ausgeklügelter Skalierungstechniken und hochmoderner Auswertung durch Computer letztlich von jenen Stereotypien uns doch nicht allzu weit entfernen. Aber dies wirft vielleicht ein bezeichnendes Licht auf die Divergenz zwischen dem tatsächlichen Erklärungswert dieser Typologien und ihrer wissenschaftlichen Verpackung.

1.3 Exkurs über den sammelnden Verbraucher

Einen besonders interessanten Typus des Verbrauchers haben wir bisher noch ausgeklammert; den sammelnden Konsumenten. Wegen der hier gegebenen Eigentümlichkeiten und wegen der Bedeutung des Sammelns für das Verbraucherverhalten wollen wir ihm eine gesonderte phänomenologische Studie widmen.

Bisher ist es uns als selbstverständlich erschienen, daß der Verbrauch stets einen Doppelaspekt erfüllt: den der Marktentnahme einerseits, der sich noch im Bereich des Ökonomischen abspielt und den Verzehr von Werten, d. h. die Vernichtung oder den Verschleiß wirtschaftlicher Güter andererseits. Im Falle des Sammelns ist nun dieser letztgenannte Tatbestand nicht realisiert. Das Schicksal, das hier dem Konsumgut zugedacht ist, erfüllt sich gleichsam bereits inmitten der Strecke von der Marktentnahme bis hin zum Werteverzehr. Das Sammeln vollzieht sich, wie wir sagen können, im *Vorhof des Verbrauchs.* Aus dieser eigentümlichen Situation heraus muß nun gefolgert werden, daß die Bedürfnisse, die zum Sammeln führen, anderer Art sind als jene, die wir beim normalen Ablauf des Verbrauchsvorganges antreffen.

Zunächst ist kurze Vorarbeit über die verschiedenen Erscheinungsformen des Sammelns zu leisten. Das Zwecksammeln entspringt dem Kapitaldenken und verfolgt primär den Zweck der Geldanlage. Bestimmend ist z. B. der Wunsch, Sachwerte zu schaffen, die gegen die Unbilden der Währung besser gesichert sind. Darüber hinaus mag auch der Gedanke an eine Wertsteigerung durch zunehmendes Alter und zunehmende Seltenheit der gesammelten Gegenstände ausschlaggebend sein. Unter diesem Aspekt werden vorwiegend Objekte gesammelt, die einen reellen Gegenwert verkörpern oder, um es genauer zu sagen: von denen der Sammler glaubt, daß sie einen objektiven Tauschwert haben. Das Sammeln dient hier der potentiellen Verwirklichung eines künftig zu realisierenden Tauschwertes.

Beim Selbstzweck-Sammeln (Sammeln i. e. S.) ist auch dieser Gedanke an einen eventuellen Tauschwert verschwunden. Die Sammelleidenschaft entzündet sich hier auch an Gegenständen, von denen jedermann weiß, daß sie lediglich selten sind, jedoch keinerlei oder nur wenig wirtschaftlichen Nutzen zu stiften vermögen. Deshalb muß diese Sammeltätigkeit dem Außenstehenden absonderlich und irrational erscheinen; oft sind die Wege, die dabei eingeschlagen werden, so abartig und ausgefallen, daß der Betreffende als ausgesprochen kauzig empfunden wird.

Zwischen dem Zwecksammeln und dem Sammeln aus Selbstzweck bestehen fließende Übergänge. Der eifrige Briefmarkensammler gibt vielleicht sogar als rationale Begründung für seine Tätigkeit an, daß er von dem Gedanken an eine gute Geldanlage geleitet sei und daß seine Sammlung bereits erheblichen Wert habe, was bei objektiver Betrachtung nicht einmal der Fall zu sein braucht. Die Einbildung ist hier – wie so oft – wirksamer als die Wirklichkeit. Schon allein die subjektiv vorgestellte Möglichkeit, den vermeintlich objektiven Gegenwert realisieren zu können, vermag die Befriedigung zu vermitteln. Inwieweit das Kapitaldenken nun wirklich im Vordergrund steht und wieweit es sich im Laufe der Zeit zugunsten der reinen Sammelfreude verflüchtigt, ist eine Frage des jeweiligen Tatbestandes.

Das Sammelverhalten kann seinen Ursprung auch in einem ganz normalen Verbrauchsablauf haben und erst hernach von ihm abweichen. Nehmen wir einmal an, jemand habe sich aus Interesse für Musik einige Schallplatten sinfonischer Werke gekauft. Er stellt schließlich fest, daß er bereits eine ganz stattliche Anzahl Platten beisammen hat. Jetzt packt ihn der Ehrgeiz, alle vier Sinfonien von Brahms, alle neun von Beethoven oder Bruckner usf. zu besitzen: der Rausch der Zahl bzw. der Komplettierung erfaßt ihn. Der entscheidende Grundvorgang ist leicht zu verfolgen: Das ursprüngliche Motiv (Musik zu hören) hat sich gewandelt und wird schließlich von einem ganz anderen Motiv überschattet. Das originäre Bedürfnis ist dem Diktat der Sammelleidenschaft überantwortet worden. Unser Verbraucher hat am Ende gar kein so großes Interesse mehr an der Musik, obgleich er es nach außen hin vorgibt. Als vermeintlicher Bewahrer der Kultur rangiert er unter den Schmetterlingssammlern. Hier liegt ein Musterfall für autonomisiertes Verbraucherverhalten vor, das uns später noch besonders interessieren wird. Im Vorgriff auf die lerntheoretische Begründung solchen Verhaltens liegt hier folgender Sachverhalt vor: Anfangs neutrale, mit dem Erfolg eines Verhaltens auftretende Ereignisse erhalten allmählich Verstärkungscharakter (*Hull*, 1943; *N. E. Miller*, 1951).

Die meisten Menschen sind, wie empirische Untersuchungen zeigen, nur gelegentliche Sammler, während das ernsthafte und nachhaltige Sammeln nicht oder nicht mehr so häufig verbreitet zu sein scheint. Immerhin sind die Unterschiede nur graduell, und es gibt wohl kaum jemanden, der sich ganz davon ausnehmen wird, in seinem Leben hier und da gesammelt zu haben. Das Sammeln ist durchaus eine universell anzutreffende Verhaltensweise, die wir jeweils in verschiedenen Ausprägungen allenthalben beobachten können.

Gegenstand der Sammelleidenschaft vermögen so ziemlich alle nur denkbaren Objekte zu werden; die Phantasie reicht zu ihrer Aufzählung kaum aus. Bei vielen Waren werden mitunter sekundäre Objekte beigegeben, um durch den Nebenzweck des Sammelns zum wiederholten Kauf anzureizen. Dieses Zugabewesen ist vor allem in der Form des Beifügens von Bildern verbreitet, durch die z. B. Kinder angesprochen werden, wobei man sich offenbar erhofft, daß diese ihre Mütter entsprechend unter Druck setzen können. Häufig anzutreffen ist auch das bloße »Aufheben« solcher Gegenstände, die keinen rechten Verwendungszweck mehr haben und bei denen doch eine gewisse Hemmung besteht, diese Dinge einfach wegzuwerfen: alte Anzüge, Lampenschirme, Verpackungen, Schachteln, Büchsen und dergleichen mehr. Auch die Tatsache, daß manches davon störend im Wege steht, ist einfach noch keinerlei Anlaß, sich dieser Gegenstände zu entledigen: das alles aus der Vorstellung heraus, daß man sie vielleicht eines Tages doch noch brauchen könne.

Unsere Feststellung, daß der Sammelgegenstand für den Sammelnden keinen Gebrauchswert verkörpert und die weitere Behauptung, daß auch der potentielle Tauschwert dieser Güter ganz zurücktreten kann, führt logisch zwingend zu der Frage, welche Vorstellung diesen »Wertschwund« überbrückt, d. h. welchen Nutzen sich der Sammler von seiner Tätigkeit erwartet, oder kurz: warum er denn eigentlich sammelt.

Der Sammelgegenstand verkörpert für den Sammler weder einen Gebrauchs-, noch einen Tauschwert, sondern einen *Fetischwert*. Den Fetischcharakter der Ware bestimmt *Marx* in seiner klassischen Analyse als die Veneration des Selbst-Gemachten[2], die sich auf den Tauschwert gründet. Die mystische Transsubstantiation, die *Marx* allen Dingen beigelegt hat, sofern die Warenform annehmen, ist nichts anderes als eine affektive Besetzung des Tauschwertes. Der ganze Vorgang läßt sich trotz seiner scheinbaren Kompliziertheit auf einfache Weise rekonstruieren. Primär ist zunächst der Gebrauchswert, durch den sich die eigentliche Bestimmung der Ware als Konsumgut dokumentiert. Weil aber jedes Gut ständig in einer Warenwelt steht, bleibt es unmittelbar mit dem Markt, der Welt des Tausches, verbunden. Damit bemächtigt sich des Vermittelten, des Tauschwertes, der Schein einer Unmittelbarkeit, d. h. der Tauschwert übernimmt die Funktion des Gebrauchswertes und stiftet so die Beziehungslosigkeit zum Objekt. Im zweiten Stadium des Vorganges wird dann dieser Tauschwert seinerseits zu einem bloß virtuellen; im Zuge dieser Modellüberlegung verschwindet er – zu Ende gedacht – ganz. Der Fetischwert, der die Kittfunktion nun übernimmt, überspannt jetzt die Leere, die nach dem Schwinden von Gebrauchs- und Tauschwert verbleibt.

Das entscheidende Erlebnis des Sammlers ist das der Zahl, nach Maßgabe des bisher Gesagten sogar ein Fetischismus der Zahl. Spezielle Formen dieser Erscheinung sind der Fetischismus der runden Zahl und der Fetischismus der Vollständigkeit. Die irrationale Reaktion auf runde Zahlen ist den Psychologen seit langem bekannt; beim Sammeln wird die runde Zahl oft als Anspruchsniveau empfunden, das unbedingt erreicht werden muß und das sich nach Erreichen kumulativ fortsetzt. Das Streben nach Vollständigkeit versetzt den Sammelnden immer wieder in eine tiefe Wesensunruhe, und auch dann, wenn er seine Sammlung vervollständigt hat, hegt er dennoch den beinahe unerträglichen Verdacht, eines dieser Objekte könne vielleicht fehlen.

Daß das Sammeln auch Geld zum Gegenstand haben kann und daß das so betriebene Sparen aus Selbstzweck durch nichts von dieser Erscheinung des Sammelns verschieden ist, mag manchem Volkswirt neu sein, der das Sparen in jener schönen Lehrbuchformulierung als aufgeschobenen Konsum betrachtet

[2] Vgl. hierzu: *K. Marx*, Das Kapital, Kritik der politischen Ökonomie, Bd. 1, Buch 1, Berlin 1959, S. 76 ff. Vgl. ferner die kommentierenden Ausführungen bei *Th. W. Adorno*, Über den Fetischcharakter in der Musik und die Regression des Hörens, in: Dissonanzen, Göttingen, 1956, S. 19 ff.

und damit auf jeden weiteren Einblick in die Motive des Sparens und seine verschiedenen Erscheinungsformen verzichtet. Manche Formen des Sparens sind nämlich der Tätigkeit des Sammelns vollkommen homolog: Sparen in diesem Sinne wäre monetäres Sammeln, oder, um es drastischer zu sagen: Geldfetischismus.

Hier sei daran erinnert, daß Sparmotive und Verbrauchsmotive auf Grund naheliegender Beziehungen innig zusammenhängen und daß folglich aus einer Klärung der Motive des Sparens auch ein gewisser Aufschluß über die Beweggründe des Konsums erwartet werden darf. Nun stoßen wir aber bei der Untersuchung der Sparmotive auf die gleichen grundsätzlichen Schwierigkeiten wie bei der Analyse des Verbraucherverhaltens. Es besteht Anlaß zu der Vermutung, daß die hier vorkommenden Motive und Verhaltensweisen gleichermaßen vielfältig und komplex gestaltet sind wie die entsprechenden Vorgänge beim Konsumentenverhalten. Auch muß zweifelhaft bleiben, ob wir mit einer bloßen Aufzählung möglicher Sparmotive schon wesentlich weiter kommen. So gibt etwa *Keynes* (1936) einen Katalog von acht subjektiven Bestimmungsgründen des Sparens: Vorsicht, Voraussicht, Berechnung, Verbesserung, Unabhängigkeit, Unternehmungslust, Stolz und Geiz. Aber diese Motivliste ist entschieden zu allgemein gehalten; was sollen wir uns z. B. darunter vorstellen, wenn es heißt, jemand spare aus Berechnung? Auch ist unschwer zu erkennen, daß die von *Keynes* aufgeführten Faktoren nicht sämtlich einer gleichen Ebene angehören. Das hat seine Ursache in erster Linie darin, daß das Sparen in verschiedenen Formen auftreten kann, die untereinander gar nicht so ohne weiteres vergleichbar sind und daher auch unterschiedlichen Bedingungen unterliegen.

Eine Verbesserung dieser Situation darf davon erwartet werden, daß wir zunächst von verschiedenen Formen des Sparens ausgehen und diese gesondert behandeln. Wir wollen deren drei unterscheiden:

(1) Das Sparen für einen bestimmten Zweck
(2) Das Sparen für einen unbestimmten Zweck
(3) Das Sparen als Selbstzweck.

ad (1) Beim Sparen für einen *bestimmten Zweck* haben wir eine recht konkrete Vorstellung unserer künftigen Einkommensverwendung: den Kauf einer Waschmaschine, eines Automobils, eines Einfamilienhauses. Für diese Art des Sparens gilt eindeutig jene geläufige Definition, wonach das Sparen lediglich vertagten Konsum darstellt.

ad (2) Beim Sparen für einen *unbestimmten Zweck* ist unsere Vorstellung, was mit dem gesparten Geld geschehen soll, schon nicht mehr so klar umrissen, die Beziehung zu den Kaufobjekten gleichsam noch offen. Man spart »für alle Fälle«, will etwas auf der »hohen Kante« haben, um gegen Notfälle gewappnet zu sein und evtl. notwendig werdende künftige Anschaffungen durchführen zu können.

ad (3) Beim Sparen als *Selbstzweck* (monetäres Sammeln) steht das Sparen nicht im Dienste zukünftiger Konsumverwirklichung, sondern geschieht um seiner selbst willen. Für diese Spielart gilt unsere Überlegung, wonach das Sparen auch als das Sammeln von Geld Fetischfunktionen übernehmen kann.

Man sagt oft, Horten sei ein Sparen als Selbstzweck. Dies ist problematisch, denn als Unterscheidungskriterium zwischen Sparen und Horten ist doch nur der Sachverhalt entscheidend, ob eine bestimmte Geldsumme brach liegt oder nicht, ob also das Kapital wieder in den Verkehr gelangt oder ob es im Sparstrumpf verbleibt. Damit ist doch aber offenbar keine Feststellung über den Zweck des Sparens bzw. Hortens verbunden. Es kann für uns gleichgültig bleiben, ob das Geld zum Kauf eines Pelzmantels, zur Aussteuer der Tochter oder für das Studium des Sohnes aus dem Sparstrumpf wandert oder ob es von der Bank abgehoben wird. Sparen als Selbstzweck besagt vielmehr, daß hier gar nicht an einen späteren Verzehr gedacht ist. Die Beziehung zum Konsum ist fast abgerissen und beschränkt sich nur mehr auf das Potentielle, wie wir es beim Phänomen des Sammelns beobachten konnten. So wird das Konsumieren hinausgeschoben, und nicht mehr der Verbrauch wird zum Gegenstand des Interesses, sondern der Aufschub selbst. Die Vor-Lust vor einem potentiellen Konsum wird in einer Weise gedehnt, die man je nach Intensität als Sparsamkeit oder Geiz ansprechen kann. Die Befriedigung verschafft demnach nicht das Gefühl eines künftigen Konsums, sondern das Warten selbst, das keineswegs zum Ziele zu führen braucht, den Bannkreis des nur Möglichen also nicht verläßt.

Nur wenn man verkennt, daß hier ganz andere Sparmotive am Werk sind, kann man so leichtfertig sein, das Sparen schlechthin als Befriedigung zukünftiger Bedürfnisse oder als vertagten Konsum zu definieren. Der Großverdiener, der jährlich hundertausend Mark auf die Bank bringt, sich an seinen Kontoauszügen berauscht und schließlich mit einem Guthaben von mehreren Millionen und einem glücklichen Lächeln auf den Lippen stirbt, hat in Wahrheit weder mit einem jetzigen noch mit einem künftigen Konsum etwas zu tun. Seine Art des Sparens ist, wie wir sagen können, durch große Konsumferne gekennzeichnet.

Es liegt nun nahe, die drei genannten Formen des Sparens

nach dem Grade ihrer Konsumnähe zu gruppieren. Das Sparen für einen bestimmten Zweck steht zweifellos dem Verbrauch am nächsten, während beim Sparen für einen unbestimmten Zweck diese Bezogenheit schon nicht mehr so klar erkennbar ist. Der Zusammenhang zwischen Sparen und Verbrauchen erscheint aufgelockert: man verhält sich abwartend, hat es nicht auf bestimmte Kaufobjekte abgesehen, sondern nur höchst vage Vorstellungen davon, wie und wann das gesparte Geld einmal verwendet werden soll. Sehr leicht habitualisiert sich ein solches Verhalten: Man gewöhnt sich daran, monatlich zweihundert Mark beiseite zu legen, auch dann, wenn es eigentlich schwer fällt oder wenn die Aussichten immer geringer werden, daß die gesparten Gelder eines Tages in konkrete Konsumgüter umgemünzt werden. Habitualisierend wirkt hier insbesondere das sog. Kontraktsparen, d. h. meist fixe Sparausgaben für Bausparkassen, Versicherungen und dergleichen. Die dritte Form des Sparens, das Sparen als Selbstzweck, weist die geringste Affinität zum Verbrauch auf. Tragen wir nun die drei genannten Formen in eine Skala ein, so könnte diese etwa so aussehen:

Selbstzweck-sparen	unbestimmtes Zwecksparen	bestimmtes Zwecksparen	→ Konsum

Grad der Konsumnähe

Es ist nun eher möglich, motivationale Aussagen über das Sparen zu machen. Im ersten Fall wird das Sparen zum »intrinsic reward« im Sinne der Lerntheorie: das Verhalten wirkt selbst verstärkend (Hypothese der Selbstverstärkung; Hypothese der funktionellen Autonomie). Im zweiten Fall dürften Sicherheitsmotive relevant sein. Im Sinne der von *Atkinson* (1955) stammenden Unterscheidung zwischen erfolgsorientierten und mißerfolgsmeidenden Personen werden die hier auftretenden Motivationen eher dem zweiten Persönlichkeitstyp zuzurechnen sein.

2. Modelle

2.1. Verhalten ohne Motivation: Modelle der Mikroökonomie

Um kaum eine andere Metapher rankt sich eine solche Ideologie, wie um die oft verworfene und doch immer wieder ins Leben gerufene Konstruktion des homo oeconomicus. Die sogenannten Klassiker hatten diesen Begriff ursprünglich für den Bereich der Produktion geschaffen; für den Sektor des Verbrauchs war er am Anfang gar nicht gedacht. Erst die Grenznutzenschule hat ihn schließlich auf die Konsumtion übertragen. Es ist daher mit

Recht darauf hingewiesen worden, daß sich die Kritik gegen den homo oeconomicus, sofern er in der Sphäre des Verbrauchs beheimatet sein soll, gar nicht gegen diesen selbst richte, sondern gegen einen homo oeconomicus consumens, für den die Klassiker jedoch nicht verantwortlich zeichnen.

Der Begriff des homo oeconomicus setzt dreierlei voraus:

(1) Das Rationalprinzip als Verhaltensfiktion
(2) Nutzenmaximierung als Zielsetzung
(3) Markttransparenz als Nebenbedingung.[3]

Das Rationalprinzip ist eine fiktive Annahme über menschliches Verhalten bei Erstreben eines Zieles unter Einsatz von Mitteln. Es handelt sich um ein operationales Prinzip der Entscheidungslogik; im Bereich der Wirtschaft angewendet, sprechen wir auch vom ökonomischen Prinzip. Der Mitteleinsatz erfolgt hierbei so, daß entweder mit geringstem Aufwand ein vorgegebener Effekt erreicht (Minimalprinzip) oder aber mit gegebenem Mitteleinsatz ein möglichst großer Nutzen erzielt wird (Maximalprinzip). Da immer wieder falsche Vorstellungen an den Charakter des Prinzips herangetragen werden, wollen wir das Wesen dieses Grundsatzes noch etwas näher eingrenzen.

Das Rationalprinzip ist ...	Das Rationalprinzip ist ...
1. eine Verhaltensfiktion	1. keine Wirklichkeitsaussage
2. ein Durchführungsgrundsatz	2. kein Postulat
3. ein Formalprinzip	3. kein Motiv
4. ein Zweck-Mittel-Problem	4. kein Ziel

Die drei Prämissen der Konstruktion, Rationalprinzip, Nutzenmaximierung und Markttransparenz sind Modellbedingungen, die der Wirklichkeit nicht entsprechen. Zwischen Modell und Wirklichkeit besteht ein fundamentaler Unterschied. Dementsprechend sind auch die Ableitungen aus dem Modell niemals Wirklichkeitsaussagen, sondern nur Konditionalsätze, indem man sagt, ein Konsument würde sich unter folgenden Voraussetzungen so und nicht anders verhalten (vgl. *H. Albert*, 1959; *G. Hartfiel*, 1968; *G. Wiswede*, 1972 a).

Die Kritik an der Verhaltensfigur des homo oeconomicus consumens darf also nicht von der irrigen Voraussetzung ausgehen, daß die Konditionalsätze der Modellableitung mit Aussagen über Faktizitäten identisch sind. Das liegt doch gar nicht im Sinne des

[3] Meist wird diese wichtige Nebenbedingung der Markttransparenz nicht genügend beachtet. Die Markttransparenz impliziert zugleich auch unendlich große Anpassungsgeschwindigkeit, da sich das Individuum jeder Datenänderung augenblicklich anpassen muß.

Erfinders: Die hier gemachten Aussagen sind vielmehr Als-Ob-Konstruktionen, also Erkenntnisse, die auf Fiktionen beruhen. Unter einer Fiktion verstehen wir nach *Vaihinger* eine Annahme, die im Bewußtsein ihrer Unrichtigkeit gemacht wird, jedoch unter Umständen zu ergiebigen Schlüssen führen kann. Niemand wird im Ernst daran glauben, daß mit der Konstruktion der Verhaltensfigur eine Wirklichkeitsaussage getroffen ist und dem homo oeconomicus Realitätswert zukommt. Dazu ist der Abstand zwischen Modell und Wirklichkeit eben doch zu offenkundig. Nur *Eucken* (^{5}1947) scheint das nicht zu sehen, wenn er schreibt: »Stets nämlich und überall suchen die Menschen in ihren Wirtschaftsplänen und damit in ihren Handlungen einen bestimmten Zweck mit einem möglichst geringen Aufwand an Werten zu erreichen. Stets also folgen sie dem sogenannten ›wirtschaftlichen Prinzip‹«.

Eine Kritik am wirtschaftstheoretischen Modell des Verbrauchers kann sich also niemals gegen die »Richtigkeit« dieses Modells wenden; alle Ableitungen sind wissenschaftlich einwandfrei, wenn sie den Gesetzen der Logik entsprechen und korrekt auf den einzelnen Prämissen aufbauen. Die entscheidende kritische Frage kann nur die sein, ob die im Modell verankerten Voraussetzungen so zweckmäßig sind, daß sie zu empirisch relevanten Aussagen führen. Gewiß kann ein Kalkül realwissenschaftlich relevant sein, nämlich dann, wenn genau expliziert wird, welche *Interpretationsregeln* bestehen, die den logischen, d. h. formalen Kalkül zu einem empirisch interpretierten Kalkül machen. Und sicherlich kann auch die Ceteris-Paribus-Prämisse im realwissenschaftlichen Sinn zulässig und fruchtbar sein, aber nur dann und insoweit, wenn expliziert wird, welche Bedingungen genau konstant gehalten werden und welche nicht. Sollte es sich erweisen, daß gerade von solchen Bedingungen abstrahiert wird, die von höchster kausaler Relevanz für das Explanandum sind, dann werden die Aussagen empirisch gehaltlos und tautologisch, d. h. sie bleiben vom einmal gewählten Ansatz abhängig (vgl. *Albert*, 1965; 1967) und können niemals zu wirklich neuen Aussagen führen, weil sie nur innerhalb eines selbstgeschaffenen Zirkels von Möglichkeiten verbleiben und aus ihrer Immanenz nicht ausbrechen können.

Die Metakritik an *Albert* und andere Wissenschaftstheoretikern hat u. a. darauf hingewiesen, daß neuere entscheidungslogische und spieltheoretische Ansätze von einem »aufgeweichten« Rationalprinzip ausgehen, indem etwa nur noch »genügsame« Rationalität gefordert wird, indem die »Kosten« der Rationalität als Mitteleinsatz aufgerechnet werden und indem Entscheidungen unter den Bedingungen der Ungewißheit untersucht werden. Nach neueren Untersuchungen (insbesondere: *G. Hartfiel*, 1968; *G. Gäfgen*, [2]1969; *K. H. Hörning*, 1970; *G. Wiswede*, 1972a) verändert dies den a-empirischen Charakter der Ableitungen in keiner Weise. Auch die verschiedenen probabilistischen Versionen ökonomischer Entscheidungen in Risikosituationen ändern an den prinzipiell formalen Charakter der Ableitungen wenig; sie stellen nichts anderes dar als ein arithmetisches System rein logischer Wahrheiten über Wahrscheinlichkeitskombinationen unter Maximierungsbedingungen, deren Kompliziertheit kein Ersatz für erfahrungswissenschaftliche Relevanz ist.

Es gibt nun den Versuch, die empirische Bedeutung des Rationalprinzips dadurch zu retten, daß man sagt, im wirtschaftlichen Bereich habe das Handeln doch in irgendeiner Weise einen rationalen Ansatzpunkt; es sei in einer noch näher zu bestimmenden Weise doch rational. Genauer: Bestimmte Menschen oder Kategorien von Menschen handeln unter bestimmten Umständen rational. Aufgabe der empirischen Forschung sei es nun, herauszufinden, welche Kategorien von Individuen sich unter welchen Umständen rational verhalten. So könnte man etwa annehmen, daß Rationalität als Funktion des Bildungsgrades in Erscheinung tritt oder daß Individuen im Ausmaß der Knappheit der Mittel unter Rationalitätsdruck stehen. Da sich eine solche Verhaltenstendenz in einer sehr diffusen und vagen Form äußern dürfte und wir nichts über den relativen Anteil anderer Verhaltensweisen wissen, ist nicht klar, wie empirisch gehaltvolle und prüfbare Hypothesen auf der Basis des Rationalprinzips formuliert werden können, ganz abgesehen davon, daß ein solches Prinzip sich sehr schwer operationalisieren ließe. Es bleibt also dabei, daß die Ökonomie im Sinne der Neoklassik ein System normativer Aussagen ist, also ein System von Aussagen darüber, wie sich Individuen verhalten sollten, wenn sie dem Rationalprinzip folgten, aber kein System von Aussagen, die zur Erklärung der Realität beitragen. Es mag sein, daß auch ein solcher Wissenschaftsbegriff fruchtbar ist, indem er etwa zur rationaleren Gestaltung des Lebens beiträgt, jedoch bleibt festzuhalten, daß einem solchen Wissenschaftsbegriff ein vorgängiges Werturteil anlastet, das Rationalität zum obersten Wert und zur alleinigen Verhaltensmaxime erklärt.

Greifen wir als abschreckendes Beispiel die sogenannte Theorie des Haushalts heraus, bei der die beschriebenen Konsequenzen so offenkundig sind, daß sich sogar eine große Zahl von Ökonomen mit den hochgezüchteten Abteilungen nicht identifiziert (vgl. etwa: *E.* und *M. Streissler*, Hg., 1969).

Wenn wir zunächst einige Entwicklungslinien ziehen, so stellen wir fest, daß die Theorie des Haushalts ihren Ausgangspunkt in den *Gossen*schen Sättigungsgesetzen hat, bei *Jevons, Walras* und *Pareto* die Form einer Theorie der Wahlhandlungen annimmt, bei *Hicks* und *Edgeworth* in Gestalt einer Indifferenzlehre auftritt und schließlich durch *v. Stackelberg* mit seinem Gesetz der abnehmenden Grenzrate der Substitution eine abgeänderte Fassung der *Pareto*schen Theorie der Wahlakte erfährt.

Grundbaustein der ganzen Theorie ist das Grenznutzentheorem, das als »raison d'etre« sämtlicher Ableitungen aufgefaßt werden kann. Die Voraussetzungen, mit denen üblicherweise gearbeitet wird, sind die folgenden:

(1) Das Bestehen einer konstanten Bedürfnisskala; d. h. die Bedürfnisse formieren sich nicht von Fall zu Fall neu, auch ändern sie sich während des Sättigungsvorganges nicht.
(2) Die Bedürfnisse sind nach dem Prinzip der Sättigung aufhebbar; d. h. sie sind irgendwie begrenzt und daher durch Sättigung zu tilgen.
(3) Die Bedürfnisse sind in Teileinheiten zu zerlegen; d. h. die Anwendung des Marginalprinzips wird möglich.

Unter diesen Voraussetzungen kommt *Gossen* in seinem ersten Gesetz zu der Aussage, daß der Grenznutzen eines Gutes bei ununterbrochener Befriedigung durch sukzessive Teilmengen allmählich abnimmt, bis schließlich Sättigung und sogar Widerwille eintritt. Diese These hat in einem noch näher zu bestimmenden Umfang durchaus realen Erkenntniswert. Zunächst müssen wir die Betonung auf das Wort »ununterbrochen« legen; wenn nämlich eine Unterbrechung des Sättigungsvorganges eintritt, wird der Satz unstimmig. Ein entscheidender Einwand liegt aber in der zweiten Voraussetzung begründet, die besagt, daß Bedürfnisse prinzipiell der Sättigungsmöglichkeit unterliegen. Damit ist unterstellt, daß es keine Bedürfnisse gibt, die grenzenlos und unendlich sind. Aber gerade diese Voraussetzung geht am Wesen des Bedürfnisses weit vorbei. Den diesbezüglichen Einwand hat *Brentano* (1924) als erster und später insbesondere *Böhler* (1957) gegen das Gesetz der Bedürfnissättigung vorgebracht. Dort wird ausgeführt, daß die Tendenz des abnehmenden Nutzens lediglich für physiologische Bedürfnisse gelten kann, niemals aber für geistige und sozial bedingte Bedürfnisse, wie etwa das Geltungs- und Machtstreben, das dem Wesen nach grenzenlos ist oder zumindest keine festliegenden Grenzen kennt. Dieser Sachverhalt wird heute im Rahmen der Theorie des Anspruchsniveaus (*Lewin* u. a.), des Adaptationsniveaus (*Helson* u. a.) im Zusammenhang mit der Theorie der Bezugsgruppen (*Merton* u. a.) erklärt.

Um die Ausführungen *Böhlers* und *Brentanos* auf einen allgemeineren Nenner zu bringen, können wir sagen: Die Tendenz des abnehmenden Nutzens ist grundsätzlich auf den Zusatznutzen (im Sinne *Vershofens*) nicht anwendbar. Das ist im Grunde schon deshalb so, weil ja der Zusatznutzen kein ökonomisch bedingtes Phänomen ist, sondern von außerwirtschaftlichen Faktoren bestimmt wird. Auf den Grundnutzen ist der *Gossen*sche Satz aber auch nur dann anwendbar, wenn es sich hierbei um ein physiologisches Bedürfnis handelt. Innerhalb dieser Grenzen hat die Tendenz des abnehmenden Nutzens ihren Platz; darüber hinaus ist sie ohne Erkenntniswert und stimmt auch in den seltensten Fällen mit der Beobachtung überein. Empirisch bemerken wir sogar den Fall, daß die angebliche Regel in ihr Gegenteil, nämlich in eine Tendenz des zunehmenden Nutzens umschlägt, insbesondere dann, wenn mit dem Objekt ein Fetischwert verbunden ist oder wenn ein Gewohnheitshandeln vorliegt. Hat man je davon gehört, daß beispielsweise ein Trinker sein Getränk ständig wechseln muß, weil ihm das gleichbleibende nicht mehr schmeckt? Ganz im Gegenteil, die Gewöhnung knüpft das Band zwischen dem Mann und seiner Weinsorte immer enger. Ähnliches gilt für viele habituelle Reaktionen, die gerade beim Verbraucherverhalten sehr häufig anzutreffen sind.

Wenn *Pareto* in seiner Theorie der Wahlhandlungen von einer Entpsychologisierung der Grenznutzentheorie spricht, so ist nicht recht einzusehen, was an der *Gossen*schen Auffassung psychologisch sein soll. Die Bedürfnisskala ist ja ein Vorgegebenes, die Ableitung der Regel geht von ihr implizit aus. Infolgedessen handelt es sich hier weder um die Erklärung der Entstehung von Bedürfnissen noch um eine zutreffende Analyse ihres Wesens. *Pareto* setzt nun an die Stelle der partiellen Nutzenbemessung lediglich die von bestimmten Güterkombinationen (Totalophelimität). Ausgangspunkt der Wahlhandlungstheorie ist daher der zweite *Gossen*sche Satz (Genußausgleichsgesetz), bei dem das Nutzenmaximum durch erreicht werden soll, daß bei gegebener Konsumsumme und bei gegebenen Preisen der Genuß so auf die verschiedenen Bedürfnisse verteilt wird, daß die letzten Teilmengen der jeweiligen Güter den gleichen Grenznutzen stiften. Am Beispiel: Der Konsument wird nach dem Genuß einer Menge Bier sich dem nächstwichtigen Bedürfnis, etwa dem nach Nahrung, zuwenden; wenn er genug gegessen hat, wird er zu rauchen beginnen usf. Die Reihenfolge der Befriedigung wird also nach Maßgabe der Dringlichkeit der verschiedenen Bedürfnisse vorgenommen. Ist eines davon gesättigt, so wird das nachfolgende dringender, obgleich es vorher untergeordnet war. *Pareto* geht nun der Problematik der Nutzenbemessung aus dem Wege, indem er nur die Nutzenstiftung von Güterkombinationen untersucht. Die Indifferenzlehre versucht im Anschluß daran, die verschiedenen Möglichkeiten der Mengenkombination zweier Konsumgüter graphisch darzustellen, wobei zur Voraussetzung gemacht wird, daß die Mengenkombination stets einen gleichen Gesamtnutzen ergibt. Es wird also angenommen, daß bei gegebenen Güterpreisen und gegebenem Einkommen der Konsument so über dieses Einkommen verfügt, daß er die für ihn günstigste Gütermengenkombination nachfragt, d. h. daß er das höchste Versorgungsniveau des Haushalts realisiert.

So wird beispielsweise festgestellt, daß die Kombination von 100 g Fleisch und 500 g Brot für den Verbraucher die gleiche Wertschätzung bedeutet wie die Kombination von 80 g Fleisch und 1000 g Brot. Dabei lautet die Frage, wieviel Teilmengen des einen Gutes wegfallen können, wenn eine Einheit des anderen Gutes hinzugefügt wird. Die Nutzenschätzung der Kombination muß dabei stets im Gleichgewicht bleiben.

Das setzt natürlich voraus, daß die Güter austauschbar sind und daß es dem Verbraucher gleichgültig ist (indifferente Haltung), ob er eine Kombination von 500 g Brot und 100 g Fleisch oder von 1000 g Brot und 80 g Fleisch bekommt. Es wird also die völlige Substituierbarkeit der Güter vorausgesetzt. Das ist allerdings eine sehr grobe Entstellung der Wirklichkeit, denn eine solche Austauschbarkeit von Konsumgütern ist doch nur in den seltensten Fällen real gegeben. *Carell* (1951, S. 21) hat einmal spöttisch darauf hingewiesen, wie wohl der Besucher eines Gasthauses reagieren würde, wenn ihm der Ober mitteilte, daß er auf das Schnitzel leider verzichten müsse, daß er aber dafür die zehnfache Menge Kartoffeln bekäme, was sein Nutzenerlebnis wohl hoffentlich wieder ausgleiche. Es ist wohl zu vermuten, daß dieser Gast kopfschüttelnd das Lokal verlassen wird, es sei denn, er wäre zufällig Volkswirt.

Boulding hat einmal sehr treffend das Hirn des Verbrauchers, wie ihn die Wirtschaftstheorie vorstellt, mit einem geistigen Warenhaus verglichen, in dem alle Güter mit Preis- und Nützlichkeitsschildern versehen sind und in Reih und Glied vor ihm Parade halten. »Noch erstaunlicher ist es, daß alle Kombinationen von Waren solche Nützlichkeitsschilder besitzen. Wenn der Scheinwerfer seines Bewußtseins fünf Pfund Käse und ein Pfund Pampelmusen betrachtet, muß er auch feststellen, ob diese spezielle Kombination besser oder schlechter ist als vier Pfund Käse und anderthalb Dutzend Pampelmusen.« (*Boulding*, 1958, S. 78).

Wahrlich, es ist leichter, daß ein Kamel durch ein Nadelöhr gehe, denn daß die Vorstellung der Wirtschaftstheoretiker über den Verbraucher Wirklichkeit werde. Handle es sich um Leberwurst oder Pampelmusen, vielleicht fände sich unser Verbraucher damit ab, nur ein gewöhnlicher Mensch zu sein und begänne einfach zu essen, anstatt zu warten, bis sich alle Schwierigkeiten gelöst haben, die mit seinem wissenschaftlich einwandfreien Verbrauch verbunden sind.

2.2 *Schubladen ohne Aussagen: Modelle der Marketingtheorie*

Der »homo oeconomicus consumens« macht also eine denkbar schlechte Figur; er bewährt sich an der Realität nicht[4]. Es hat nun nicht an Versuchen gefehlt, das Rationalprinzip entsprechend aufzulockern oder umzuinterpretieren (*H. A. Simon*), in eine »weiche« Formulierung zu bringen (vgl. *G. Gäfgen*, 1968) oder gar so auszuweiten, daß es dem Belohnungsprinzip der Lerntheorie äußerlich zu entsprechen scheint (*Homans*, 1961). Es ist zweifelhaft, ob dieses Prinzip seinem Leerformelcharakter auf diese Weise entgeht (vgl. zusammenfassend *G. Hartfiel*, 1968; *G. Wiswede*, 1972 a).

Im Bereich des Marketing – oder wie es früher hieß: im Umkreis der Absatz-, Verbrauchs- und Marktforschung – hat man sich sowohl in der amerikanischen als auch in der deutschen Literatur sehr frühzeitig von den mikroökonomischen Modellen gelöst, vor allem deshalb, weil diese Modelle für die praktische Strategie des Unternehmerverhaltens kaum brauchbare Ergebnisse lieferten. Wir wollen einige solcher Modellvorstellungen erörtern, wie sie im Rahmen der Marketingforschung entwickelt worden sind und beginnen mit einem älteren Modell, das als Nutzentheorie bekannt geworden ist und das im Rahmen der Theorie der Qualitätswahl (*Arrow, Abbott* u. a.) in ähnlicher Weise konzipiert wurde: die Nutzenlehre *W. Vershofens* (1939/40). *Vershofen* glaubte, in der Kategorie des Nutzens einen allgemeinen Nenner gefunden zu haben, indem er die Auffassung vertrat, daß alle Verbrauchsmotive in Nutzenerwartungen umgedeutet werden müßten, um ökonomisch relevant zu sein. Dieser Nutzenbegriff ist jedoch gegenüber dem »rationalen« Nutzenbegriff der Mikroökonomie wesentlich ausgeweitet, in ähnlicher Weise, wie etwa heute im Rahmen der Lerntheorie von »Belohnung« gesprochen wird, die ja gleichfalls keine »rationalen« und auf materielle Nutzungen abgestellte Werte darstellt.

Die Nutzenlehre *Vershofens* macht Aussagen darüber, welche Bedeutung bestimmte Marktobjekte für den Verbraucher haben. Sie impliziert ein Zweifaches:

[4] Dies gilt auch für einen »homo sociologicus consumens«, der einer sozialphilosophischen Rollenauffassung *Dahrendorfs* nachempfunden wird (vgl. *Mahnkopf*, 1969). Eine solche Rollenkonzeption ist theoretisch wenig fruchtbar und dürfte auf einem Mißverständnis forschungslogischer Prinzipien beruhen.

a) die Klassifikation von Belohnungen, die ein Konsument aus Konsumgütern schöpft;
b) die Klassifikation von Motiven, dar darüber informieren, warum ein Konsument Konsumgüter erwirbt.

Beides ist logisch nicht ganz identisch, da ein Konsument im Verlaufe der Verwendung Nutzenqualitäten und Nutzenintensitäten aus dem Konsumgut ziehen kann, die beim Kaufentscheid nicht relevant gewesen sind.

Insoweit ist die Nutzenlehre reine Klassifikation und hat allenfalls »gehobene« deskriptive Bedeutung: Mit ihrer Hilfe sollen alle (oder die bedeutsamsten) Arten (Formen) von Nutzungen beschrieben werden, die beim Kauf von Konsumgütern auftreten. Versteht man die Nutzenlehre in dieser Weise, so teilt sie das Schicksal aller Klassifikationen und Typologien: Es drängt sich der Eindruck auf, der Autor könnte doch etwas vergessen haben, oder: bei anderer Perspektive wäre grundsätzlich auch jede andere sinnvolle Einteilung möglich.

Die Nutzenlehre tritt jedoch zumindest partiell auch mit dem Anspruch von Theorie auf: Sie versucht zu Aussagen darüber zu gelangen, welche spezifische Gewichtung von Nutzungen beim Erwerb bestimmter Konsumgüter vorliegt, und sie versucht ferner Auskunft darüber zu geben, in welcher Weise das Auftreten einer bestimmten Nutzenqualität oder Nutzenkombination zur Entscheidung beiträgt. Insoweit handelt es sich um theoretische Aussagen, die beanspruchen, empirische Sachverhalte zu erklären und das Eintreffen von Ereignissen vorauszusagen.

Zunächst ist anzumerken, daß die Bezeichnung der einzelnen Nutzenqualitäten z. T. sehr vage ist. Was kann man sich konkret unter »Zuversicht« oder »Erbauung« vorstellen? *Vershofen* unterläßt es, hier klar zu definieren, weil er wohl selbst spürt, daß seine Kategorien an Prägnanz verlieren, je mehr man sich den »unteren« Bereichen nähert: Hier wird die Aufgliederung der Nutzenqualitäten immer ungreifbarer und vager. Die Gleichsetzung eines Nutzens aus der sozialen Sphäre mit »Geltungsnutzen« dürfte im übrigen zu eng gesehen sein. Bestimmte Güter stiften oder eröffnen z. B. soziale Kontakte und Kommunikationen, die sehr wohl sozialer Natur sind, aber keineswegs aus Geltungsansprüchen abgeleitet sind. *Vershofen* selbst spricht in einer Aufgliederung des »Geltungsnutzens« u. a. von Erholung, Begegnung, Geschäft, Freundschaft usw. und bemerkt sehr richtig, daß der Anteil der hierin zum Ausdruck kommenden Geltungselemente des Verhaltens stark variiert.

Auch ist nicht klar, was *Vershofen* genau unter »Wertung« versteht, die er mit »Zuversicht« identifiziert und in wenig plausibler Weise in ästhetische (Harmonie) und ethische (Ordnung) Wertung unterteilt. Soll dies so verstanden werden, daß es nur ästhetische und ethische Wertung gibt? In welcher Beziehung steht der hier gebrauchte Begriff des Wertes zum Oberbegriff des Nutzens?

Große Unklarheit besteht schon an der Spitze der Einteilung, wo *Vershofen* den stofflich-technischen Nutzen als Grundnutzen und den seelisch-geistigen Nutzen als Zusatznutzen bezeichnet. Wenn dies richtig ist, dann könnten fast alle immateriellen Güter (also die meisten Dienstleistungen) keinen Grundnutzen stiften. So wäre etwa der Besuch eines Konzerts dadurch charakterisiert, daß er nur Zusatznutzen stiftet. Es bleiben, um diesen Widerspruch aufzulösen, nur die drei folgenden logischen Möglichkeiten:

a) Die Gleichsetzung beruht auf einem Irrtum *Vershofens*;
b) Immaterielle Güter stiften keinen Grundnutzen;
c) Die Nutzenlehre beschränkt ihre Anwendung auf materielle Güter.

Die Unklarheiten und Mängel der Klassifikation gehen auch in theoretische Aussagen ein, wenn diese in Termen der Klassifikation formuliert sind. Da jedoch der Grundnutzen von Gütern häufig mit seinem instrumentalen, technisch-stofflichen Nutzen identisch ist, der Zusatznutzen hingegen vorwiegend mit weniger handfesten Bedeutungsgehalten und Motivationen, lassen sich bestimmte Aussagen über den Rationalitätsgrad von Handlungen machen, je nachdem ob diese Handlungen wenige oder viele Komponenten des Zusatznutzens enthalten. Gegenstände, die einen hohen Grundnutzen abwerfen, sind naturgemäß in ihrer Objektivität leichter zugänglich: Man sieht sehr schnell, ob die Ware etwas taugt, ob sie das leistet, was sie verspricht. Güter mit hohem instrumentalen Nutzen sind durch eine vergleichsweise geringe Distanz zwischen objektiver Beschaffenheit und subjektiver Vorstellung gekennzeichnet. Anders formuliert: Je größer der Zusatznutzen eines Gutes, desto schwieriger gestaltet sich der Zugang zur objektiven Beschaffenheit dieser Ware. Grundnutzen impliziert also hohe Transparenz (oder zumindest die Chance, Transparenz zu gewinnen, etwa in Form von Warentests), Zusatznutzen jedoch hohe Intransparenz (mit geringer Chance, objektive Beurteilungskriterien zu gewinnen). Insoweit bestehen grundsätzliche Möglichkeiten, die Terminologie *Vershofens* auf bestimmte psychologische Konzepte, etwa die Imagetheorie, anzuwenden (vgl. im dritten Problemkreis).

Die Nutzenlehre macht weiter Aussagen über die Rangordnung der Nutzenqualitäten: »Je spezieller eine Nutzenart im

Sinne des Schemas der Leiter ist, desto stärker beeinflußt sie die Entscheidung. Weil sie die Entscheidung bringt, ist sie als der ausschlaggebende Hauptnutzen zu bezeichnen.« Diese Hypothese, wonach immer dann, wenn neben dem Grundnutzen oder an seiner Stelle Zusatznutzen auftritt, dieser für die Entscheidung umso schwerer wiegt, je geringer sein Grad von Allgemeinheit ist, ist höchstens illustrativ plausibel, bei näherem Zusehen aber auch logisch nicht haltbar, geschweige denn, empirisch überprüft.

Vershofen illustriert seine Aussagen über die Rangordnung der Nutzenqualitäten am Beispiel des Maskottchens, das immer wieder als »Beweis« für die Regel herangezogen wird. Wie *Moser* u. a. zeigen konnten, ist die Hypothese noch nicht einmal am Beispiel des Maskottchens schlüssig. Unterstellt man etwa, daß mehrere Maskottchen zur Auswahl stehen, dann könnte es sein, daß das schönste gekauft wird oder daß das teuerste (oder billigste) gekauft wird. Auch könnte es sein, daß die soziale Ansteckung (Nachahmung) eine Rolle spielt (»alle haben es«; »der Nachbar hat auch eins« usf.). In diesen Fällen wird das Motiv des magischen Nutzens durch andere Nutzenüberlegungen (ökonomischer, ästhetischer oder sozialer Art) verdrängt.

Aus diesem Grund kann die Regel in der von *Vershofen* geäußerten Form noch nicht einmal Plausibilität beanspruchen. Erst recht kann man nicht sagen, daß sie empirisch überprüft ist, denn unseres Wissens existiert keine sozialwissenschaftlich brauchbare empirische Untersuchung, um die Hypothese in der genannten oder in einer operationalisierten Form zu testen.

Der Hypothese *Vershofens* liegt dennoch eine u. E. zutreffende Überlegung zugrunde. Uns scheint, daß die Regel dann richtig ist, wenn eine der beiden folgenden Bedingungen vorliegt:

a) Alle anderen Nutzungsqualitäten sind bei den Vergleichsgütern identisch;
b) Die übrigen Nutzungsqualitäten sind für den Verbraucher nicht transparent.

Fragen wir nun, ob die Bedingungen a und b häufig vorkommen. Für Bedingung a muß die Frage verneint werden: Es dürfte selten der Fall sein, daß alle Nutzenqualitäten verschiedener, aber ähnlicher Konsumgüter in identischem Ausmaß vorkommen. Dagegen wird die zweite Bedingung – mangelnder Einblick in die objektive Beschaffenheit und Nutzenstiftung von Gütern – häufig gegeben sein. Der Konsument könnte sich bei einem solchen Sachverhalt tatsächlich auf Grund eines peripheren Merkmals entscheiden. Er wird zum dominanten Faktor, der alle übrigen Faktoren überlagert. Dies hat unmittelbare Implikationen zur Imagetheorie: wie wir im dritten Teil dieser Arbeit noch im einzelnen sehen werden, führt das Vorliegen solcher Bedingungen zur Detaildominanz. Die *Vershofen*sche Hypothese ließe sich also als Dominanzhypothese explizieren.

Sofern aber keine dieser Bedingungen gegeben ist, so gilt, daß nicht der Grad der Spezialisierung der Nutzenkomponente entscheidet, sondern das größere Gesamtgewicht aller Nutzungen gegenüber anderen (vgl. *Moser*, 1963). Damit ist aber nichts anderes ausgesagt, was die ökonomische Theorie unter dem Stichwort »Totalophelimität« (*Pareto*) seit Generationen behauptet und noch Generationen behaupten wird, ohne daß damit mehr gewonnen ist als eine Leerformel.

Die Art und Weise, wie *Vershofen* vorgegangen ist, hat zahlreiche ähnliche Konzeptionen herbeigeführt, deren Bedeutung ebenfalls mehr deskriptiver Art sein dürfte. So hat man zwischen verschiedenen Funktionen des Konsumverhaltens unterschieden (*Merton, Hörning* u. a.); oder aber man hat verschiedene Dimensionen des Verbraucherverhaltens analysiert (*Scherhorn* u. a.), wobei insbesondere die sozialrang-vermittelnde Dimension im Vordergrund der Betrachtung stand.

Die älteren Konzeptionen vom Stile *Vershofens* haben den entscheidenden Nachteil, daß zum Zeitpunkt ihrer Veröffentlichung relevante psychologische und soziologische Einsichte zum Teil noch nicht erarbeitet waren, zum anderen aber von Ökonomen weitgehend nicht rezipiert worden sind, so daß durch soziologischen und psychologischen Eigenbau kein echter Brückenschlag zum Stand der Wissenschaft möglich war. Diesen Brükkenschlag hat die amerikanische Marketingtheorie seit einigen Jahren sehr konsequent vollzogen und die Rezeption verhaltenswissenschaftlicher Aussagen und Aussagensysteme zum Programm erklärt (vgl. hierzu besonders: *S. H. Britt*, ed., 1968, 1969, 1970; *Kassarjian, Robertson*, eds., 1969; *Engel, Blackwell, Kollat*, 1968, 1969, 1970; *Howard, Sheth*, 1969; u. a.). Von hier aus ergeben sich dann umfangreiche Versuche, umfassende Modelle des Kaufverhaltens zu entwickeln. Solche Modelle stammen u. a. von *Howard* (1963), *Andreasen* (1965), *Nicosia* (1966), *Kotler* (1967), *Engel, Kollat, Blackwell* (1970), *Amstutz* (1970), *Lavington* (1970). Sie werden gelegentlich auch als Computermodelle oder als Simulationsmodelle bezeichnet.

Die hier entwickelten Modelle sind zunächst pragmatisch-instrumentalistisch; ihr Erkenntnisgegenstand ist im wesentlichen die Reaktion des Konsumenten auf gewisse Maßnahmen der Absatzpolitik von Unternehmen. Zum Teil sind sie kybernetisch formuliert (z. B. *Nicosia*), zum Teil auch mathematisch (z. B. *Kotler*). Das Modell von *Howard*, das dann später bei *Howard* und *Sheth* (1969) in den Mittelpunkt einer Theorie des Käuferverhaltens rückt, geht von Auslöse-, Informations- und Produktsignalen aus, die gewissermaßen den Input des Systems darstellen. Als intervenierende Konstrukte dienen die Wahrnehmungsstruktur, der Prädispositionsgrad und schließlich der Auswahlprozeß, der dann zum Kauf führt, der seinerseits durch eine Ex-Post-Bewertung die Wahrnehmungsstruktur rückwirkend beeinflußt.

Die Schwächen des *Howard*-Modells sind zunächst die, daß das Modell empirisch nur dürftig interpretiert ist. Auch der häufige Bezug auf Systeme der Lerntheorie vermag nicht darüber hinwegzutäuschen, daß die Anwendung solcher Aussagensysteme hier lediglich in grob-schematischer Weise erfolgt. Sollte es möglich sein, eine oder mehrere der vielen Variablen zu manipulieren, so wäre es sicher schwierig, sie exakt zu messen (zur Kritik vgl. *Sheth*, 1966; *Kuehn* und *Day*, 1963). Außerdem sind die Variablen nicht klar erkennbar, d. h. es ist nicht klar, bei welchem Wert der unabhängigen Variablen welche Wirkung eintritt. Die verwendeten Begriffe, wie Einstellung, Wahrnehmungsstruktur, Prädisposition usw. werden in einer Weise hypostasiert und ontologisiert, daß ihre gegenseite empirische Beziehung nicht erkennbar ist. Die Konstrukte werden so verselbständigt, daß realwissenschaftliche Aussagen nicht mehr möglich sind.

Engel, Blackwell und *Kollat* (1968), die *Howard* mit Recht wegen terminologischer Unklarheit kritisieren, legen ein Modell vor, das diese Unklarheiten auf die Spitze treibt. Zunächst versuchen auch sie sich in Systemkategorien; alles was unabhängige Variablen sind, wird in vornehmer Weise »inputs« genannt, und was unten herauskommt, heißt natürlich »output«; und beides steht selbstredend in einer Rückkoppelungsbeziehung. Dabei wird nicht darüber reflektiert, in welcher Weise den Systemmodellen vom Typ des kybernetischen Systems empirische Bedeutung zukommt oder ob es sich hier vielmehr um weitgehend uninterpretierte Kalküle handelt (vgl. zur Kritik an der Systemperspektive *Homans*, 1961; *Opp*, 1969, 1971; zur Kritik an kybernetischen Modellen als realwissenschaftlich relevanten Aussagensystemen: *Opp*, 1971 a). Auch ist im *Engel*-Modell der Stellenwert der sozialen Variablen unklar. So sind z. B. Werte und Einstellungen nicht nur von Informationen und Persönlicher Charakteristik abhängig. Sozialkulturelle Wertsetzungen gehen überhaupt nicht oder jedenfalls nicht erkennbar in das Modell ein; desgleichen erscheinen die für das Konsumverhalten so wichtigen Gruppennormen und Bezugsgruppeneinflüsse an keiner Stelle.

Das Modell von *Nicosia* (1966) sieht in der zusammenfassenden Darstellung wie folgt aus:

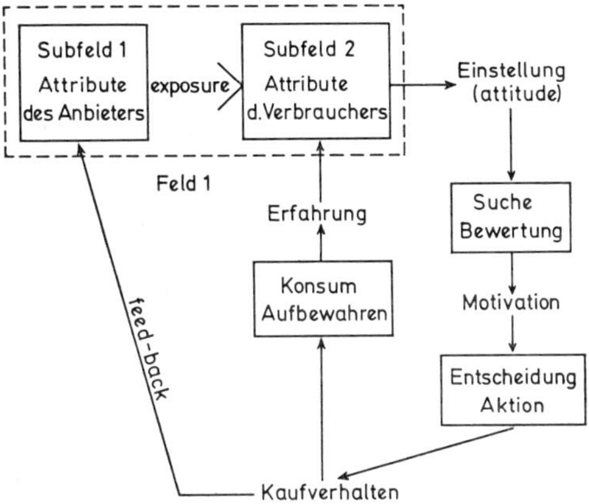

Abbildung 1: Modell des Kaufverhaltens (nach *Nicosia*)

An diesem Modell, das mit jedem dieser Felder noch im einzelnen differenziert und beschrieben wird, ist besonders gut ersichtlich, daß es sich beim Kaufverhalten um eine gewisse Kreislaufkausalität handeln kann, daß also der »feed back«-Gedanke der Kybernetik hier tatsächlich empirische Anwendungen nahelegt, die allerdings nicht in nomologischen Hypothesen formuliert sind. So könnte man etwa das Vorliegen von wenig oder viel Erfahrung, von schlechten und von guten Erfahrungen zum Gegenstand empirischer Hypothesen machen.

So kann man schließlich nur sagen, daß die Simulationsmodelle des Käuferverhaltens vorwiegend von pädagogischem Interesse sind (so auch *Kuehn* und *Day*, 1963). Wissenschaftstheoretisch sind sie allenfalls Orientierungshypothesen (*Merton*), die darüber Auskunft geben, was man bei der Konstruktion einer Theorie alles zu beachten hat, sozusagen ein System, um das Denken zu ordnen, jedoch keine sozialwissenschaftliche Theorien. Diese Modelle mögen noch so »comprehensive« sein: sie bleiben Schubladen ohne Aussagen: Der »Output der einen Phase erscheint in der nächsten Phase vollständig summarisch als praktisch unabhängige Input-Variable. Sein fiktiver mechanistischer Entstehungsprozeß ist vergessen, und er wirkt als einheitliche Kraft mit den weiteren unabhängigen Variablen zusammen. An diesem Schema ist bezeichnend, wie rein operational definierte Größen verselbständigt — gewissermaßen ontologisiert – werden, nur um sie dann wie empirische Einflußgrößen weiter zu verarbeiten« (*Hunzicker*, 1972, S. 65). Damit ist der Anschein von empirischer Theorie gegeben und die Verhüllung ihres Mangels durch die Verwendung einer Terminologie, die querfeldein der Verhaltenswissenschaft entnommen ist.

Sogar der bisher anspruchsvollste Versuch in dieser Richtung, der von *Howard* und *Sheth* (1969), entgeht dieser Fallgrube nicht. Zwar gehen die Verfasser von bestimmten lerntheoretischen Einsichten aus (insbesondere von *Hull*, in der Version von *Spence*), die in bestimmter Weise spezifiziert sind (z. B. nach *Osgoods* Mediatorenhypothese), doch wird nirgendwo formuliert, wie denn nun die aufgestellten Hypothesen genau lauten und in welcher Weise sie das Gesamtsystem *Hulls* oder einen Teil davon repräsentieren. Sie unterscheiden zwei Arten von »hypothetischen Konstrukten«: »perceptual constructs« und »learning constructs«. Hierbei handelt es sich nach Auffassung von *Howard* und *Sheth* um Teilfunktionen des »Konsumenten-Organismus«, die sich gegenseitig ergänzen (p. 32 ff.). Die Wahrnehmungskonstrukte sind Reizfilter, die für die Auswahl und Aufbereitung der Reize sorgen, die dann von den Lernkonstrukten weiter verarbeitet und letztlich in Aktionen umgesetzt werden. *Hunzicker* (1972) spricht hier von einer spekulativen Überinterpretation der Konstrukte, indem *Howard* und *Sheth* versuchen, die verschiedenen Konstruktarten additiv zu einem Gesamtsystem zusammenzufassen, deren Zusammenwirken wie das von empirischen Eigenschaften oder Merkmalen gesehen wird. Die Verfasser machen darüber hinaus jedoch noch Annahmen über die Beziehungen der Konstrukte untereinander. »Dies setzt Vorstellungen über den Gesamtzusammenhang der Organismusfunktionen voraus, die nur von einem übergeordneten theoretischen Konzept her zu gewinnen sind. Da bereits die einzelnen Konstrukte theoretische Gebilde sind, stellen die Aussagen über den Zusammenhang der Konstrukte gewissermaßen Theorien zweiten Grades dar« (*Hunzicker*, 1972, S. 65). Die hier vorliegende Hypostasierung eines mechanistischen Einheitsorganismus erbringt also vielfach nur einen empirischen Anstrich der Modelle, die im Grunde nach formallogischen Prinzipien konstruiert sind[5].

Wir können also zusammenfassen, daß die erwähnten »com-

[5] Daneben gibt es zahlreiche Partialmodelle, die der probabilistischen Lerntheorie (z. B. *Bush* und *Mosteller*, *Estes* u. a.) entnommen sind oder Markoff-Modelle repräsentieren. Einen Überblick gibt *Sheth* (1968) und *Kroeber-Riel* (Hg., 1972). Auch diese Modelle sind weitgehend empirisch inhaltslose Kalküle, abgesehen davon, daß sie motivational nicht relevant sind.

prehensive models« des Käuferverhaltens empirisch nur dürftig interpretierte Kalküle darstellen, so daß sie allenfalls als Orientierungshypothesen eine gewisse heuristische Bedeutung haben. Die ermittelten Konstrukte werden als selbständige Organismuseinheiten empirisch überinterpretiert und sollen auf additiv-mechanistischem Weg einen Gesamtorganismus konstituieren. Sie enthalten keine empirisch gehaltvollen Aussagen oder Theorien, sondern nur leere Schubladen, die durch empirisch-theoretische Arbeit erst gefüllt werden müssen. Diese Modelle sind daher kein Resultat, sondern allenfalls der Beginn motivational relevanter Forschung.

2.3 *Einheiten der Persönlichkeit: Modelle der Strukturtheorie*

Die im vorigen Abschnitt behandelten Modelle enthielten bereits einige miteinander in Wechselwirkung stehende Teilfunktionen der Persönlichkeit. Die Aufspaltung der Persönlichkeit in mehrere Persönlichkeitsinstanzen ist nun insbesondere der strukturalen Persönlichkeitsauffassung verpflichtet. Die bekannteste strukturale Theorie, die in nahezu allen anderen Konzeptionen implizit enthalten ist, ist die von *Freud*, der die Instanzen des Es, des Ich und des Über-Ich unterschied, wobei er lediglich dem Es eine motivierende Funktion einräumte. Das hier gezeichnete Modell hat jedoch nur interpretative Funktion, dagegen keine abstrahierende. Die Aufteilung des »psychischen Apparates« in mehrere Instanzen bedeutet nicht, daß der Mensch aus verschiedenen, voneinander unabhängigen Teilpersönlichkeiten zusammengesetzt sei, sondern erst den Anfang der Einsichten, daß die Persönlichkeit als Ganzes ein komplexes Gefüge sehr differenzierter Strömungen ist. Das hier zur Anwendung gelangende Modell unterscheidet sich insofern auch erheblich von den bisher besprochenen Modellen, etwa denen der Wirtschaftstheorie. Wir haben es hier mit einem Ordnungsmodell zu tun, in dem versucht wird, das komplexe Durcheinander menschlichen Verhaltens in ein Nebeneinander aufzuteilen, denn nur ein solcher systematischer Akt erlaubt uns, die Welt der Erscheinungen durchsichtiger zu machen.

Die tiefste Schicht der menschlichen Persönlichkeit ist das Kollektiv-Unbewußte; darüber lagert das Individual-Unbewußte. Dem Ich geben wir nun die Bezeichnung eines Individual-Bewußten, um es von den kollektiven Erscheinungen des Über-Ich abzugrenzen. Dieses können wir — darauf kommen wir noch zurück — auch als das Kollektiv-Bewußtsein (*Durkheim*) oder als das »Mich« (*Mead*) ansprechen, das in gradueller Ausweitung den Einfluß der Eltern, der sozialen Gruppe und schließlich der Gesellschaft überhaupt impliziert.

Dadurch entsteht ein viergeteiltes Modell der Persönlichkeit, in dem wir folgende Instanzen unterscheiden:

(1) Das Kollektiv-Bewußte
(2) Das Individual-Bewußte
(3) Das Individual-Unbewußte
(4) Das Kollektiv-Unbewußte.

Zur Charakteristik der einzelnen Instanzen sei noch einiges angeführt, wobei wir mit der tiefsten Schicht beginnen:

ad (4) *Das Kollektiv-Unbewußte:* Hier finden wir ein ungeordnetes Chaos noch weitgehend unstrukturierter Triebströmungen. Sie sind undifferenziert und haben noch keinen Zusammenhang mit der Realität. Man kann diese Elemente am besten als infantil bezeichnen. Die kindliche Psyche steht noch ganz im Banne dieses Kollektiv-Unbewußten. Ein erwachsener Mensch, der so reagieren würde wie ein dreijähriges Kind, würde nicht nur wegen Intelligenzmangels im Irrenhaus landen. In den späteren Phasen der Persönlichkeitsentwicklung gelangen die Strömungen dieser Instanz nur unter sehr starker Modifizierung an die Oberfläche. Sie werden von den anderen Instanzen her überformt. Die Kontrollinstanz des Individual-Bewußten und die intervenierende Wirkung des Individual-Unbewußten schalten sich dazwischen und deformieren die Inhalte des Kollektiv-Unbewußten bis zur Unkenntlichkeit. An dieser entscheidenden Erkenntnis ist die ältere Motivforschung vorbeigegangen, als sie die in der Bedeutungsanalyse untersuchten Symbolgehalte einfach als Ausdruck des Kollektiv-Unbewußten ansehen zu können glaubte (vgl. etwa bei *D. Leonhard*, 1955). Denn es ist irrig zu glauben, daß alle Verhaltensweisen im kollektiven Unbewußten gründen; nichts spricht für eine solche Annahme. Und zweitens ist es falsch, die Einflüsse der intervenierenden Instanzen einfach auszuschalten, also zu übersehen, daß ein im Kollektiven gründendes Motiv dem deformierenden Einfluß der übrigen Instanzen ausgesetzt ist. Im übrigen ist das Dunkel jener kollektivunbewußten Instanz, in der die Archetypen (*Jung*) als undifferenzierte Strukturelemente lagern, nur sehr schwer zugänglich und entsprechend ist auch der fast mythologische Charakter der entsprechenden Forschungsergebnisse.

ad (3) *Das Individual-Unbewußte:* Den Übergang vom Kollektiv- zum Individual-Unbewußten kennzeichnet das familiäre Unbewußte (*Szondi*), das die affektiven Entscheidungen eines Menschen durch rezessive Erbanlagen bestimmt. Das Individual-Unbewußte ist der Tummelplatz des Verdrängten und Vergessenen, also des einmal bewußt Gewesenen. Es enthält Möglichkeiten der eigenen Entfaltung und ist zugleich Niederschlag eigener (vergessener) Erfahrungen. In diesem Bereich findet bereits eine Triebdifferenzierung statt. Es erfolgt eine individuelle Umformung kollektiver Tendenzen sowie die Entwicklung autonomer Kräfte, die allein dieser Instanz entstammen. Nach *Jung* findet sich hier auch der Schatten des Selbstbildes. Unter einem Selbstbild verstehen wir die Vorstellung, die ein Mensch von sich selber hat. Diese Vorstellung ist oft geschmeichelt; wir sprechen dann von einem idealisierten Ebenbild (*K. Horney*). Das Verbraucher-Selbstbild – ein Begriff, dem wir später noch des öfteren begegnen werden – ist also die Vorstellung, die der Konsument sich über sich selbst gemacht hat. Das Selbstbild vermengt sich häufig mit der Vorstellung darüber, wie man gerne sein möchte.

ad (2) *Das Individual-Bewußte:* Hier handelt es sich zunächst um das System jener komplexen Motive, die den Kontakt mit der Realität herstellen, d. h. kognitiv aufgeladen sind. Es ist ein denkendes, planendes und vorausschauendes System. Primäre Aufgabe ist die Schutzfunktion gegen das Unbewußte, das weitgehend ziel- und planlos agiert. Im Gegensatz zu der Abwertung des Bewußtseins durch die Psychoanalyse (*Freud*), den Behaviorismus (*Watson, Mc Dougall*) und die entlarvende Philosophie (*Bergson, Nietzsche*) neigt die heutige Psychologie dazu, eine selbständige Motivationskraft des Ich anzunehmen (*H. Hartmann, G. W. Allport, A. Freud* u. a.). Das Bewußtsein ist nach *Lückert* »nicht nur eine nachträgliche Rechtfertigungsinstanz, sondern greift durch seine ideierende, intellektuelle und voluntative Funktion selbst in die Gestaltung des Lebens ein« (1957, S. 289). Dies betrifft insbesondere die kognitiven Elemente der Motivation.

ad (1) *Das Kollektiv-Bewußte:* Der hier im Sinne der Systematik verwendete Ausdruck ist in großen Zügen identisch mit dem *Durkheim*schen Begriff des Kollektiv-Bewußtseins. Dabei gilt es insbesondere den Fehler zu vermeiden, den Zusammenhang mit der gesellschaftlichen Umwelt zu hypostasieren, also beispielsweise vom Verhalten der Gesellschaft oder von Motiven der Gruppe zu sprechen. So bedeutet auch der Begriff des Kollektiv-Bewußtseins in der *Durkheim* Schule keineswegs eine Substantialisierung der Gesellschaft, sondern nur die Spiegelung eines äußeren Verhaltensdruckes in Form von kollektiven Vorstellungen, in einer bestimmten Weise zu handeln. Solche Vorstellungen bezeichnen wir als Normen. Was im Kollektiv-Bewußtsein erscheint, ist nicht identisch mit der objektiven sozial-kulturellen Welt, sondern nur ihr subjekt-bezogener Niederschlag. Die Normen sind dort niemals in ihrer vollen Wirklichkeit und idealen Bedeutung realisiert, sondern nur auszugsweise und bruchstückhaft. Die Ansprüche, die dabei geltend gemacht werden, sind autoritärer Art. Das Kollektiv-Bewußte ist ein soziales und bezogenes Ich, ein »Mich«. Dieses ist identisch mit der Rolle, die wir in der Gesellschaft spielen. Das so gekennzeichnete Über-Ich bildet das System der aus der Gesellschaft durch Identifizierung und Internalisierung übernommenen Motive. Diese Motive sind nicht gleichzusetzen mit den Normen, aber sie sind den Normen abgewonnen.

Wenn wir davon ausgehen, daß alle Persönlichkeitsinstanzen auch Motivregionen sind, so taucht das Problem auf, welche Möglichkeiten für das Individuum bestehen, von seinen Motiven etwas zu wissen. Die ältere Motivforschung würde sagen: »gar nichts« und jede andere Ansicht als vorwissenschaftlich abtun. Im Lichte unserer Betrachtung müssen wir aber diese Frage anders beantworten. Zu diesem Zweck verwandeln wir die schichtpsychologische Interpretation des Persönlichkeitsmodells in eine topologische: Dabei werden alle Motive der Persönlichkeit auf das Individual-Bewußte (das Ich) bezogen. Nun lassen sich sämtliche Motive *nach dem Grade der Ichnähe* einstufen. Ein Motiv ist um so ichferner, je unbewußter es ist. In den tiefsten Regionen des kollektiven Unbewußten liegen daher die ichfernsten, d. h. die dem Bewußtsein am wenigsten zugänglichen Motive.

Die Behauptung, daß der Mensch von seinen wahren Motiven nichts wissen kann, basiert also auf der voreiligen Voraussetzung, daß alle Beweggründe des menschlichen Handelns ihre Wurzel in ichfernen Motivregionen haben. Stimmt das wirklich? Wenn wir jeder Persönlichkeitsinstanz eine autonome Wirkkraft in bezug auf das Verhalten zuschreiben – und das scheint unumgänglich – kann es gar nicht so sein. *Allport* (1960) führt hierzu aus, daß ein großer Teil der psychischen Dynamik bewußt sei und daß auch die tiefsten Tiefenanalysen mitunter zu keinem anderen Ergebnis führen könnten, wie die einfache, direkte Befragung. Es bestünde vielmehr die Gefahr, daß wir durch die Psychoanalyse, die sich hauptsächlich an die Motive des Unbewußten richte, exorbitante Sachverhalte zutage fördern.

Wir können aus diesem Sachverhalt auch gleich eine methodische Folgerung ziehen. Sie lautet: Je ichferner ein Motiv ist, desto mehr muß die direkte Befragung versagen. Da aber nicht jedes Motiv und wahrscheinlich auch nicht die meisten in großer Ichferne wurzeln und da auch ichferne Motive durch ichnahe Instanzen verformt, z. B. kognitiv angereichert werden, ist zu folgern, daß auch die sinnvoll angewandte direkte Methodik durchaus zum Ziele führen kann, ungeachtet der unbestreitbaren Bedeutung auch der indirekten Methoden (vgl. *S. H. Britt*, ed., 1970).

Man hat diesen und ähnlichen Strukturmodellen vorgeworfen,

daß sie bestenfalls deskriptiv sind und insofern eine gewisse phänomenologische Bedeutung haben. Operationalisierbar und empirisch überprüfbar sind mit diesen Begriffen formulierte Aussagen nicht. Man hat daher gewisse andere Persönlichkeitsmodelle diskutiert, die zumindest dem Anspruch nach diese Schwierigkeiten überwinden sollen. So unterscheidet etwa *Eysenck* (1961) vier Hauptsektoren, in denen die Verhaltensmuster organisiert sind: der kognitive Sektor (Intelligenz), der konative Sektor (Charakter), der affektive Sektor (Temperament) und schließlich der somatische Sektor (Konstitution). Dieses Modell hat zwar den Vorteil, daß es mit den Traditionen der untersuchten Hauptgebiete der Persönlichkeitsforschung übereinstimmt, jedoch ist nicht einzusehen, inwieweit hier eine Überwindung des klassifikatorischen, also letztlich auch nur deskriptiven Ansatzes gefunden worden ist. Etwas weiter in die Richtung einer empirischen Erfassung gehen die sog. Eigenschaftstheorien, etwa die von *Guilford* (1964), wobei dieser sich insbesondere um die Messung dieser Eigenschaften sowie deren Zusammenhänge mit dem tatsächlichen Verhalten bemüht hat.

Eine weitere Möglichkeit, das strukturale Persönlichkeitskonzept empirisch zugänglich zu machen, sind die *Theorien des Selbst*. Erste Schwierigkeiten entstehen jedoch schon deshalb, weil dieser Begriff des Selbst in der Literatur sehr inkonsistent verwendet wird. Analog den verschiedenen Selbstkonzepten in den verschiedenen Instanzen der Persönlichkeit oder in verschiedenen Abfolgen der Persönlichkeitsentwicklung müßte man von Persönlichkeit als integriertem System von Selbsten sprechen. Es scheint uns, daß es mindestens die folgenden verschiedenen Selbst-Konzepte gibt:

(1) die soziale Theorie des Selbst (*Mead, Goffman*);
(2) die kognitive Theorie des Selbst (*Sarbin*);
(3) die psychoanalytische Theorie des Selbst (*Rogers*);
(4) die Lerntheorie des Selbst (*Hilgard*);
(5) die charakterologische Theorie des Selbst (*Cattell*).

Trotz dieser unterschiedlichen Schwerpunkte in der theoretischen Deutung stimmen diese Konzepte im wesentlichen darin überein, daß das Selbst nicht als ein individueller Prozeß sich entwickelt, sondern durch einen Prozeß der sozialen Erfahrung mit anderen Gestalt annimmt. In diesem Sinne spricht etwa *Mead* (dt. 1968) von einem »generalized other«; das »me« als Ausdruck aller akzeptierten und übernommenen Muster der sozialen Umwelt (Internalisierung im Sinne von *Parsons*), wobei die Anforderungen des »Mich« vom »Ich« erfüllt werden müssen. *Hunzicker* (1972), der dieses Modell auf das Verbraucherverhalten anwendet, meint, daß die typische Konsumentenpersönlichkeit unserer Tage als Ausdruck eines vermümmerten Ich neben einem übermächtigen »Mich« zu deuten sei (S. 87 ff.). Diese Interpretation, die wohl mit der von *Riesman* oder *Fromm* u. a. identisch ist, ist gleichwohl empirisch nicht einzulösen, wie überhaupt das Selbstkonzept von *Mead* oder *Goffman* in der Hauptsache eine metaphorische und phänomenologische Bedeutung zu haben scheint, die als sozialphilosophische Interpretation durchaus Existenzberechtigung hat, die uns aber in der theoretisch-empirischen Erforschung des Konsumverhaltens nicht weiterbringt.

In der empirischen Forschung verzichtet man heute weitgehend auf komplexere Selbstbegriffe, wie sie etwa auch von *Allport* oder *Rogers* eingeführt worden sind und geht auf einfachere Definitionen zurück, wie sie etwa *Krech, Crutchfield* und *Ballachey* (1962, p. 102) gegeben haben: Selbst ist hierbei definiert als das Individuum, wie es sich selbst sieht. Es ist möglich, daß eine solche operationale Deutung des Selbst die komplexeren Deutungen ein wenig radikal vergröbert oder abschneidet, jedoch werden durch diesen Selbstbegriff nicht nur Beschreibungen möglich, sondern auch die Konstruktion geeigneter Meßmethoden (Einstellungsskalen, deren Gegenstand das eigene Selbst ist). So wird der Terminus »Selbst« zu »einem Begriff der Selbstwahrnehmung, der Selbstvorstellungen und der Selbstschätzung, die jedes Individuum von sich hat« (*E. Roth*, 1970, S. 90). Als Einstellungsskalen werden heute in der empirischen Konsumforschung vorwiegend die des charakterologischen Selbstkonzepts (*Cattell*, 1950, 1955; *Rosenberg*, 1965) verwandt (vgl. zusammenfassend *R. Bergler*, 1972). Die jeweiligen Statements können auch bestimmte thematische Bereiche (z. B. Modernität und Fortschrittlichkeit, Genuß und Lebensfreude usw.) messen. Insoweit ist die Konzeption des Selbst nichts anderes als eine Fortführung der typologischen Betrachtungsweise, mit der wir diese Arbeit begonnen hatten.

So erscheinen etwa im Selbstbild der Zigarettenraucher gegenüber den Nicht-Rauchern die folgenden höheren Ausprägungsgrade der sich selbst zugesprochenen Eigenschaften (*R. Bergler*, 1972, S. 114 f.):

Zigarettenraucher	Nichtraucher
gesellig	zurückhaltend
wenig empfindlich, nicht leicht erregbar	empfindlich, leicht erregbar
nachgiebig, sich einordnend	unnachgiebig, entschlossen, bestimmt

Zigarettenraucher	Nichtraucher
fröhlich	ernsthaft
ausdauernd, beharrlich	wendig, anpassungsfähig
drängt sich nicht nach vorn	steht gern im Mittelpunkt
behutsam, vorsichtig	zupackend, energisch
verstandesmäßig	gefühlsmäßig
vorsichtig, abwartend	vertrauensvoll, aufgeschlossen
nüchtern, sachlich	phantasievoll
selbstsicher, selbstbewußt	nachdenklich, besorgt

In ähnlicher Weise fanden *Grubb* und *Hupp* (1968) verschiedene Selbstbild-Ausprägungen bei Käufern von Volkswagen und Pontiac GTO-Automobilen. *Evans* fand schon 1959 signifikante Unterschiede im Selbstbild der Fahrer von Ford- und von Chevrolet-Autos. Auch liegen neuerdings im Hinblick auf die Akzeptanz von Moden Untersuchungen vor, die am Selbstbild der Frau anknüpfen (*Haseloff*, 1969). Leitend ist immer die Hypothese, daß sich die Käufer und Verwender bestimmter Produkte oder Produktgruppen nach ihrem Selbstbild signifikant unterscheiden.

Von Bedeutung könnte aber auch die Hypothese sein, daß Individuen ihre Konsumwahl so treffen, daß es einer idealisierten Vorstellung ihres eigenen Selbst entspricht. Relevant könnte hier das sein, was *Freud* als »Ich-Ideal«, *Horney* als »idealisiertes Ebenbild« bezeichnet haben und das in der Sprache des Selbstkonzepts als »ideal-self« bezeichnet worden ist. Dies umreißt den Umkreis der Vorstellungen, wie man selbst gern sein möchte. Von hier aus lassen sich unschwer Beziehungen zu anderen psychologischen Theorien, etwa zur Theorie des Anspruchsniveaus, zur Theorie der Identifikation und zur Theorie der Bezugsgruppen herleiten. Entscheidend sind hier u. a. Aussagen über den Abstand zwischen Selbstbild und Selbstideal; dieser Abstand dürfte motivierend wirken. Gegenwärtig ist jedoch noch nicht geklärt, ob das Selbstbild-Konzept oder das Idealselbst-Konzept brauchbarere Hypothesen für die Verbrauchermotivation liefert. Möglicherweise können beide Konzepte in Kombination relevante motivationale Hypothesen bieten.

Von Bedeutung könnte auch eine andere Größe sein, die bereits *Ch. H. Cooley* als »looking glass self« (Spiegelselbstgefühl) bezeichnet hat: die Art und Weise wie das Individuum glaubt, daß andere es selbst sehen. Vom Individuum her ergeben sich somit die folgenden Perzeptionen (vgl. hierzu auch: *Krech, Crutchfield, Ballachey*, 1962; *Douglas, Field, Tarpey*, 1967):

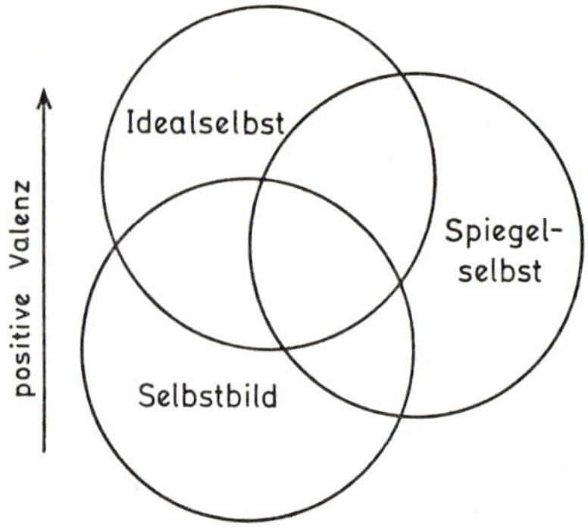

Abbildung 2: Komponenten des Selbst

Krech, *Crutchfield* und *Ballachey* (1962) weisen im übrigen darauf hin, daß die Selbstbewertung vor allem dem Einfluß von vier Faktoren unterliegt:

(1) das Verständnis des eigenen Könnens und seiner Grenzen;
(2) eine Vorstellung davon, welches Leistungsniveau möglich ist;
(3) die bisher erfahrenen Formen des Erfolgs und Mißerfolgs;
(4) der jeweilige Status in der Gruppe.

Uns scheint, daß diese Faktoren in zwei größere Gruppen zusammengefaßt werden können, die einmal bezeichnet werden kann als Erfahrung und Erwartung von Leistungsniveaus und zum anderen als Erfahrung und Erwartung der Bewertung durch Bezugsgruppen. Dies zeigt deutlich, daß das so verstandene Selbstkonzept zumindest zu einem sehr wichtigen Motivationskomplex eine sehr enge Verbindung herstellt: zur Leistungsmotivation und zur Geltungsmotivation. Beide sind u. a. erklärungsrelevant hinsichtlich der Setzung des Anspruchsniveaus.

Das Selbstkonzept hat jedoch auch wichtige Implikationen für die kognitiven Motivationstheorien. Es kann vorausgesetzt werden, daß das Individuum nach einem konsistenten Selbstbild trachtet, daß es also bemüht ist, seine Konsumentscheidungen so auszurichten, daß sie nicht in kognitiver Dissonanz zu seinem Selbstbild stehen (vgl. *Douglas* et al., 1967, p. 65). Das Individuum wird also bemüht sein, die passenden (kongruenten, konsonanten) Produkte zu kaufen, die zur Stützung des Selbstbildes beitragen und die die Spannung zwischen Selbstbild und Idealbild abzubauen in der Lage sind. Hierbei spielt der Symbolgehalt der Konsumgüter eine wichtige Rolle: Güter als Symbole sind in der Lage, das Selbstbild von Individuen abzustützen und u. U. in ein positiveres Licht zu rücken. Die hier angesprochenen Prozesse der Motivation und der Imagination werden Gegenstand der beiden nächsten Teile dieser Arbeit sein; wir greifen deshalb nicht vor.

ZWEITER PROBLEMKREIS:

Die Verbraucher-Motivation

1. Motivdynamik

1.1 Motivationsbegriff

Die jeweilige Deutung des Motivationsbegriffs ist in hohem Maße abhängig von der zur Anwendung gelangenden Motivationstheorie. Deutungen, die der Tiefenpsychologie verpflichtet sind, betrachten Motivation als besondere psychische Energieform, etwa als »Libido«. Diese Motivationen (Triebe, Emotionen, libidinöse Energien) werden als »aktivierende Agenzien« aufgefaßt, »während kognitive Systeme, assoziative Tendenzen und Gewohnheitsstärken im Zusammenhang mit inneren und äußeren Reizen als lenkende und die Richtung bestimmende Agentien fungieren.« (*J. S. Brown*, 1961, p. 58). Noch allgemeiner sind Interpretationen, die sich der Definition *Schopenhauers* anlehnen, der Motivation als »Kausalität von innen gesehen« definiert hat. In diesem Verstande erscheint Motivation als psychologische Sonderform der Kausalität; die Frage nach der Motivation wird zur Frage nach dem »warum« (*Krech*, *Crutchfield*, *Ballachey*, 1962).

Neben diesen sehr allgemeinen Konzepten gibt es eine Reihe spezifischer Motivationskonzepte, die einen bestimmten Aspekt der Verhaltensgenese herausgreifen (zusammenfassend: *H. Thomae*, Hg., 1965; *E. Roth*, 1970, S. 68 ff.). Überhaupt hat sich in den letzten Jahren eine gewisse Schwerpunktverlagerung der Motivationsforschung von den mehr energetischen Aspekten zu den Steuerungsaspekten des Verhaltens ergeben. Hieran haben insbesondere die lerntheoretischen Auffassungen sowie die stärkere Einbeziehung kognitiver Komponenten maßgeblichen Anteil. So meint etwa *Hebb* (1949), daß den Motiven gerade die richtunggebende Funktion zufalle, während die physiologischen Erregungszustände, die als Antriebe in Erscheinung treten, gleichsam richtungslos sind. *Hull* (1943) spricht von Motivation als Bereitschaft zu einer bestimmten Handlung. Dieses Reaktionspotential ergibt sich aus dem Produkt einer gegebenen Triebstärke mal der Stärke eines Habits, das eine Reaktion an einen Reiz koppelt: ${}_sE_r = D \cdot {}_sH_r$; *Atkinson* (1957) betrachtet Motivation als Funktion der Motivstärke (m), der Erwartung (e) und des Anreizes (i): $M = f\ (m \cdot e \cdot i)$, wobei die Erwartung als kognitive Antizipation im Sinne *Tolmans* (1955) und *Rotters* (1954) aufgefaßt wird. Als Motive sind dann eigentlich nur Klassen von Anreizen anzusehen, die mit diffuser Energie gekoppelt werden und die ihre Charakteristik besonders im Stadium der frühkindlichen Sozialisation erhalten.

Diese kurzen Hinweise mögen genügen, um eines festzuhalten: Motive werden im Laufe des Lebens erworben, und die Komplexität solcher Motivsysteme wächst mit fortschreitender Entwicklung des Individuums. Damit ist eine gewisse Abkehr von der älteren Auffassung vollzogen (vgl. noch *J. S. Brown*, 1961), wonach Motivation als unspezifizierte und diffuse Energie anzusprechen ist[1]. Wie die verschiedenen Lerntheorien gezeigt haben, ist es plausibel anzunehmen, daß das Individuum seine Motive im Laufe des Lebens erst erwirbt (*Tolman, Skinner* u. a.). Wie dies im einzelnen geschieht, darüber streiten nicht nur die einzelnen Lerntheorien.

Zunächst ist es sinnvoll, von den allgemeinen Handlungsenergien auszugehen, die üblicherweise physiologisch definiert werden. Dabei werden Begriffe wie: Spannung, Unruhe, Ungleichgewicht oder Inkonsistenz in etwa gleicher Sinngebung verwendet und je nach dem Bezugsrahmen auf mehr physiologisch-emotionale oder aber mehr auf kognitive Verhaltensaspekte bezogen. Die Zuständlichkeiten des Organismus, die im weitesten Sinn als Spannungen interpretierbar sind, drängen auf Ausgleich, aber die Art und Weise, wie dieser Ausgleich zustande kommt, ist prinzipiell dem unterworfen, was man als Motivation bezeichnen kann. Diffuse Antriebsenergien werden in selektiver Weise in die Richtung bestimmter Ziele oder Anreize gedrängt (vgl. hierzu und zu folgendem: *Newcomb, Turner, Converse*, 1965, p. 20 f.). Dies meinte auch *Atkinson* (1957) in Anknüpfung an *McClelland*, wenn er sagt, daß es prinzipiell soviele Motive gebe, wie es auch Anreize (Ziele) des Verhaltens gebe.

Die Verbindung der Spannungen des Organismus mit bestimmten Zielen ist *Ergebnis eines Lernprozesses*, der sich von Kind an in den einzelnen Sozialisationsphasen vollzieht. Durch Lernen werden die diffusen und richtungslosen Antriebsenergien zu Motiven. Triebe sind in den meisten Fällen – wir kommen hierauf im nächsten Kapitel noch zurück – zu komplex und sehr schwer zu isolieren. Weil aber die Ziele recht genau zu definieren sind, ist es zweckmäßig, die Motive von dort her zu definieren.

Die Lerntheorie macht nun Aussagen darüber, welche Aktivitäten von Individuen gelernt werden. Individuen werden vor allem solche Aktivitäten lernen, die dazu geeignet sind, eine Spannungsreduktion herbeizuführen (instrumentale Konditionie-

[1] Natürlich ist es sinnlos, nach dem »Wesen« der Motivation zu fragen, also eine »verbindliche« Version des Motivationsbegriffes herauszuarbeiten. Im Sinne einer Nominaldefinition läßt sich dieser Begriff auch jederzeit anders deuten oder gar als »irreführendes Konstrukt« (*Kelly*, 1958) ansehen.

rung). Lernen interveniert zwischen dem »push« der Antriebsenergien in die Richtung solcher Aktivitäten, die in der Vergangenheit diese Spannung gleichfalls erfolgreich gelöst haben.

Trieb-Zustand ⟶ Motiv ⟶ Ziel-Zustand

So wird etwa nach *Skinner* (1953) das Lernen als Triebreduktion aufgefaßt[2]. Alle Reize, die als Verstärker auftreten können, lassen sich in zwei Klassen einteilen (*Skinner*, 1953, p. 73; *Hilgard, Bower*, 1971):

(1) Positive Verstärker sind alle Reize, die zu einem Anstieg der Auftretenswahrscheinlichkeit einer Wirkreaktion führen, wenn sie zu einer Situation hinzukommen.
(2) Negative Verstärker sind alle Reize, die die Auftretenswahrscheinlichkeit einer Reaktion erhöhen, wenn sie aus einer Situation entfernt werden.

Skinner interessiert sich nicht für die Frage, warum eigentlich ein Verstärker verstärkend wirkt; es geht einzig und allein um Verhaltensänderungen. Und *Skinner* kann auch keine Auskunft darüber geben, welche Ereignisse Verstärkercharakter haben und welche nicht. Eine Anwendung des Verstärkungsprinzips im sozialen Bereich würde es erforderlich machen, über eine Liste von Verstärkerereignissen zu verfügen, und diese gibt uns nicht die Psychologie, sondern die Soziologie in die Hand: Was für den Einzelnen verstärkend wirkt und was nicht, darüber entscheidet nicht irgendein tiefenpsychologisches Gesetz, sondern die soziale Umwelt, also das System der Werte und Normen, in das die Motivation eingebettet ist.

Wir müssen also annehmen, daß das, was im Motivationsgeschehen als Ziel zu gelten hat und jenes recht eigentlich erst definiert, durch soziale Orientierungen (insbesondere Werte und Normen) Gestalt annimmt. Die Objekte der Umwelt werden durch diese Werte zu Bedeutungsträgern (vgl. *Wiswede*, 1972, S. 41 ff.). Der Prozeß, durch den die Werte, Normen und Bedeutungsgehalte in die Motivation eingehen, heißt seit *Parsons* 1954) Internalisierung. Dieser Begriff, der bei *Parsons* das »personale System« mit dem »sozialen System« verbindet, muß al-

[2] *Leuba* (1955) hat in Anknüpfung an *Hebb* und *Harlow* auf die Möglichkeit hingewiesen, daß bei niedrigem Spannungsniveau das Individuum solche Aktivitäten lernt, die dieses Niveau erhöhen. Der Spannungszustand wird dann als »befriedigend«, »prickelnd«, »anreizend« angesehen. Es ist möglich, daß das Konsumverhalten im Zustand relativer Saturation eher nach solchen Kategorien sich vollzieht als nach dem Prinzip der Spannungslösung.

lerdings – worauf *Homans* (1961) hingewiesen hat – lerntheoretisch begründet werden, soll er nicht als leere Worthülse gebraucht werden.

Es ist also nicht recht sinnvoll, den Prozeß der Motivation künstlich aus dem Insgesamt des Verhaltens herauszulösen, wie dies besonders in konsumpsychologischen Arbeiten geschieht. So werden etwa bei *R. J. Markin* (1969) Prozesse der Motivation getrennt von solchen des Lernens abgehandelt, wobei man sich der älteren Version des Motivationsbegriffs bedient, wie sie etwa auch der älteren Motivforschung zugrunde gelegen haben. Und so glaubt auch *Bayton* (1958) Motivation, Lernen und Kognition als getrennte Basisfaktoren des Konsumverhaltens herausstellen zu müssen. In vielen Fällen bleibt auch der Zusammenhang zwischen Lernvorgängen einerseits und sozialer Bedingtheit dieser Vorgänge unberücksichtigt; und mit Motivation hat dies angeblich schon gar nichts zu tun.

Auf diese Weise konnte sich auch die Vorstellung von einer ursprünglichen Bedürfnisnatur des Menschen gerade im Zusammenhang mit der Konsumproblematik sehr hartnäckig halten. Viele ernstzunehmende und weniger ernstzunehmende Forscher und Kulturkritiker haben darauf hingewiesen, daß Konsum die »echten« oder »natürlichen« Bedürfnisse zu befriedigen habe. Menschen haben vielmehr unbegrenzte Kapazität für Motiverwerb; sie nicht an eine präfixierte Struktur gebunden, die einen bestimmten Bauplan oder ein natürliches Muster an Konsumbedürfnissen umreißt. In den Motiven sind Energetisches und Kognitives, Triebhaftes und Lernbares, Personales und Soziales untrennbar miteinander verschmolzen. Jeder Motivationsbegriff darf als überholt gelten, der von der Annahme einer naturgegebenen statischen Motivausstattung des Menschen ausgeht.

1.2 Motivationseinheiten

Trotz der Erkenntnis der Relativität, Wandelbarkeit und Vielfältigkeit menschlicher Motivsysteme auf Grund von Lernprozessen hat die Psychologie doch nie die Hoffnung aufgegeben, die Frage nach den »letzten« Motivationseinheiten zu stellen. Während diese Frage in der Lerntheorie verständlicherweise eine geringe Rolle gespielt hat – schon weil die Anzahl der Primärbedürfnisse sehr eng gefaßt und an biologische Bezüge geknüpft werden – ist sie im Rahmen der Trieb- und Bedürfnislehre sehr stark diskutiert worden und hat hier auch auf die verschiedenen Auffassungen über Verbrauchermotive abgefärbt, da es in der Natur des Denkens im allgemeinen und in der pragmatisch-instrumentalistischen Absicht der Marketing-Aktiven liegen dürfte, möglichst letzte »Verhaltenskomplexe« oder abgeschlossene Motivkataloge zu besitzen, die das Geheimnis menschlichen Verhaltens preisgeben.

Man pflegt deshalb gern auf ältere Triebtheorien zurückzugreifen. Die zahlreichen in der Psychologie entwickelten Triebtheorien lassen sich in folgende drei Gruppen einteilen:

(1) *differenzierende* Theorien
(2) *klassifizierende* Theorien
(3) *reduzierende* Theorien

ad (1) Die differenzierende (katalogisierende) Auffassung wird in der Psychologie hauptsächlich von *McDougall, James, Murray, Warren, Thorndike, Woodworth* und *Maslow*, im Bereich des Verbraucherverhaltens hauptsächlich von *Copeland* (1924), *Hattwick* (1950), *Duncan* (1940), *Bernay* (1952) und *Tobin* (1953) vertreten. Bei den Letztgenannten finden sich Motivkataloge, die auf Kaufmotive zugeschnitten, im übrigen aber nur Varianten der von der differenzierenden Triebpsychologie aufgestellten Trieblisten sind.

Bei *McDougall,* der einen angeblich umfassenden Triebkatalog vorgelegt hat, wird eine ganze Reihe von Einzeltrieben bis hin zum Hustentrieb (!) unterschieden. In Wahrheit ist eine solche Triebliste unabschließbar und wissenschaftlich belanglos, da sie nicht erklärt, sondern lediglich endlos zergliedert. Dieses Vorgehen wird von *L. L. Bernard*, der diese Kataloge ihrerseits nochmals katalogisierte und so bei etwa 400 Autoren auf 5684 angebliche Grundtriebe stieß, vollends ad absurdum geführt. Es ist reichlich grotesk, wenn man schließlich bei solchen Trieben anlangt, die z. B. in der Neigung bestehen, Dinge herauszuholen, die sich in einer Bodenritze befinden. Diese voluminösen Trieblisten können im wesentlichen als erledigt betrachtet werden, da sie für den Erkenntnisfortschritt nur wenig leisten. Dies gilt auch für weniger extrem klassifikatorische Ansätze für Konsummotive wie die von *Bayton* (1958) oder *Udell* (1964/65), die sämtlich der empirischer Basis entbehren und vor allem den fundamentalen Zusammenhang mit Lernprozessen vernachlässigen.

ad (2) Auch die deskriptiv-gliedernden (systematisierenden, klassifizierenden) Auffassungen (*Jaspers, Klages, Lersch, Szondi* usw.) haben sich nicht als sehr fruchtbar erwiesen, da diese Einteilungen mehr oder weniger beliebig vorgenommen werden können, obwohl jeder Autor sein eigenes Unterscheidungskriterium für einzig wesentlich hält. Gegen eine Anwendung solcher Trieblehren auf das Verbraucherverhalten greift sinngemäß der gleiche Einwand durch wie bei der Kritik der differenzierenden Auffassungen. Alle diese Lehren bieten keinerlei kausalen Erklärungsgrund. Sie werden zu einem deus ex machina, der den

Forscher der weiteren Sorge um empirisch besser fundierte Lösungsversuche enthebt. Auch das beliebte Argument seit *Dilthey,* daß die Psychologie ohnehin nicht erklären, sondern nur verstehen könne, erweist sich eigentlich mehr als probates Wortspiel und geisteswissenschaftliches Vorurteil denn als sachlich brauchbares Kriterium.

ad (3) Die wohl leistungsfähigsten, dafür aber auch problematischsten Systeme der Triebdynamik sind die reduktiven Triebtheorien, in denen die Omnipotenz eines oder weniger Grundtriebe behauptet wird. Die reduktive Auffassung entspricht dem durchaus legitimen Streben jeder echten Wissenschaft, äußerlich verschiedenartige Dinge auf gleiche Ursachen zurückzuführen, wie es schon *Newton* in seinen »Prinzipien« fordert: »Wir dürfen nicht mehr Ursachen natürlicher Dinge zulassen als wahr sind und zugleich zur Erklärung dieser Erscheinungen genügen.« Typisch für die reduktive Trieblehre sind die Theorien *Freuds, Adlers* und *Goldsteins*; die am weitesten durchdachte und wissenschaftsgeschichtlich bedeutendste ist aber zweifellos die duale Trieblehre *Freuds.* Sie ist das wichtigste, aber auch das unfertigste Stück der psychoanalytischen Theorie. In jenem halbfertigen Zustand hat sie *Freud* hinterlassen, und seine Nachfolger und Epigonen, die sich mit dieser Theorie in statu nascendi auseinandersetzen mußten und diese auf konkrete Situationen anzuwenden versuchten, haben diese oft unzulässig konkretisiert und die Vorbehalte *Freuds* – er sprach von seinen triebdynamischen Vorstellungen als metapsychologischen Vermutungen – nicht beibehalten (zur wissenschaftstheoretischen Beurteilung vgl. neuerdings: *Perrez,* 1972).

So legt etwa die Bezeichnung »Sexualtrieb« eine unzulässige Konkretisation nahe. Diese »misrated concreteness« ist Mißbrauch, wenn sie als gemeinsamer Nenner vieler komplexer Verhaltensweisen auftreten soll. Man gewinnt theoretisch nichts, wenn man etwa – wie *Jung* – von der Annahme einer generellen Motivationskraft ausgeht, die man als Libido oder als Homöostase bezeichnen kann, wie immer man will. So hat schon *Jung* darauf hingewiesen (1928), daß unbekümmert um den Streit der *Adler*schen mit der *Freud*schen Schule die Machttendenz *Adlers* und die infantile Erotik *Freuds* im Grund dasselbe seien. Und *McClelland* (1953) hat darauf aufmerksam gemacht, daß es außerordentlich schwierig ist, spezifische Motive voneinander zu unterscheiden, z. B. das Leistungsmotiv und das Geltungsmotiv.

Es empfiehlt sich, den Triebbegriff nur dann beizubehalten, wenn die jeweilige Wirkkraft eine physiologische Basis hat (z. B. Hunger, Durst, Sexualität). Daß auch solche Motivationen durch den Prozeß des Lernens überformt sind und konkreten Inhalt erst in und durch eine spezifische Kultur und Gesellschaft annehmen, ist seit langem bekannt. Ob etwa das Geltungs- oder Leistungsmotiv als Trieb angesprochen werden kann, ist daher zumindest sehr zweifelhaft. Hier handelt es sich vorwiegend um kulturell geformte Verhaltensmuster (vgl. *McClelland*, 1953, 1961), die jedoch für das Konsumverhalten erklärungsrelevanter sein dürften als die Bezugnahme auf physiologische Kategorien, mit denen man evtl. ein Verbraucherverhalten auf dem Existenzminimum notdürftig erklären könnte, nicht aber komplexes Verhalten einer Wohlstandsgesellschaft.

Wir werden also für das Verbraucherverhalten weitgehend die lerntheoretische Version akzeptieren, wonach komplexes menschliches Verhalten durch »sekundäre Motivation« zustande kommt, also durch Bezugnahme auf physiologische Kategorien nicht erklärt werden kann. Die Existenz bestimmter Kristallisationsformen von Motiven (Syndromen) dürften jedoch auch die meisten Lerntheoretiker akzeptieren. So behauptet z. B. *McClelland* (1953), daß es durchaus sinnvoll sei, von Motiven zu sprechen, die allen Menschen gemeinsam sind, und zwar in dem Ausmaß, in dem Bedingungen festgestellt werden können, die regelmäßig zu einer affektiven Veränderung durch kulturelle Arrangements beitragen. Als solche Kristallisationsformen sind insbesondere das Geltungs- und das Leistungsmotiv herausgestellt worden; sie sind auch relativ gut empirisch und theoretisch untersucht (vgl. zusammenfassend *Heckhausen*, 1967).

Wenden wir uns zunächst dem *Geltungsmotiv* zu. Seit *Veblens* Untersuchungen zum aufwendigen Verbrauch gilt es als Gemeinplatz, daß das Konsumverhalten zumindest zu einem gewissen Anteil auf dem Geltungsstreben beruht. Zahlreiche Forscher, von *Simmel* bis *Vershofen*, sind dieser Interpretation gefolgt, wobei allerdings das Geltungsmotiv gewissermaßen eine kulturkritisch abwertende Bedeutung erlangt hat, die ihm im sozialen Kontext in keiner Weise zukommt. Deshalb sind hinsichtlich des Verbraucherverhaltens auch insbesondere Fragen des Prestigeverhaltens untersucht worden (vgl. *Kreikebaum, Rinsche*, 1961; *R. A. Bauer, S. M. Cunningham, L. H. Worzel*, 1965).

Mit *Leibenstein* (1950) lassen sich die folgenden Verhaltenstendenzen unterscheiden:

(1) der *Bandwagon-Effekt*, der immer dann vorliegt, »wenn die Nachfrage nach einem bestimmten Gut steigt, wenn und weil andere Käufer das gleiche Gut verlangen«. Ein solcher Effekt ist freilich auch aus anderen als Prestigegründen denkbar.

(2) der *Snob-Effekt*, worunter das Ausmaß einer Nachfrageverringerung nach einem bestimmten Gut verstanden werden soll, die darauf zurückzuführen ist, daß andere Konsumenten das gleiche Gut nachfragen bzw. ihre Nachfrage nach diesem Gut vergrößern. Mit wachsender Anhängerschaft und damit allseitiger Verwendung wird das in Rede stehende Produkt für die »snobs« uninteressant, weil die Möglichkeit der Abhebung nicht mehr gegeben ist.

(3) der *Veblen-Effekt*, worunter eine Verhaltensweise des aufwendigen Verbrauchs verstanden sein soll, bei der die Nachfrage nach einem bestimmten Gut und der Preis dieses Gutes positiv korreliert sind. Wir werden auf diese Erscheinung, teure Güter um des hohen Preises willen zu kaufen, noch in anderem Zusammenhang zurückkommen müssen.

Wir haben zwei weitere Aspekte des Geltungstriebes zu unterscheiden, die man als *Eigengeltung* und als *Fremdgeltung* bezeichnen könnte. Hier ist die Frage aufgeworfen, auf was sich das Geltungsbedürfnis bezieht, ob es lediglich der Entwicklung des Selbstbewußtseins zugute kommt (was sich in gewisser Weise unabhängig davon abspielt, wie der Betreffende von außen her eingeschätzt wird) oder ob es nach außen gerichtet ist, um die Aufmerksamkeit anderer zu erregen. Die nach innen gerichtete Eigengeltung zielt auf eine unbewußte oder bewußte Überhöhung bzw. Erweiterung der eigenen Persönlichkeit, die in der Annäherung an ein *Ich-Ideal* oder ein Ideal-Selbst besteht. Natürlich ist eine Unabhängigkeit zwischen Eigen- und Fremdgeltung fast nie de facto gegeben (es sei denn, im krankhaften Wahn); für den vollständigen Realisten nimmt der Abstand zwischen Ich und Ich-Ideal sogar einen infinitesimalen Wert an. In der Wirklichkeit stehen Eigen- und Fremdgeltung stets in einem Interdependenzverhältnis, so daß die Fremdgeltung, die ein Mensch bei anderen Menschen besitzt, wiederum subjektbezogene Rückwirkungen ausübt. Das gesamte Selbstgefühl eines Menschen basiert folglich auf dem durch die Eigengeltung bewirkten Eigenwertgefühl und dem rückbezogenen Spiegel-Selbstgefühl (*Krech, Crutchfield, Ballachey*, 1962). Der Begriff des Selbstgefühls ist damit identisch mit der Vorstellung, die ein Mensch von sich selbst hat und liegt insofern auf der gleichen Ebene wie der uns bereits bekannte Begriff des *Selbstbildes*, das seinerseits wiederum mit dem Fremdbild (der Vorstellung also, die sich andere über ihn machen) korrespondiert.

Eng mit dem Geltungsmotiv verbunden ist das *Leistungsmotiv*. Hinsichtlich seiner Entstehung nimmt *McClelland* an, daß es im primären Sozialisationsprozeß durch Erfahrung solcher Situationen erworben wird, in denen dem Kind von den Eltern ein

»standard of excellence« gesetzt wird. Dieser »standard« wird vom Kind mit wiederholten affektiven Erfahrungen assoziiert, indem sein hierauf bezogenes Verhalten mit entsprechenden positiven bzw. negativen Sanktionen belegt wird. Individuen, die in einer Kultur aufwachsen, in der Lob für abgeschlossene Leistungen und Ausdauer einerseits und Tadel für Aufgeben und Nichtvollenden erteilt werden, werden auch dann fortfahren, die Leistung hochzubewerten, wenn niemand sie zu loben oder zu tadeln scheint (*Tolman*, 1952). Man kann also sagen, daß im Motivationssystem des betreffenden Individuums mit der Zeit ein eigenes Leistungsmotiv entsteht.

Neuerdings werden die hochentwickelten Theorien der Leistungsmotivation (*McClelland*, *Atkinson* u. a.) und des Anspruchsniveaus auch im Rahmen der Konsumtheorie stärker diskutiert (*W. H. Starbuck*, 1963; *K. H. Hörning*, 1970). Ausgangspunkt ist vor allem der Versuch, die jeweilige Höhe des Konsumstandards als Ausdruck eines Leistungsstrebens zu sehen und diesen Standard als Anspruchsniveau zu interpretieren (vgl. auch *Wiswede*, 1972). Die Theorie des Anspruchsniveaus (*Lewin*) besagt u. a., daß das Anspruchsniveau einer Person bei dem Schwierigkeitsgrad liegt, bei dem die Resultierende aus den jeweiligen Erfolgswahrscheinlichkeiten gewichteten Valenzen ein Maximum erreichen. Der Leistungserfolg selbst – hier interpretiert als Erreichen eines bestimmten Konsumstandards – bemißt sich nach bestimmten Bezugssystemen, d. h. Personen und Gruppen, mit denen man sich identifiziert (vgl. *Festinger*, 1963).

Erreicht das Individuum den erstrebten Standard nicht, so kommt es entweder zur Regression des Anspruchsniveaus oder zu Frustrationen (die als kognitive Dissonanz im Sinne *Festingers* interpretierbar sind), mit der Tendenz, sich eine andere Bezugsgruppe auszusuchen, mit der der Vergleich dann attraktiver ausfällt und das eigene Selbstbild nicht erschüttert. Wie wir bereits im ersten Teil dieser Arbeit sehen konnten, ist die Konzeption des Selbstbildes in hohem Maße von den Erfahrungen und Erwartungen hinsichtlich eintretender Erfolge abhängig (*Krech*, *Crutchfield*, *Ballachey*, 1962). Dissonanz im Hinblick auf das Erfolgs-Bezugssystem führt dann unweigerlich auch zur Dissonanz der Selbst-Perzeption; zur Aufrechterhaltung des Selbstbildes muß dann ein anderes Bezugssystem gesucht werden.

McClelland und *Liberman* (1949) und *Atkinson* (1960) stellten unterschiedliche Motivationen fest zwischen Personen, die auf Sicherheit (avoid failure), und solchen, die auf Erfolg (achieve success) bedacht sind. Es kommt also zu einem Motivsplitting. Im Falle hoher Leistungsmotivation wird eine mittlere subjektive Erfolgswahrscheinlichkeit angestrebt, d. h. der Leistungsmotivierte wird die Lösung besonders leichter Aufgaben für nicht sehr attraktiv halten, und er wird ferner extrem schwierige Leistungssituationen, so wie er sie perzipiert, gleichfalls meiden. Setzen wir die Wahrscheinlichkeit des Erfolgs von 0—1, so wird der Leistungsmotivierte am ehesten ein mittleres Risiko (0,5) anstreben. Der Mißerfolgs-Vermeidende realisiert entweder ein niedriges Anspruchsniveau (er geht auf »Nummer sicher«) oder er realisiert ein spekulatives und viel zu hohes Anspruchsniveau. Diese Aktivitäten reduzieren oder minimieren das Angstgefühl potentiellen Versagens.

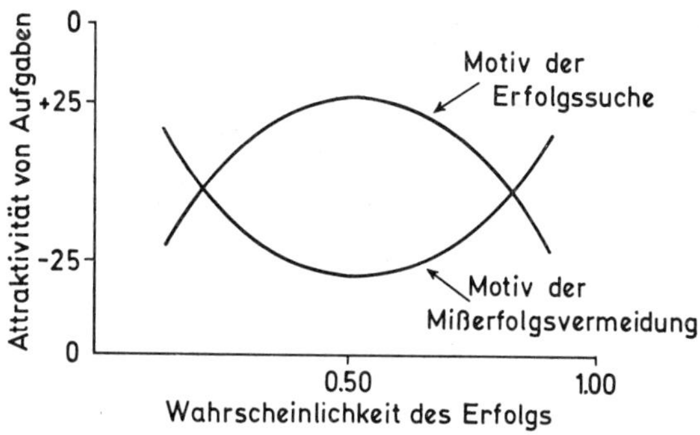

Abbildung 3: Vermeidungskurve beim Risikoverhalten (nach *Atkinson*, 1957)

Man kann also unterscheiden zwischen Konsumenten, die auf Sicherheit (oder spekulatives Risiko) bedacht sind und solchen, die auf Erfolg bedacht sind. Diese spezifischen Motivationen sind relevant für den Erwerb bestimmter Konsumgüter (vgl. *E. Boulding*, 1962) sowie für die Relation zwischen Sparen und Ausgeben, etwa die Höhe der Teilzahlungskäufe und dergleichen. Ferner dürften Innovatoren im Konsumbereich eher zu den betont leistungsorientierten Personen zählen. Konsumpioniere und konsumtiv relevante Meinungsführer sind hierzu zu rechnen. Sicherheitsorientierte Personen greifen erst verhältnismäßig spät eine Konsum-Neuerung auf; sie gehören zu den vorsichtigen Nachzüglern. Spekulativ orientierte Konsumenten sind oft sog. Avantgardisten; sie sind nach neueren Untersuchungen selten Leitbilder für die Nachahmung, weil sich mit ihnen niemand identifizieren kann.

Leistung und Erfolg wurden bereits als Mittel der Angstminderung angesehen (vgl. auch *J. Brown*, 1961; *Howard* und *Sheth*,

1969; *Cofer* und *Appley*, 1964). Das Streben nach Vermeidung von Mißerfolg dürfte noch eher in dieser Weise zu deuten sein. In diesem Sinn ist die *Vermeidung von Angst* als generelles Motiv menschlichen Handelns gesehen worden (vgl. *Freuds* klassische Untersuchung der Todes- und der Lebensangst), und in der Tat lassen sich Gefühle der Unsicherheit, des Risikos, des Entscheidenmüssens usw. nach solchen Kategorien deuten, wie auch die so generellen Motive der Geltung, des Machtstrebens, des Sicherheitsstrebens möglicherweise im Schlepptau eines noch universelleren Motivs stehen, das als Angstreduktion sicherlich nur unvollkommen beschrieben ist (vgl. auch: *Mowrer*, 1950; *Dollard*, *Miller*, 1950).

Die Annahme einer Verbraucher-Angst, die maßgeblichen Einfluß auf die Verhaltensweisen von Konsumenten haben soll, ist keineswegs so ungewöhnlich wie es auf den ersten Blick scheint. Vielmehr ist anzunehmen, daß ein wesentlicher Teil des vermehrten Hanges zum Verbrauch auf das Konto jener Angst geht, durch Schicksalsschläge (Krieg, Inflation usw.) Hab und Gut zu verlieren. Jedermann weiß auch um die Hemmungen des kleinen Sparers, dem vorgeschlagen wird, sein Geld anzulegen und der es vorzieht, lieber seinen Lebensstandard zu erhöhen als noch einmal zu sparen. Aus dem sparsamen Verbraucher von einst kann durch schlechte Sparerfahrungen ein verbrauchsarmer Konsument werden. Er will etwas von seinem Leben haben, aus Angst, daß bald wieder einmal alles dahinschwindet. Die ständige Androhung der Weltkatastrophe hat diese Haltung nur noch unterstützt und bestimmt in wesentlichen Hinsichten die Verbrauchsgesinnung des Zeitgenossen.

Die Angst, den Lebensstandard mindern zu müssen oder den als notwendig erachteten Standard nicht zu erreichen, bildet ein geradezu entscheidendes Agens ökonomischen Geschehens. Wir erinnern etwa an Arthur Millers »Tod eines Handlungsreisenden«, wo der Freitod dem Minderkonsum vorgezogen wird. Seitdem die Verbrauchsamkeit eines Haushaltes zum Kriterium des sozialen Erfolges geworden ist, bedeutet es eine Bestätigung resp. Unterminierung des Selbstgefühls, diesen sozial markierten Standard zu erreichen bzw. zu unterschreiten. Der Minderkonsum ist dann Etikett der Angst, als Exponent niederer Schichten angesehen zu werden. Umgekehrt hat der Typ des heimlichen Verbrauchers Angst davor, gegen die Gesetze der eigenen Gruppe zu verstoßen und durch seine Konsumgewohnheiten zu riskieren, daß er als Fremdkörper betrachtet wird. Hier besteht die Angst darin, aufzufallen, dort gerade darin, nicht aufzufallen. Die Angst des Verbrauchers ist oft auch eine Angst vor dem möglichen Verlust des Eigentums. Reichtum schafft Angstsituationen. Reichtum bedeutet Abhängigkeit von den Dingen, die man mit neuem Besitz vor dem Dahinschwinden schützen muß. Reichtum ist nicht nur Sicherheit; sie ist auch ihr Gegenteil: materialisierte Unsicherheit. Deshalb oft der Wunsch, diese Angst zumindest teilweise aufzuheben, etwa in Form der Versicherung. Eine ähnliche Angst beschäftigt den Verbraucher in bezug auf seine Gesundheit, die er zur Erreichung eines höheren Lebensstandards aufs Spiel setzt und hernach künstlich wiederzubeleben sucht. Der übertriebene Gesundheitskult unserer Zeit ist ein sichtbarer Ausdruck dieser Angst. Entsprechende Werbeappelle machen von diesem Angstmotiv ausgiebig Gebrauch (vgl. *Anastasi*, 1964).

Abschließend stellt sich die Aufgabe, einen nahen Verwandten der Angst, das *Schuldgefühl*, auf seine adäquaten Ansatzpunkte im ökonomischen Bereich zu untersuchen. Das Schuldgefühl entsteht bekanntlich dadurch, daß man etwas tut, was als »böse« empfunden wird. Dies setzt voraus, daß das Böse auch als verwerflich erkannt wird. Das legt nahe, das Schuldgefühl mit der vorhin gekennzeichneten Über-Ich-Angst (nach vollzogener Ausführungshandlung) zu identifizieren. Der entsprechende Gedanke ist erstmals von *Freud* geäußert worden, indem er ausführt, »daß das Schuldgefühl im Grunde nichts als eine topische Abart der Angst ist; in seinen späteren Phasen fällt es ganz mit der Angst vor dem Über-Ich zusammen« (*Freud*, 1956, S. 177).

Das Schuldgefühl darf als einer der bedeutsamsten Faktoren aufgefaßt werden, die Aversionen gegen bestimmte Produkte aufrichten und sich in dieser Weise beim Kaufakt hemmend auswirken. Daher auch der Versuch der Werbung, solche Schuldgefühle systematisch abzubauen. Die durch das Gefühl der Schuld bewirkte Abneigung braucht nicht unmittelbar durch ein soziales Tabu bewirkt, sondern kann durch unterschwellige Assoziationen hervorgerufen sein. Auch sind in der Regel nicht alle Verbraucher von diesem Schuldgefühl betroffen; oft empfinden es nur wenige, mitunter nur ein einzelner. Es halt sich daher in der Praxis manchmal als nützlich erwiesen, eine Gruppenbildung nach dem Grade des vorhandenen Schuldgefühls vorzunehmen. Allerdings ist auch hier wieder zu sagen, daß Schuldgefühle für die Motivforschung nur dann von Bedeutung sind, wenn sie in symptomatischer Häufung auftreten. Dies ist allerdings häufig der Fall, da bestimmte soziale Normen und Wertvorstellungen Konflikte und damit Schuldgefühle induzieren. Je nach dem beabsichtigten Effekt trägt auch die Werbung dazu bei, solche Schuldgefühle entweder zu fördern oder abzubauen.

Man hat versucht, das Schuldgefühl in verschiedenen Partialanalysen des Verbraucherverhaltens empirisch nachzuweisen *Haire* (1950) berichtet z. B. über das Vorhandensein von Schuldgefühlen beim Trinken von Kaffee, das bei Hausfrauen im Falle von Nescafé verstärkt auftritt (vgl. jedoch *C. R. Hill*, 1968). *Henry* (1960) hat Schuldgefühle bei der Verwendung kochfertiger Suppen festgestellt – das dürfte wohl generell für fertige Speisen und u. U. auch für alle arbeitssparende Konsumgüter gelten – und *Dichter* (1961) hat ein mehr originell als überzeugend wirkendes Beispiel von Schuldgefühlen beim Erwerb von Cabriolets gegeben. Die Existenz von Schuldgefühlen dürfte im übrigen vor allem auf dem Hintergrund bestimmter Rollenperzeptionen zu sehen sein; so wird sich etwa die berufstätige Ehefrau nicht mit Schuldgefühlen belasten, wenn sie in vermehrtem Ausmaß zu arbeitssparenden Küchengeräten greift. Dies verweist uns wieder auf den fundamentalen Zusammenhang des Konsumverhaltens mit der Perzeption des Selbst, mit dem Selbstbild.

Angst- und Schuldgefühle werden heute überwiegend im Rahmen kognitiver Motivationstheorien als spezifische Form kognitiver Dissonanz interpretiert. Ihr Auftreten ist an das Vorliegen widersprüchlicher Verhaltenselemente gebunden, mit dem Bestreben, einen Gleichgewichstzustand wieder herzustellen. Jedoch ist hier vor einer Überschätzung der kognitiven Perspektive zu warnen. Gerade Schuld- und Angstgefühle sind in hohem Maße affektiv-emotional besetzt; sie dürften daher nur durch einen subkognitiven oder übergreifenden Ansatz sinnvoll interpretierbar sein.

1.3 Motivationstheorien

Zahlreiche Durchblicke haben uns bereits gezeigt, daß die Frage des Motivbegriffs sowie die Problematik der Motivationseinheiten, die uns in den letzten Kapiteln beschäftigt hat, nicht ohne Bezugnahme auf umgreifendere theoretische Systeme sinnvoll zu beantworten ist. Fragen wir daher jetzt explizit nach diesen allgemeinen Motivations- oder Verhaltenstheorien, die als Bezugssystem einer verhaltensorientierten Konsumforschung dienen könnten. Hierbei beschränken wir uns auf solche Theoriesysteme und Aussagenkomplexe, die u. E. für die Erklärung des Verbraucherverhaltens relevant sind. Wir greifen hierbei insbesondere die folgenden Theorien heraus:

(1) die Psychoanalyse
(2) die Lerntheorie
(3) die Vektortheorie
(4) die kognitiven Theorien

ad (1) *Psychoanalyse*: Die Psychoanalyse als Theorie und Methode hat im Laufe ihrer Entwicklung eine Reihe von Metamorphosen erlebt. So hat *Freud* selbst vielerlei Umformulierungen und Korrekturen vorgenommen, und auch die neofreudianische Schule hat das Modell weiter modifiziert. Die wissenschaftstheoretische Bedeutung der Psychoanalyse ist nach wie vor umstritten (vgl. *E. Nagel*, 1959; *Perrez*, 1972); viele Psychologen neigen zu völliger Ablehnung (vgl. *Skinner*, 1954), während andere Psychologen in der seit 1960 aufgekommenen Tendenz gegen die Psychoanalyse ungemäße Kritik vermuten (vgl. *Hilgard*, 1971). Wieder andere Psychologen neigen zu einer restriktiven Entscheidung insofern, als man ihre Aussagen in Begriffen der Lerntheorie operationalisieren kann (z. B. *Sears*, 1965). Damit hofft man, die spekulativen Elemente der Psychoanalyse zu eleminieren, muß es aber hinnehmen, den hochgesteckten Anspruch des Modells zu beschneiden.

Die Psychoanalyse enthält eine Reihe von Teiltheorien, so z. B. ein komplexes Persönlichkeitsmodell, eine duale Trieblehre, eine Systematik der Abwehrmechanismen, eine genetische Phasentheorie der Persönlichkeitsentwicklung, eine Symbollehre usw. Das strukturale Persönlichkeitsmodell hatten wir bereits im vorigen Teil der Arbeit eingehend erörtert. Es schien uns insoweit für Konsumverhaltensweisen relevant zu sein, als mögliche Motive verschiedenen Persönlichkeitsregionen oder -instanzen entstammen können und dem Konsumenten häufig nicht bewußt sind. Allerdings ist nach der neueren Entwicklung der Psychoanalyse der Anspruch nicht aufrechtzuerhalten, daß nur dem »Es« Motivationskraft zukomme, wie es *Freud* glaubte, so daß nunmehr auch dem »Ich« außer den einseitig betonten Abwehrmechanismen synthetische Funktionen eingeräumt werden (*A. Freud, H. Hartmann*). Auch ist das »Über-Ich« in seiner ursprünglichen Konzeption als Hort der Gewissensbildung in eine generelle Sozialisationsinstanz (*Horney*) umgewandelt worden, in der kulturelle Werte und Normen internalisiert werden. Das Modell hat somit eigentlich mehr mataphorische als erklärende Bedeutung: Es zeigt im Zusammenspiel der einzelnen Instanzen des psychischen »Apparates«, daß Motivationsquellen und Motivationsgeschehen nicht einfach zu erraten sind, und zwar weder vom registrierenden Beobachter noch vom handelnden Individuum selbst (vgl. *F. Alberoni*, 1964).

Die duale Trieblehre ist in der Konsumforschung zwar gelegentlich in der Weise angewendet worden, daß man auf die Bedeutung des Sexualtriebes hingewiesen hat oder komplexe Verhaltensweisen auf mehr oder weniger mühsame Weise als Ausdruck sexuellen Strebens »erklärt« hat. So hat man etwa als

»Hypothese« formuliert, daß eine Frau sehr ernst ist, wenn sie einen Kuchen backt, weil sie unbewußt den symbolischen Akt der Geburt durchläuft. Männer, die Hosenträger tragen, reagieren damit angeblich auf einen nicht behobenen Kastrationskomplex. Schwarz als Farbe sei deshalb abzulehnen, weil diese Farbe als Symbol sexueller Verdrängung in Betracht komme. Diese und ähnliche Eskapaden, die von *Eysenck* (1964) zu Recht glossiert werden, fußen auf der psychoanalytischen Symbollehre, die schon in *Fellers* »Psychodynamik der Reklame« (1932) wahre Triumphe des Blödsinns feierte. Diese kuriosen und wirtschaftsfremden Deutungen des Konsumverhaltens liegen völlig außerhalb intersubjektiver Überprüfbarkeit und bewegen sich auf dem Boden bloßer Spekulation, die das Bezugsfeld der Psychoanalyse noch nicht einmal besonders kenntnisreich verwenden (z. B. *E. Dichter*, 1961; 1964). Außerdem dürfte gerade die Symbollehre *Freuds*, auf die sich die meisten der bisher durchgeführten praktischen Motivforschungs-Analysen hier bezogen haben, die schwächste Stelle im System der Psychoanalyse sein.

Von größerer Relevanz für die Ansprüche einer moderneren Motivforschung dürfte die Lehre von den Abwehrmechanismen sein. Ein erstes Beispiel ist hier die *Verdrängung* als Mittel zur Angstreduktion. *Freud* schrieb dem Ich die Rolle des Angsterzeugers zu: Erkennt das Ich eine Gefahr, so versucht diese Wahrnehmung Angst, und Verdrängung gehört zu den Mitteln, die das Ich zur Angstreduktion verwendet. So werden auch Gefühle der Schuld oder der Scham aus dem Bewußtsein verdrängt; jedoch sind die abgelagerten Schuldgefühle dort weiter wirksam. Solche Schuldgefühle kommen – wie wir bereits im vorigen Kapitel gesehen haben – nicht nur als Reaktion auf vorhandene Triebe in Betracht, sondern möglicherweise in vielen Konfliktsituationen, wenn das Individuum sich zwei verschiedenen Verhaltenstendenzen ausgesetzt sieht, z. B. einem persönlichen Wunsch und einer als restriktiv empfundenen sozialen Norm.

Ein zweites Beispiel ist die *Verschiebung* auf bestimmte Ersatzziele; d. h. der Konsument wird im Falle der Versagung (z. B. Einkommensbeschränkung) versuchen, seine Wünsche sukzessive am Vorbild des Idealwunsches auszurichten und seine Ersatzobjekte (weniger »wertvolle« Konsumgüter) nach einem Kontinuum der Ähnlichkeit auszuwählen. Ein drittes Beispiel ist die *Rationalisierung*; d. h. der Konsument wird danach trachten, bestimmte Motive zu erfinden, um seine Handlungen, die er selbst nicht versteht oder die er anders verstanden wissen will, realitätsgerecht oder »rational« erscheinen zu lassen. Beide Phänomene, die Verschiebung und die Rationalisierung, werden uns an späterer Stelle noch ausführlicher beschäftigen.

ad (2) *Lerntheorie:* Da Konsumverhalten, wie wir gesehen haben, in einem Lernprozeß angeeignet wird – Motive werden durch Lernen erworben – liegt die Anwendung der sog. Lerntheorien nahe, die sich auf lernbare Aktivitäten beziehen. Als »Lernen« im Sinne der Lerntheorien bezeichnet man die Veränderung der Wahrscheinlichkeit, daß ein Organismus auf eine bestimmte Situation mit einem bestimmten Verhalten reagiert. Über die Art und Weise, wie gelernt wird, streiten verschiedene Lerntheorien.

Ein erstes Lager sind die sog. Behavioristen (S-R-Theoretiker), die das Lernen in einem Stimulus-Reaktions-Modell interpretieren und von beobachtbaren Reizen und Reaktionen auf intervenierende Variable schließen (z. B. *Hull*, 1943, 1952). Ein zweites Lager ist die sog. kognitive Lerntheorie, die ihr Augenmerk auf die nicht unmittelbar beobachtbaren kognitiven Umstrukturierungen legt, wobei Begriffe wie Erwartung oder Einsicht eine bedeutende Rolle spielen (z. B. *Tolman*, 1932). Im Sinne von *Hull* wird eine Verhaltenstendenz um so stärker, je häufiger und regelmäßiger sich ein Erfolg (Minderung des Motivationsstimulus) einstellt. Im Sinne *Tolmans* wird Verhalten als Überprüfung von Erwartungen aufgefaßt, d. h. es werden nicht – wie bei *Hull* – Handlungen gelernt, sondern es wird gelernt, die Resultate dieser Handlungen zu antizipieren.

Das System von *Hull* (Modifikationen stammen von *Spence*) ist auf seine Anwendbarkeit im Konsumbereich von *Howard* (1963), *Howard* und *Sheth* (1969) und *Markin* (1970) untersucht worden. Dies sind Versuche, die Lerntheorien in einem umfassenden Sinn anzuwenden. So verbinden *Howard* und *Sheth* (1969) die Lerntheorie von *Hull* und *Spence* mit *Osgoods* kognitiver Theorie, insbesondere der Mediationshypothese. Die Anwendung dieser Theorien erfolgt freilich eklektisch und zum Teil recht mechanistisch – wir hatten bereits Gelegenheit, hierauf hinzuweisen – so daß sehr wenige wirklich brauchbare Hypothesen aus diesem Bereich vorliegen, die konsumpsychologisch relevant sind. Was vielfach betrieben wird, ist nur dies: die Darstellung einer Vielzahl theoretischer Lernkonzepte und der Hinweis darauf, daß diese Erkenntnisse für den Marketingbereich besonders wichtig sind (vgl. etwa bei *R. J. Markin*, 1970).

Mit mehr Akribie hat sich die lerntheoretisch orientierte Konsumforschung auf einen Typ von Theorie verlegt, der als mathematische oder probabilistische Lerntheorie bekannt geworden ist. Die Hauptvertreter dieser Form der Lerntheorie sind *Bush* und *Mosteller* (1955) und *Estes* (1954). Anwendungen solcher mathematischer Konzepte stammen u. a. von *Kuehn* und *Day* (1964), *Kuehn* (1962), *Haines* (1969) und *Lavington* (1970) und beziehen sich hier insbesondere auf Probleme des *Produktwechsels* und der *Markentreue*[3]. Diese modelltheoretischen Formulierungen sind durch keine systematischen verhaltenstheoretischen Ableitungen gestützt (vgl. zur Kritik *Sheth*, 1967; *Howard* und *Sheth*, 1969; *Kroeber-Riel*, 1972) und haben motivationstheoretisch keine Relevanz. So versuchen z. B. *Kuehn* und *Day* (1964) die bedingte Wahrscheinlichkeit zu untersuchen, daß Käufer, die im Zeitpunkt t das Produkt A kauften, auch im Zeitpunkt t + 1 dieses Produkt kaufen werden (vgl. auch *Kuehn*, 1962 sowie *Farley* und *Kuehn*, 1965). Gemäß der folgenden Abbildung ist dies eine Funktion der Zeit und bestimmter Parameter, die aus der Kaufgeschichte geschätzt werden müssen:

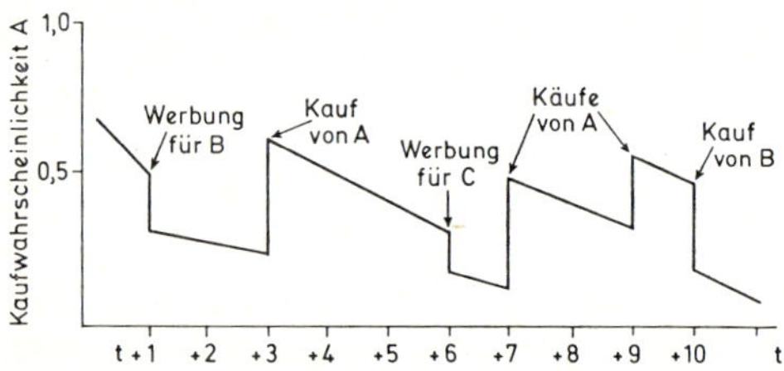

Abbildung 4: Kaufwahrscheinlichkeit im probabilistischen Modell (*Kuehn/Day*)

Diese Parameter betreffen die jeweiligen Auswirkungen des Kaufes bzw. Nichtkaufes eines Produkts, Beeinflussung durch Werbemaßnahmen, Preisänderungen usw., also Sachverhalte, die empirisch erst einzulösen wären. Diese bedingen die vertikalen Sprünge der Vergessenskurve, deren Verlauf durch das Modell von *Bush* und *Mosteller* bestimmt wird.

Über motivationale Zusammenhänge erfahren wir jedoch hieraus überhaupt nichts. Sicherlich kann man die Hypothese vertreten, daß die Vorzüge oder Belohnungen, die ein Konsumgut stiftet, zunehmend in Vergessenheit geraten, doch könnte man das Gleiche für etwaige Nachteile dieses Produktes sagen. Und sicherlich ist es richtig, daß Werbemaßnahmen oder sonstige Stimuli ein anderes Konsumgut attraktiver machen können, jedoch fehlt die Kenntnis der Bedingungen, unter denen dies der Fall ist. Es ist ferner plausibel anzunehmen, daß ein Konsu-

[3] Vgl. zusammenfassend: *Day*, *Parsons*, 1971; Den probabilistischen Lernmodellen verwandt sind *Markoff*-Prozesse, die sich auch als Lernprozesse interpretieren lassen. Zur Kritik ihrer Anwendung im Konsumverhalten vgl. *Sheth*, 1967.

ment, der nach einer langen Abfolge in der Verwendung von Produkt A auf Produkt B übergeht, dort Enttäuschung erleidet und sodann wieder zu A zurückkehrt, mit besonderem Nachdruck Markentreue für A entwickeln wird. Er wird sein Verhalten habitualisieren und auch eine möglicherweise sehr attraktiv erscheinende Alternative C nicht wählen, aus Angst, abermals enttäuscht zu werden (vgl. *R. A. Bauer*, 1960, *S. M. Cunningham*, 1967).

Der eingeschränkte Prognosewert und die nicht vorhandene motivationale Bedeutung dieser Partialmodelle darf nicht darüber hinwegtäuschen, daß die Lerntheorie sehr wohl als Bezugsfeld nicht nur einiger bestimmter Problemkreise, sondern für den Gesamtbereich des Verbraucherverhaltens in Betracht kommt. Wenn die Lerntheorien beanspruchen, das Auftreten aller lernbarer Aktivitäten zu erklären, und wenn Konsumverhalten zu den lernbaren Aktivitäten gehört, müßten die Lerntheorien hierfür erklärungsrelevant sein. Einige Schritte in dieser Richtung sind insbesondere von *Howard* (1963, 1969) sowie von *Engel, Kollat* und *Blackwell* (1968) unternommen worden, doch kann man nicht sagen, daß die hier gemachten Versuche recht befriedigend ausgefallen sind. Dies liegt natürlich einmal an den sich widerstreitenden Lerntheorien einerseits sowie an der Komplexität der jeweiligen Theorien andererseits, die eine direkte Anwendung auf das Konsumverhalten erschweren. Es liegt zum anderen an der Transformation der Lerntheorien, die ja meist unter Laboratoriumsbedingungen und mittels Tierversuchen durchgeführt worden sind und die deshalb nicht so ohne weiteres auf komplexe soziale Sachverhalte angewandt werden können (vgl. zur Kritik der *Skinner*schen Thesen vor allem *Chomsky* und *Bandura*).

Trotzdem hat man gerade neuerdings vor allem das System von *Skinner* (1965 u. a.) auf komplexe soziale Sachverhalte angewandt (vgl. vor allem *Homans*, 1961; *Hummell*, 1969; *Opp*, 1972). Dieses System knüpft vor allem am Prinzip der instrumentellen Konditionierung an. Danach beeinflussen die Konsequenzen eines bestimmten Verhaltens die Wahrscheinlichkeit seines künftigen Auftretens. Aus der Menge zufälliger Verhaltensweisen werden die »richtigen« gleichsam selegiert. Es persistieren diejenigen Verhaltensweisen, die einen »Erfolg« an den Organismus zurückmelden. Erfolgsstimulierungen sind Verstärkungen (reinforcements) oder auch Belohnungen (rewards). Der Verstärkereffekt ist die Erhöhung der Reaktionswahrscheinlichkeit.

Nun gibt es – wir haben hierauf schon hingewiesen – keine abschließende und in allen sozialen Zusammenhängen gültige

Liste von Verstärkerereignissen. Im Tierversuch weiß man z. B., daß bestimmte Formen der Nahrung verstärkend wirken, und bei kleinen Kindern kann man auch mit einiger Sicherheit annehmen, daß etwa die Darbietung von Schokolade belohnend wirkt, aber wir wissen nichts über die Relation der Verstärkerwirkung bestimmter Konsumgüter, z. B. Fernsehgeräte, Möbel, Schallplatten bzw. Fernsehgeräte des Typs A, B oder C. Lerntheoretische Aussagen scheinen auch auf den ersten Blick in der Hauptsache Handlungen zu betreffen, die wiederholt auftreten, und dies heißt in der Sprache der Konsumforschung: bei periodischem Bedarf. Nach dem lerntheoretischen Prinzip der *Generalisierung* kann sich das Verhalten jedoch auch auf einen partiellen Aspekt der Handlung beziehen. So hat z. B. ein Käufer ein Konsumobjekt in einem bestimmten Geschäft oder Warenhaus gekauft, etwa ein Fernsehgerät. Mit diesem Fernsehgerät mache er nun schlechte Erfahrungen. Dies wird dann nicht nur dazu führen, daß unser Konsument das betreffende Fernsehfabrikat für minderwertig hält – was für das Fabrikat (abgesehen von sozialer Beeinflussung anderer potientieller Käufer) bedeutungslos sein kann, da sich unser Verbraucher so schnell keinen zweiten Fernseher zulegen wird – sondern der Käufer wird dazu neigen, seine Aversion gegen das Geschäft auszudehnen, wo das Objekt erworben wurde.

Die Lernpsychologie macht deutlich, daß je ähnlicher ein Stimulus S_i einem Stimulus S_j ist, desto größer die Wahrscheinlichkeit wird, daß S_i den gleichen Cue-Wert und den gleichen Verstärkercharakter erwirbt wie S_j. Wenn ihre Lieblingsmarke nicht greifbar ist – sie ist z. B. ausverkauft – so wechselt die Hausfrau auf ein Produkt, das dem Lieblingsprodukt am ähnlichsten ist, und es ist möglich, daß unsere Hausfrau nunmehr ein neues Lieblingsfabrikat hat. Je weniger ähnlich die Stimuli werden, desto geringer wird allerdings die genannte Wahrscheinlichkeit. Hier kann allerdings die Antriebsstärke einen gewissen Ausgleich schaffen: Die Tendenz zur Verallgemeinerung durch weniger ähnliche Stimuli wird im Verhältnis zur Antriebsstärke vergrößert. So wird z. B. eine Hausfrau eine minderwertige Kaffeesorte kaufen, wenn dies die einzige im Geschäft verfügbare Kaffeesorte ist und wenn ihr Antrieb groß genug ist (*Kotler*, 1971). Ein Raucher von Filterzigaretten wird notfalls auch eine Zigarette ohne Filter rauchen, wenn der Antrieb zum Rauchen stark genug ist.

Die Zugehörigkeit von Stimuli zur Äquivalenzklasse kann auch durch Lernprozesse erworben werden (*Osgood*, 1958), nicht nur auf Grund einer bloßen äußerlichen Ähnlichkeit (Mediationshypothese). Dieses Prinzip der erlernten Generalisierung verweist auf kognitive Zusammenhänge, die insbesondere an den Bedeutungsgehalt von Konsumgütern geknüpft sind (*Howard* und *Sheth*, 1969).

Generalisierung setzt die Genauigkeit der Stimulus-Reaktions-Verbindungen herab, während das entgegengesetzte Prinzip der Diskriminierung sie heraufsetzt: Man lernt durch Konsumerfahrung genauer zu unterscheiden. Diskriminierung ist heute angesichts vieler im Prinzip gleicher oder ähnlicher Konsumgüter, die sich nur noch »psychologisch« durch ihren Bedeutungsgehalt oder durch ihr von der Werbung erzeugtes Image voneinander unterscheiden, eine subtile Angelegenheit geworden, die weniger von funktionellen und instrumentellen Gütereigenschaften, sondern von sozialspezifisch differenzierten psychischen Bedeutungsgehalten abhängt (Prinzip der marginalen Differenzierung).

Generalisierte Verstärker sind mit primären Verstärkern gekoppelt. So kann etwa Geld mit Hunger verknüpft sein (vgl. *Hummell*, 1969), indem das Individuum zwar nicht immer hungrig ist, es aber trotzdem immer nach Geld strebt, da man hiermit alle Deprivationen vom Typ des Hungers tilgen kann. Trat also der sekundäre Verstärker Geld mit Nahrung zusammen auf, so ist Geld fast immer verwendbar, d. h. es besteht Bedürfnis nach mehr Gelderwerb. Von hier aus in eine Erörterung des Sparverhaltens einzutreten, ist sicherlich reizvoll. Weitere generalisierte Verstärker sind Aktivitäten anderer Personen; diese Form der Sozialbelohnung besteht u. a. darin, daß ein bestimmtes Konsumverhalten von anderen anerkannt, beneidet, gebilligt wird usw. Das Geltungs- und Prestigemotiv ist hier einzureihen.

Hier konnten nur einige Beispiele gegeben werden, wie die Formulierung von Hypothesen aus dem Bereich der Lerntheorie konsumrelevant sein könnte. Zahlreichen Anwendungsmöglichkeiten werden wir im Verlauf dieser Arbeit noch begegnen: so der Problematik der Markentreue, der Gewohnheitsbildung, der Lösung von Motivkonflikten, der Aufnahme von Werbebotschaften und dergleichen mehr.

ad (3) *Vektortheorie*: Eine weitere allgemeine Verhaltenstheorie ist die feldtheoretische Konzeption *Lewins*. Das Individuum wird hierbei als ein sich in seinem »Lebensraum« bewegender Punkt dargestellt, der von bestimmten Kräften (Vektoren) geschoben und gezogen wird und der Barrieren umgeht (*K. Lewin*, 1951). Man kann also zwischen Zugfaktoren und Druckfaktoren unterscheiden. Objekte oder Regionen im Lebensraum sind entweder attraktiv oder abstoßend, d. h. sie haben entweder eine positive oder eine negative Valenz. Weil oftmals mehrere Valenzen gleichzeitig aktiv sind, entstehen Konflikte.

Das Feldkonzept ist in marktpsychologischem Bereich von *Lewin* selbst (1943), von *Bilkey* (1950; 1963) und von *Clawson* (1968) angewandt worden. *Bilkey* arbeitet mit einem dualen Konzept, indem er in Analogie zum Appetenz-Aversions-Modell der Lerntheorie eine »desire-resistance«-Beziehung als Grundlage der Konsumentscheidung postuliert. Die Differenz zwischen dem Wunsch (positive Valenzen) und dem Widerstreit (negative Valenzen) entscheidet darüber, ob ein bestimmter Kauf zustande kommt oder nicht. So kann z. B. ein beliebiges Konsumobjekt, z. B. ein Möbelstück, teils mit positiven Valenzen aufgeladen sein – gutes Aussehen, Prestigewert, Stil, hohe Qualität – teils aber auch mit negativen Valenzen – die Umstände des Kaufs, der hohe Preis, eine lange Lieferzeit usw.

Die Überlegung, daß der Aufforderungscharakter von Objekten motivational begründet ist, hat zu einem modifizierten Konzept geführt, das als »Vektortheorie des Verbraucherverhaltens« (*Wiswede*, 1966) bezeichnet worden ist. In diesem Modell werden explizit *Druckfaktoren* (aus der allgemeinen Bedürfnissituation) und *Zugfaktoren* (aus der jeweiligen Objektsituation) unterschieden. Die Valenzen der Motivstruktur führen zu einem ganz bestimmten Motivkonflikt – wir kommen hierauf noch ausführlich zu sprechen – der in spezifischer Weise gelöst und mit der Imagestruktur von Produkten konfrontiert wird. Das Ausmaß der Identität zwischen Motivstruktur und Imagestruktur ist dann ein Indikator für die Auftretenswahrscheinlichkeit von Kaufakten.

Das Modell ist stark kritisiert worden (*C. Möller*, 1966; 1970; *Nieschlag, Dichtl, Hörschgen*, ^{4}1971), wobei insbesondere der hohe Abstraktionsgrad im Vordergrund stand, der eine empirische Prüfung und praktische Anwendung des Konzepts nicht gestatte. Hinsichtlich der Imagestruktur dürfte dieses Problem sehr befriedigend gelöst sein, vor allem durch die Anwendung semantischer Methoden sowie entsprechender Zuordnungsverfahren. Hinsichtlich der Analyse von Motivstrukturen gibt es zumindest Näherungsverfahren, die Aufschluß über Konflikte und Spannungen geben können. Das Modell kann auch als kognitive Dissonanz interpretiert werden, wobei die üblichen Einstellungsverfahren anwendbar sind.

Aus dem Vektorkonzept ist im übrigen auch die Theorie des Anspruchniveaus (*Lewin*) abzuleiten, deren konsumtheoretische Relevanz bereits erörtert wurde. Hier dient sie vor allem dazu, bestimmte Aussagen über die Setzung des Konsumstandards zu machen (*Starbuck*, 1963). Von hier aus ergeben sich auch Berührungspunkte mit der Theorie der Leistungsmotivation (*Mc Clelland*, *Atkinson* u. a.), deren Anwendbarkeit auf dem Felde des Konsumverhaltens gleichfalls bereits demonstriert wurde.

ad (4) *Kognitive Theorien*: Der Schwerpunkt der kognitiven Theorien liegt nicht, wie bei den Lerntheorien, auf der Rolle der Stimuli als Mittel der Bedürfnisreduktion, sondern als Träger von Information. Sie befassen sich mit Kognitionen (Wissen, Einstellungen, Glaubensinhalten, Überzeugungen usw.), sind also auf den kognitiven Bereich beschränkt und stellen somit keine allgemeinen Verhaltenstheorien dar (wie vielfach angenommen wird). Sie sagen nichts aus über subkognitive Vorgänge, allenfalls insoweit, als solche Vorgänge (Emotionen, Triebe usw.) kognitiv überlagert werden.

Ausgangspunkt aller kognitiven Theorien ist der Begriff der kognitiven Konsistenz; dem Individuum wird eine grundsätzliche Verhaltenstendenz zugeschrieben, ein kognitives Gleichgewicht wieder herzustellen. Inkonsistenzen wirken also motivierend auf eine Umstrukturierung der Beziehungen zwischen den kognitiven Elementen (*Zajonc*, 1960; *Hummell*, 1969). Die wichtigsten Einzeltheorien sind: die Balance-Theorie von *F. Heider* (1958); die Kongruitäts-Theorie von *Ch. E. Osgood* (1955) und die Theorie der kognitiven Dissonanz (*Festinger*, 1957). Weniger wichtig sind die Umformulierungen der Balance-Theorie von *Cartwright* und *Harary* (1956), *Davis* (1963) und *Rosenberg* (1960), sowie die Vakuumtheorie von *Conant* (1947) und die Symmetrietheorie von *Newcomb* (1953).

Ein Anwendungsfall der Balance-Theorie auf das Konsumver-

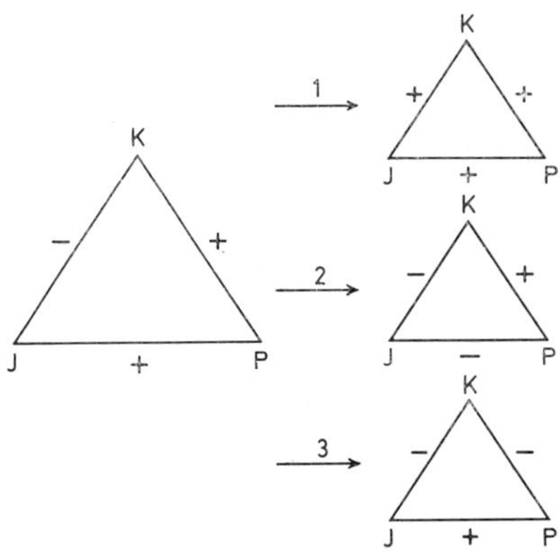

Abbildung 5: Darstellung des Balance-Prinzips

halten wäre etwa folgender: Angenommen eine Individuum bewundert eine bestimmte Person, die ihm Leitbild ist. I hat also zu P eine positive Beziehung. Nehmen wir weiter an, I verabscheue ein bestimmtes Konsumgut, sagen wir »comic strips«. I hat also zu K eine negative Beziehung. Setzen wir nun den Fall, I erfahre, daß die bewunderte Person P »comic strips« sehr schätzt, so daß zwischen P und K eine positive Beziehung steht.

Die Balance-Theorie behauptet nun, daß ein Gleichgewicht dann eintritt, wenn alle drei Relationen positiv oder aber zwei negativ und nur eine positiv sind. Stabil sind also Relationen vom Typ (+++; −−+), instabil dagegen Relationen vom Typ (−++). Unser Individuum I kann also z. B. seine Einstellung zu »comic strips« verändern, indem es etwa argumentiert, so schlecht seien diese nun auch wieder nicht, man könne sich damit entspannen usw. I kann jedoch auch seine Einstellung zu P ändern, indem ersichtlich wird, daß eine Person nicht als Vorbild in Frage kommen kann, wenn sie K verwendet. I kann in dritter Möglichkeit auch auf P einwirken, daß P das Produkt K nicht mehr verwendet.

Die Balance-Theorie ist in ihrer Anwendung sehr beschränkt, unter anderem auch deshalb, weil sie die Richtung der Verhaltensänderung nicht voraussagen kann und weil sie eine »Alles-oder-Nichts«-Theorie darstellt. Das Kongruitätsprinzip (*Osgood*, *Tannenbaum*, 1955) geht deshalb hier weiter als das Balanceprinzip und macht explizite Aussagen, was geschieht, wenn sich die beiden in Beziehung stehenden Objekte nicht in einem Kongruitätszustand befinden. Wenn I zu P eine enthusiastische Beziehung hat, zum Konsumgut K jedoch nur eine lauwarme Beziehung, und wenn er erfährt, daß P das Gut K verwendet, so wird im Endergebnis seine enthusiastische Beziehung zu P etwas abnehmen und seine lauwarme Haltung zu K etwas positiver werden.

Während die Balance-Theorien bisher in der Konsumforschung bisher unseres Wissens nicht angewendet worden sind, hat die Theorie der kognitiven Dissonanz (*Festinger*, 1957; *Brehm*, *Cohen*, 1962) in unserem Bereich ein weites Anwendungsfeld gefunden (*Ehrlich* et al., 1957; *Kassarjian*, *Cohen*, 1965; *Mills*, 1965; *Anderson*, 1966; *LoSciuto*, *Perloff*, 1967; *Hörning*, 1970; *Wiswede*, 1972). Kognitive Dissonanzen entstehen durch widersprüchliche kognitive Elemente in Abhängigkeit von der Relevanz und der Anzahl der betroffenen Elemente. Individuen versuchen nun, kognitive Dissonanzen abzubauen, indem sie die kognitiven Elemente verändern oder sich Informationen so aussetzen, daß sie zur Dissonanzreduktion führen. Dissonanz nach getroffener Konsumentscheidung kann einmal dadurch entstehen, daß das gewählte Konsumgut in einigen Punkten nicht genau den Vorstellungen entspricht (negative Aspekte der gewählten Alternative) und daß das nicht gewählte Produkt in einigen Punkten besser den Vorstellungen oder Anforderungen entspricht (positive Aspekte der verworfenen Alternative). Die Werbung sowie das selektive Ausgesetzt-Sein gegenüber Werbung dient hier häufig als Mittel der Dissonanzreduktion im Konsumbereich.

Wir haben vorgeschlagen, die Theorie der kognitiven Dissonanz auch auf das Verhalten vor einer Entscheidung anzuwenden. In gleicher Weise, wie etwa *Tolman* annimmt, daß ein Individuum die Konsequenzen seines Verhaltens antizipiert (Überprüfung von Erwartungen im Lernprozeß) postulieren wir eine »Dissonanzerwartung« von Handlungen; dies sind jene Handlungen, bei denen das Individuum annimmt, daß sie zur Dissonanz führen könnten und die von vornherein gemieden werden. Uns scheint, daß durch diese Annahme der Anwendungsbereich der Dissonanztheorie wesentlich erweitert wird (*Wiswede*, 1973).

2. Motivstruktur

2.1 *Motivkonstellationen*

In der Motivstruktur verbinden sich mehrere Motive zu einem komplexen Gefüge. Gehen wir von einem gegebenen Verhalten aus, so haben wir es in der Regel mit einer Vielzahl von Motiven zu tun; daß nur ein einziges Motiv das jeweilige Verhalten determiniert, ist ein außerordentlich seltener, vermutlich sogar nur ein Grenzfall. *Katona* bemerkt hierzu :»Es ist unwahrscheinlich, daß jemand bei einer bestimmten Handlung nur von einem einzigen Motiv beherrscht wird. Gewiß mag es auch solche Fälle geben, aber sie sind keineswegs die Regel. Vorherrschend ist eine Vielzahl der Motive, die sich zum Teil gegenseitig verstärken und die sich zum Teil auch gegenseitig widersprechen können« (1960, S. 83). Wir setzen also an die Stelle des in der älteren Philosophie und Psychologie dominierenden Ein-Motiv-Theorems ein Mehr-Motiv-Theorem, welches besagt, daß bei einer konkreten Verhaltensweise im allgemeinen mehrere Motive gleichzeitig beteiligt sind.

Unter *Motivstruktur* wollen wir nun das komplexe Gefüge dieser verschiedenen Motive verstehen. Die Motivstruktur ist der statische Aspekt des Motivsystems und beleuchtet das innere Gefüge einer Ganzheit. Innerhalb dieser Struktur begegnen uns die Motive in einer bestimmten Anordnung, die man geläufigerweise als Motivkonstellation oder – konfiguration bezeichnet. In einem solchen Komplex verschiedener Kräftespannungen unterscheiden wir je nach Intensität Haupt- und Nebenmotive. In der

Struktur selbst vollzieht sich ein ständiges Miteinander und Gegeneinander; alle Kräfte sind aufeinander bezogen und bilden eine Ganzheit.

In der Regel kommt es zur *Motivverkettung*, d. h. nicht ein einziges Motiv ist wirksam, auch nicht die Addition isolierter Variabler, sondern mehrere Motive in ihrer Verkettung und in ihren wechselseitigen Zusammenhängen. Motive bedingen sich gegenseitig; wir sprechen daher von *Motivbedingtheit*. Ein für das Verbraucherverhalten typisches Beispiel einer solchen Motivverkettung ist etwa das folgende:

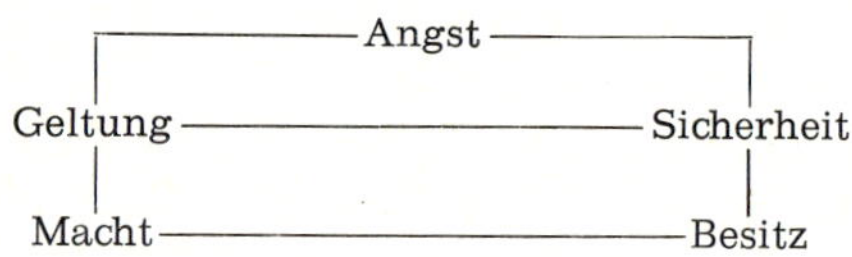

Es ist vielleicht möglich, solche Motivverkettungen im Sinne eines Mittel-Zweck-Schemas zu interpretieren (*Howard, Sheth*, 1969, p. 106 f.), also etwa die genannten Einzelmotive auf ein übergreifendes Angstmotiv zurückzuführen und damit mehrere Ebenen von Motiven zu lokalisieren. Hierbei ist freilich wieder die Gefahr der reduktionistischen Interpretation gegeben, die wir bereits bei der Behandlung der reduktionistischen Triebtheorien behandelt haben.

Neben der Anzahl und wechselseitigen Bedingtheit der Motive läßt sich als dritte Dimension die Intensität der Motive unterscheiden. So lassen sich etwa bei Faktorenanalysen verschiedene Faktoladungen empirisch ermitteln, die dann unter bestimmten Bedingungen als Motivkonstellation gedeutet werden können (*Cattell*, 1952).

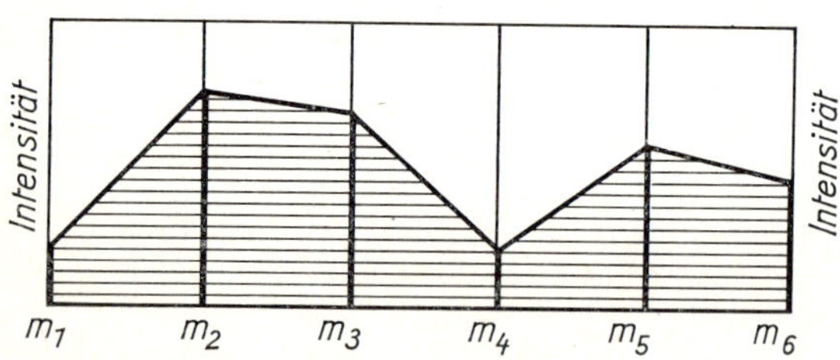

Abbildung 6: Beispiel einer Motivkonstellation

Als vierte Dimension läßt sich der Grad der Objektbesetzung feststellen. Dieses Kriterium – Ausrichtung an bestimmten Konsumobjekten – ist einmal als Spätphase der Bedürfnisformierung anzusehen, doch kann das Bedürfnis auch von vornherein objektbesetzt sein, indem das Vorhandensein eines Produkts direkt das Bedürfnis konstituiert. Die Antriebsmomente sind insofern an den Gegenstand verlagert. Auf diesen Prozeß kommen wir noch genauer bei der Behandlung der Bedürfnisformierung zurück.

Eine fünfte Dimension ist die Realitätsanreicherung von Motiven, anders gesagt: ihre kognitive Aufladung. In ich-näheren Bereichen passieren die Motivationen kognitive Strukturen und müssen sich vor ihnen bewähren. Sie werden dort in der Weise deformiert, daß sie den Anforderungen der Realität, z. B. den Anforderungen gesellschaftlicher Normen und den Bedingungen ökonomischer Mittel entsprechen. Viele Motive entspringen auch erst jenen kognitiven Regionen, und von zwei widerstreitenden Motiven siegt – gleiche Intensitäten vorausgesetzt – in der Regel das ich-nähere.

Eine sechste Dimension, die z. T. mit der genannten Realitätsanreicherung zusammenhängt, ist der Grad der affektiven Aufladung. Dies ist in der Regel gemeint, wenn man davon spricht, bei einem Kaufakt sei das Individuum von momentanen Eingebungen, von Emotionen oder Stimmungen beeinflußt gewesen. Die alte Kategorie des Impulskaufes gehört hierher. Im Zustand starker affektiver Aufladung passiert das Motiv häufig die kognitiven Zonen, ohne daß eine Realitätsanreicherung stattfindet. Meist handelt es sich hier um sog. »unschädliche« Handlungen, etwa der Erwerb eines billigen Konsumgutes, einer Handlung also, deren Konsequenzen nicht ins Gewicht fallen.

Mit dieser Dimension hängt auch die zeitliche Variabilität von Motiven zusammen. Gewöhnlich sind Affekte und Gefühle, ganz besonders aber die sog. Stimmungen (Wetterlagen der Gefühle) von momentan aufflackernder Natur; sie gehören nicht zur konstanten Motivausstattung eines Individuums. Trotzdem kann angenommen werden, daß ein Großteil der Routineangelegenheiten unseres täglichen Lebens diesen peripheren Motivationen ausgesetzt ist.

Eine achte Dimension ist die habituelle Ausgestaltung von Motiven. Motive, die sich bewährt haben, die also im Sinne der Lerntheorie zu erfolgreichen Handlungen geführt haben, werden beibehalten, bis sie schließlich habituell werden, d. h. sich gewohnheitsmäßig und routinehaft vollziehen. Sie sind dann gewissermaßen eingefroren und entlasten das Individuum der ständig neuen Motivbildung. Auch hierauf werden wir später noch zurückkommen, wenn wir den Prozeß der Habitualisierung verfolgen.

Zusammenfassend hatten wir die folgenden Dimensionen von Motiven unterschieden:

(1) die Anzahl der Motive
(2) ihre wechselseitige Verkettung
(3) die Intensität dieser Motive
(4) die Richtung und Objektbesetzung
(5) ihre kognitive Aufladung
(6) ihre affektive Aufladung
(7) die zeitliche Variabilität
(8) ihre habituelle Ausgestaltung

Auf einige dieser Dimensionen werden wir gleich beim nächsten Abschnitt zurückkommen, wenn wir uns mit dem Widerstreit von Motiven beschäftigen.

2.2 *Motivkonflikte*

Ein besonders reizvolles Strukturproblem begegnet uns in der Frage des *Motivkonflikts*, deren Lösung den ersten Baustein für ein Strukturmodell des Verbraucherverhaltens liefern wird. Zur Lösung des Konfliktproblems wollen wir uns der Modellanalyse bedienen. Unter einem Modell verstehen wir ein auf seine wesentlichen Linien reduziertes Bild der Wirklichkeit, bei dem es darum geht, einen Sachverhalt aus dem chaotischen Netz der Beziehungsvielfalt herauszulösen und damit der gedanklichen Durchdringung zugänglich zu machen. Ein Modell ist dann wissenschaftlich leistungsfähig, wenn es sich erstens der empirischen Wirklichkeit gewachsen zeigt und wenn es zweitens nach seiner Konstruktion eine Art Eigenleben zu entfalten vermag, d. h. zu Aussagen führt, die nicht von vornherein in das Modell hineininterpretiert wurden.

Ausgangspunkt unserer Untersuchung soll eine These sein. Sie lautet: Nahezu jede Verbraucherentscheidung, also auch jede Kaufhandlung, ist ein *konfliktträchtiges Geschehen*. Die These folgt unmittelbar aus den Feststellungen über die Motivkonstellation, wo wir die Annahme eines singulären Kaufgrundes für eine bestimmte Verhaltensweise ausschlossen und uns zur Annahme einer Vielzahl von Motiven gezwungen sahen. Es muß somit ganz zwangsläufig zu einem Widerstreit der Motive kommen, zu dessen Kennzeichnung wir den Begriff des Motivkonfliktes vorgeschlagen haben. Wir wollen uns der Analyse dieses Konfliktgeschehens nun schrittweise nähern.

Im ersten Denkschritt gehen wir zunächst von zwei Motiven aus, die wir der Einfachheit halber als gleich stark annehmen. Einzig die Richtung dieser beiden Motive soll verschieden sein.

Diese lassen wir nun strahlenförmig innerhalb 360° variieren. Totale Kongruenz und Inkongruenz sind Grenzfälle; im ersten Falle handelt es sich um identische Motive, die sich in ihrer Wirkung addieren, im zweiten Falle um konträre Verhaltenstendenzen, die sich in ihrer Wirkung gegenseitig auslöschen. Die praktisch vorkommenden Fälle lassen sich reduzieren auf zwei:

(1) die Motiv*konvergenz*
(2) die Motiv*divergenz*

Zeichnen wir ein Motiv m_1 auf der X-Achse nach rechts, so ist ein Motiv m_2 zu m_1 konvergent, wenn es sich in einem der beiden rechten Quadranten befindet, dagegen divergent zu m_1, wenn es sich in einem der linken Quadranten befindet.

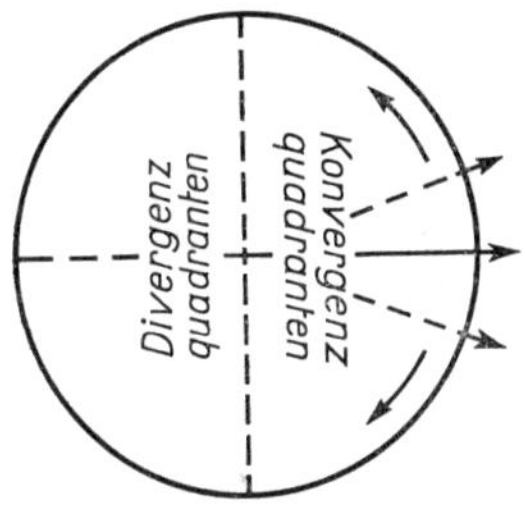

Abbildung 7: Konvergenz und Divergenz zweier Motive

Um das Modell etwas anschaulicher zu gestalten, sei bemerkt, daß Konvergenz grundsätzlich im Falle von Motivbündeln vorliegt, wenn sich also innerlich sehr verwandte Motive im Hinblick auf ein Verhalten vereinen. Konvergent wären z. B. das Prestigemotiv, das Streben nach Sicherheit und das Anerkennungsbedürfnis. Divergent wäre etwa das Zusammentreffen eines Motivs mit einem diesem entgegengerichteten Schuldgefühl, dessen Einfluß auf das Verbraucherverhalten wir ja bereits eingehender studierten.

Im zweiten Denkschritt versuchen wir nun das Modell zu erweitern, indem wir die Wirksamkeit von mehr als zwei Motivtendenzen annehmen, die nicht mehr gleich stark sein sollen, sondern unterschiedliche Intensität aufweisen. Die Variablen, die jetzt in das Modell eingehen, sind also: Zahl der Motive, ihre Richtung und ihre Intensität. Dieses Bild entspricht damit aber nur einer Momentaufnahme, denn es ist wahrscheinlich, daß sich die Struktur im zeitlichen Ablauf verschiebt, daß z. B. die Intensität eines Motivs plötzlich nachläßt oder ein Motiv in andere Richtung umschlägt. Wir müssen also vom Faktor Zeit abstrahieren, die zeitliche Variabilität der Motive (die, insbesondere bei den Affekten und Stimmungen auftritt) demnach außer acht lassen.

Der dritte Denkschritt soll uns nun dazu führen, den hier gegebenen Widerstreit der Motive aufzulösen. Das geschieht ganz einfach mit Hilfe des Kräfteparallelogramms: Wir ermitteln mit dessen Hilfe die Resultierende, die wir als das Ergebnis des Motivkonflikts anzusehen haben. Ein solches Strukturmodell kommt gänzlich ohne inhaltliche Bezeichnung der einzelnen Vektoren aus; das Motiv ist darin lediglich durch seine Richtung definiert, womit wir von vornherein alle Interpretationsstreitigkeiten vermeiden[4]. Wir folgen damit dem Vorgehen *Lewins* (1936) im Rahmen der feldpsychologischen Betrachtung.

Im vierten Denkschritt sehen wir uns nun zu der Überlegung veranlaßt, daß wir den Motivkonflikt bisher rein kausal interpretiert haben und dabei von einer stillschweigenden Voraussetzung ausgegangen sind, die alles andere als selbstverständlich ist. Wir haben nämlich unterstellt, daß die Umwelt unendlich viele Objekte zur Lösung des Motivkonfliktes bereitstellt, m. a. W. daß für jede Resultierende (= Bedürfnis) ein bestimmtes Befriedigungsobjekt (= Produkt) zur Verfügung steht, das dafür so exakt paßt wie der Schlüssel zum Schloß. Die Wirklichkeit will es anders. Wir haben etwa die Wahl, zwischen den Produkten p_1, p_2 und p_3 zu entscheiden, so daß von einer mittleren Lösung, wie sie das Modell vorsieht und die p_1, p_2 und p_3 gleichermaßen subsumiert, doch gar keine Rede sein kann. Wir stehen in der Realität ja nicht nur vor einem Konflikt innerer Motivkräfte, sondern der Konflikt wird uns zumal beim Verbraucherverhalten auch vom Objekt her auferlegt. Wir sprechen daher von einer Objektbesetzung der Motive im Zustand vermehrter Zielorientierung.

Also müssen wir in einem fünften Denkschritt unser Modell durch eine Zusatzannahme erweitern, da es bislang der Wirklichkeit nicht standhält. Ein Möglichkeit wäre etwa die, für jedes Objekt eine separate Motivstruktur zu postulieren und die jeweiligen Resultierenden (Bedürfnisse) auf ihre Korrespondenz mit den einzelnen zur Wahl stehenden Objekten zu untersuchen. Aber es bietet sich hier eine etwas elegantere Lösung des Problems an, die wohl auch die naheliegendere ist: Der Motivkon-

[4] Mit Hilfe bestimmter Ratings und Skalen (Thermometer-Skala nach *Bilkey*, 1962) dürfte sich die Resultierende messen lassen. Schwierigkeiten im Rahmen der Motivmessung macht allerdings die empirische Lokalisierung der Multivalenzen.

flikt endet mit einer Resultierenden (die den Namen »Bedürfnis« erhalten sollte), welche sich im Umkreis verschiedener Objekte dasjenige heraussucht, das zu dieser Resultierenden am besten paßt. Das besagt im Grunde nichts anderes, als daß Bedürfnis und Befriedigung ineinandergreifen und daß diejenige Befriedigungsmöglichkeit gewählt wird, die sich in die gegebene Konfliktschablone am ehesten einfügt. Anders formuliert: Die Motivstruktur des Verbrauchers sucht sich ein *komplementäres Produktbild*; der Konsument entscheidet sich für eine Ware, die der Resultierenden des Motivkonflikts entspricht oder zumindest die geringste *topologische Distanz* dazu aufweist.

Diesen Ineinandergriff bezeichnet man seit *B. Spiegel* (1961) als *Bedürfnismatrix* und charakterisiert damit das Zusammenkommen zweier Größen, die im realen Kaufakt übereinstimmen. Auch das Produktbild ist ja, wie wir später noch genauer sehen werden, das Ergebnis einer Vielzahl einzelner Faktoren, die in ihrer Ganzheit eine bestimmte Vorstellung des Verbrauchers über ein Produkt formen. In das Matrizenverhältnis geht also nicht die objektive Beschaffenheit eines Produktes ein, sondern die subjektive Vorstellung, die der Konsument von dieser Ware hat. Das Ergebnis dieser Faktorenkombination, die das Produktbild bewirkt, verläuft nun ihrerseits ebenfalls in einer Resultierenden. Die später in extenso dargestellte Theorie der Bedürfnismatrix (Vektortheorie) besagt in ihrem allgemeinen Inhalt, daß beide Resultierenden, also die der Motivstruktur und die des Produktbildes, sich bei der Verbraucherentscheidung gleichsam ein Stelldichein geben: Sind sie *kongruent*, d. h. entspricht die Vorstellung des Verbrauchers über ein bestimmtes Produkt seiner Motivstruktur, so gravitiert das Verhalten zu diesem Objekt[5]. In aller Regel wird freilich eine totale Kongruenz nicht vorliegen; die Matrix beschreibt daher auch nur den theoretischen Idealfall. Das Produkt, das der Käufer erwirbt, wird also im allgemeinen nicht in jeder Beziehung und in allen Hinsichten seinem Wunschbild bzw. seiner Motivstruktur entsprechen, sondern dieser Struktur im guten Falle nur sehr stark angenähert, also konvergent sein. Immer jedoch hat dasjenige Produkt die größte Chance, Kaufobjekt zu werden, das dieser totalen Kongruenz am nächsten kommt. Bei angenommener Kongruenz hat der Verbraucher genau das gefunden, was ihm vorschwebte. Wird jedoch die Kongruenz nicht erreicht und erweist sich auch keines der verfügbaren Produktbilder als genügend konvergent,

5 Diese Feststellung ist im Einklang mit der Erkenntnis der Psychoanalyse, wonach von zwei Motiven, deren Ziele einander ausschließen, das ich-nähere siegt. Die Realität wird im Hinblick darauf geprüft, was sie den beiden Motiven zu bieten vermag.

so kehrt unser potentieller Käufer unverrichteter Dinge nach Hause zurück: Er hat nicht das gefunden, was er suchte[6].

Wir versuchen zusammenzufassen: Der reale Kaufakt kann interpretiert werden als Korrespondenzbeziehung oder als Matrizenverhältnis zwischen Motivstruktur und Produktbild. Aus einer Reihe von Produkten der gleichen Art wird dasjenige ausgewählt, das in seinem Faktoraufbau eine gleiche oder ähnliche Resultierende aufweist wie die Motivstruktur. Das Auswahlprinzip beim Kaufentscheid ist das der Übereinstimmung zwischen der Resultierenden einer beim Verbraucher vorhandenen Motivstruktur und der Resultierenden aller das Produktbild schaffenden Faktoren. Wir werden uns ja später mit diesem Phänomen des Produktbildes noch ausführlicher zu befassen haben und bei dieser Gelegenheit auch wieder die Verbindung zum Problem der Motivstruktur bzw. des Motivkonfliktes suchen müssen.

Die ganze Frage der Produktgestaltung und der Werbewirksamkeit kann nach dem Gesagten als ein Anpassungsvorgang aufgefaßt werden, der zum Ziele hat, die Lücken im Matrizenverhältnis zwischen Verbraucher und Produkt zu schließen oder zu verringern. So heiß wird freilich von der Praxis nichts gegessen, wie die Theorie es kocht. Immerhin wird sichtbar, daß es grundsätzlich zwei Wege für die Absatzstrategie gibt, um eine solche Übereinstimmung zu erreichen:

(1) die planmäßige Veränderung der Motivstruktur
(2) die planmäßige Veränderung des Produktbildes.

Die erste Maßnahme zielt auf eine Umgruppierung der Motivstruktur von Verbrauchern, z. B. auf den Abbau traditioneller Gewohnheiten, den Abbau von Schuldgefühlen, die Stimulierung unterschwelliger Triebregungen oder die Errichtung neuartiger Verhaltensschemata. Die Variation bestehender Motivstrukturen setzt voraus, daß sie nicht allzu stabil sind – dieses Problem der Motivkonsistenz werden wir im nächsten Kapitel noch gesondert aufgreifen – und daß wir außerdem die Struktur jener Leute einigermaßen isolieren können, die für unser Produkt relevant sind. Wenn wir Mercedes-Wagen verkaufen wollen, so hat es keinen Sinn, die Motivstrukturen solcher Personen zu studieren, die seit Jahr und Tag einen Volkswagen fahren, denn es besteht wohl auch für den geschicktesten Absatzstrategen kaum die Chance, deren Motivkonstellation so zu verändern, daß sie mit dem Produktbild »Mercedes« übereinstimmt.

[6] Da Bedürfnisse im Stadium kognitiver Anreicherung auch als kognitive Dissonanz im Sinne *Festingers* aufgefaßt werden können, kann der Divergenzgrad auch als Maß der kognitiven Dissonanz beim Kaufentscheid angesehen werden.

Der andere Weg – die Variation eines bestehenden Produktbildes – wirft Fragen auf, die wir erst beantworten können, wenn wir die wesentlichen Züge des Warenbildes und seiner Faktoren näher studiert haben. Von dort aus werden wir dann auch den vektortheoretischen Ansatz wieder aufgreifen, um somit die beiden Halbkreise der Theorie – einmal vom Subjekt und das andere Mal vom Objekt her gesehen – schließen zu können.

Wir sind damit eigentlich schon am Ende unserer Darstellung des Motivkonflikts angelangt, wollen aber der Vollständigkeit halber hier noch ein zweites Konfliktmodell vortragen, das von der lerntheoretischen Schule verwendet wird und das ebenfalls einige Einsichten für das Verhalten von Verbrauchern verspricht. Dieses Modell arbeitet mit nur zwei Variablen, baut unmittelbar auf den uns ja bereits bekannten triebdynamischen Vorstellungen *Freuds* auf und wurde von dem Gestaltpsychologen *Lewin*, dem Behavioristen *Miller* und dem Lerntheoretiker *Hull* weiterentwickelt (vgl. insbesondere *N. E. Miller*, 1944).

Zunächst wird vorausgesetzt, daß sich alle Verhaltenssituationen durch das gleichzeitige Bestehen von zwei Verhaltenstendenzen erklären lassen: der Anziehung und der Abstoßung. Bei der lerntheoretischen Darstellung der Konfliktsituation haben sich hingegen die gleichbedeutenden Ausdrücke Appetenz und Aversion durchgesetzt, die wir in folgendem gleichfalls verwenden wollen. Unter Appetenz verstehen wir eine Tendenz, die sich auf die Erreichung eines Zieles richtet, während Aversion eine gegenläufige Tendenz bezeichnet, die dieses Ziel vermeiden will, also von ihm wegstrebt.

Es lassen sich nun drei Konfliktsituationen konstruieren:

(1) Der *Appetenz-Appetenz*-Konflikt
(2) Der *Appetenz-Aversions*-Konflikt
(3) Der *Aversions-Aversions*-Konflikt

Für das Verbraucherverhalten sind alle drei Konfliktmöglichkeiten bedeutsam. Im ersten Fall wird angenommen, daß sich der Verbraucher mehrerer Alternativen ausgesetzt sieht, die alle eine bestimmte Anziehungskraft (Appetenzquantum) ausstrahlen. Dabei entspricht es einem gedachten Idealfall, daß zwei verschiedene Produkte, zwischen denen gewählt werden soll, vollkommen gleiche Appetenzquanten abgeben. Auch wenn wir äußerlich recht unschlüssig scheinen, haben wir uns innerlich doch meist schon entschieden. Dennoch kennen wir solche Fälle des Unschlüssigseins gelegentlich aus eigener Erfahrung. Die Frau, die nach zweistündigem Suchen ein Schuhgeschäft verläßt, ohne etwas gefunden zu haben, ist einem solchen Ansturm von Appetenzen zum Opfer gefallen, ohne daß sie den Konflikt zu lösen vermochte. Das legt den Gedanken nahe, daß mitunter die große Auswahlmöglichkeit bei einem Warensortiment sich kaufhemmend auswirken kann, da erst sie die Konfliktmöglichkeit induziert. In solchen Fällen des Unschlüssigseins bedienen wir uns auch häufig eines »arrangierten« Motivs, indem wir etwa die Knöpfe abzählen oder Münzen in die Luft werfen. Die Zufallsentscheidung durch ein Auxiliarmotiv (*Neurath*) bildet dann gewissermaßen das »Zünglein an der Waage«, die Entscheidung aus einer (theoretisch) ausweglosen Situation.

Neben dieser Konfliktmöglichkeit – zwei rivalisierende Ziele – kann es auch zum umgekehrten Fall eines Aversions-Aversions-Konfliktes kommen, bei dem eine Lösung nach dem Grundsatz des »kleineren Übels« erfolgt. Wir stehen etwa vor der unlustbetonten Entscheidung, uns einen Wintermantel zu kaufen und haben dabei die Wahl, entweder zu frieren oder Geld aufzuwenden, was bekanntermaßen beides als schmerzlich empfunden wird.

Am wichtigsten und wohl auch für das Verbraucherverhalten am bedeutsamsten sind die Appetenz-Aversions-Konflikte, »in denen ein Ziel zugleich verlockend und bedrohlich erscheint, wie z. B. die Anschaffung eines Kraftwagens, ein erotisches Abenteuer oder überhaupt jede Situation, bei der die Befriedigung eines Wunsches damit verbunden ist, daß man einen »Preis« (an Geld, Gefahr, Anstrengung usw.) auf sich nehmen muß (*Hofstätter*, 1957, S. 182). Da nun ein Kaufentscheid stets mit einem Geldaufwand verbunden zu sein pflegt und daneben auch noch weitere Aversionstendenzen beinhalten kann, ist das Verbraucherverhalten in aller Regel ein von Aversionen begleitetes Konfliktgeschehen. Ähnlich argumentiert die Dissonanztheorie, die in den positiven Aspekten der verworfenen Alternativen die Quelle kognitiver Dissonanzen sieht.

Nun ist es aber ein sehr häufiger Fall, daß die so gekennzeichnete Aversion eine unüberwindliche Barriere für den Handlungsvollzug errichtet und das Ziel somit unerreichbar bleibt. Wir sind also beispielsweise nicht bereit oder in der Lage, ein kostspieliges Produkt zu kaufen, das uns an sich gut gefällt. Ist dieses Ziel nicht erreichbar, so wird die Entscheidung vermutlich zugunsten eines ähnlichen Zieles oder eines Teilzieles fallen. Unser Entscheidungspotential bewegt sich somit entlang eines Zielgradienten (*Hull*). »Wer sich einen Luxuswagen wünscht«, meint *Hofstätter* erläuternd, »aber im Augenblick noch nicht leisten kann, wird vielleicht einen Volkswagen erwerben (ähnlicher Reiz) oder auch nur einen Motorroller (Reiz geringerer Ähnlichkeit) oder er wird zunächst einmal auch ohne eigenen Wagen an einem Fahrkurs teilnehmen (auf dem Wege zum Ziel gelegener Reiz) . . . Wir konstruieren zu jedem Ziel ein Reizkontinuum der Ähnlichkeit bzw. der Nähe, über das sich die Verhaltenstendenzen ausbreiten können, wobei dem Ziel selbst die stärkste Zuwendung entspricht und einem von diesem weiter abgelegenen Punkt nach Maßgabe seiner Distanz vom Ziel eine schwächere« (1957, S. 182 f.).

Dabei wird nun angenommen, daß die Aversionstendenz erst zu einem späteren Zeitpunkt einsetzt und in bezug auf das Reizkontinuum steiler ansteigt als die Appetenzkurve[7].

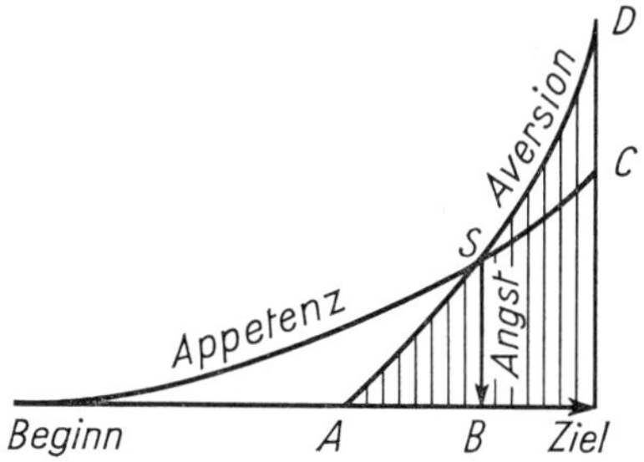

Abbildung 8: Modell des Appetenz-Aversions-Konflikts

Wir erkennen deutlich, daß es im vorliegenden Fall (Abb. 11) nicht zur Zielverwirklichung (Kaufakt) kommen wird, da der Aversionsgradient die Appetenzkurve nicht nur erreicht, sondern im Punkt S (über B) sogar schneidet, wo sich Anziehung und Abstoßung im Gleichgewicht befinden. Bis zum Punkt A ist das Verhalten noch ungehemmt, zwischen A und B ist es ambivalent und beim Punkt B ist ein »Angstbetrag« verwirklicht, der der Strecke SB entspricht. In dem hier skizzierten Fall wird demnach die wahrscheinlichste Wahl eines Ersatzzieles an der Stelle A erfolgen, da das Verhalten bis dorthin von keiner Aversion begleitet, also noch angstfrei ist.

Erreicht der Aversionsgradient die Appetenzkurve vor Zielverwirklichung dagegen nicht (Abb. 12), so erhalten wir das Modell eines realisierbaren Zieles. Der Kaufakt kommt zustande, da die Aversion, d. h. insbesondere die Furcht vor dem zu zahlenden Preis, weit weniger generalisiert als der auf das Ziel gerichtete

[7] Die Behauptung, daß sich der Appetenzgradient in anderer Weise generalisiert als die Aversionskurve, basiert auf Laboratoriumsversuchen von *J. S. Brown*, die hier nicht im einzelnen dargestellt werden können. Der konkave Kurvenverlauf entspricht sowohl der Überlegung als auch den empirischen Ergebnissen bei *N. E. Miller* (1944).

Wunsch, so daß die Stagnation des inneren Handlungsvollzuges ausbleibt.

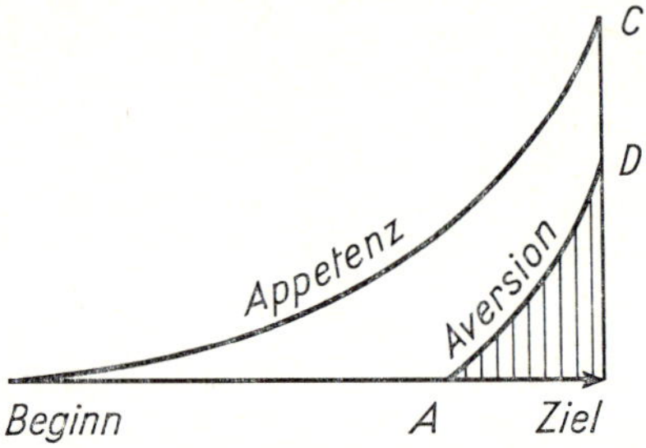

Abbildung 9: Realisierbarer Kaufakt im Appetenz-Aversions-Modell

Wir sind gewohnt, die Begriffe der Angst und des Konflikts in den pathologischen Bereich zu verweisen, weil wir zu wissen glauben, daß sich der normale Mensch im täglichen Leben konflikt- und angstfrei benimmt, so daß derartige Begriffe in bezug auf das Verbraucherverhalten fehl am Platze seien. Diese Vor-Meinung hat ihre Ursache darin, daß Angst- und Konfliktsituationen nur dann äußerlich sichtbar werden, wenn das Individuum dabei psychisch aus dem Gleichgewicht gerät, so daß wir diese Begriffe in der Psychopathologie gewöhnlich nur in greller Überbelichtung vorfinden, in der sie aus der Norm heraustreten und als anormal bezeichnet werden. Kein Mensch wird wohl seelisch zerbrechen, wenn er sich keinen Pelzmantel leisten kann oder wenn er nicht recht weiß, ob er sich für Ernte 23 oder Peter Stuyvesant entscheiden, ob er einen Rasenmäher oder doch lieber einen Klubsessel kaufen soll, ebensowenig wie der Buridanische Esel des *Aristoteles*, der sich zwei gleich weit entfernten Heubündeln gegenübersah, wirklich verhungern mußte, weil er angeblich nicht in der Lage war, seinen Appetenz-Appetenz-Konflikt wissenschaftlich einwandfrei zu lösen.

2.3 *Motivkonsistenz*

Warum gibt es in dem Durcheinander menschlichen Verhaltens Beharrendes, gleichmäßig Verlaufendes, über das wir reden können? Diese Frage nach der Festigkeit von Motivgefügen gegenüber Formänderungen soll als das dritte Strukturproblem unter der Überschrift »*Motivkonsistenz*« abgehandelt werden.

Der Grad der Konsistenz einer Motivstruktur hängt ab von der Variabilität der einzelnen Konfigurationen. Die Struktur setzt sich nämlich zusammen aus relativ variablen und verhältnismäßig konstanten Motiven. Wir haben demnach zwei gegenläufige Strukturtendenzen zu unterscheiden: die *Motivkonstanz* und die *Motivvarianz.*

Wie kommt es zur Änderung von Motivstrukturen? Dafür sind offenbar diejenigen Motive verantwortlich, denen wir eine hohe Variabilität zugeschrieben haben, also z. B. Affekte und Stimmungen, aber auch die entsprechenden Motivatoren der augenblicklichen Situation: das Wetter, das neue Auto des Nachbarn, das einladende Schaufenster, der Mangel eines Parkplatzes, die neue Verpackung »unserer« Marke, die roten Fingernägel der Verkäuferin usw. Wir kennen den subjektbezogenen Gegenwert solcher Faktoren bereits unter der Bezeichnung »periphere Motive«, womit wir andeuten, daß sie nicht die gesamte Motivstruktur von Grund auf ändern und neu gestalten, sondern gleichsam nur an ihrer Peripherie angreifen. Geringe Abweichungen an der Peripherie genügen aber oft, um eine Entscheidung in ganz andere Bahnen zu lenken, oder, um strukturtheoretisch zu sprechen: die Resultierende des Motivkonfliktes um Haaresbreite zu verschieben, die aber jetzt immerhin eine andere Zielrichtung hat. Für die Forschung wäre es höchst bedauerlich, wenn sie es nur mit solchen peripheren Motiven zu tun hätte, denn dann gäbe es ja überhaupt keine Verhaltenskonstanten, nach denen wir ein gegebenes Verhalten rekonstruieren und ein künftiges Verhalten vorausbestimmen könnten. Aber je mehr die Kaufabsichten aus dem Stadium der Vorbereitung heraustreten, sich konkretisieren und in den Bereich der Auswahlmotive (*Copeland*) gelangen, desto größer und unabdingbarer wird der Einfluß peripherer Kräfte. Diese Feststellung ist für das Verbraucherverhalten von größter Tragweite; ihre nähere Begründung wird aber erst bei der Analyse des Motivationsablaufs möglich sein.

Uns interessiert jetzt vor allem die Möglichkeit, wie sich eine gegebene Motivstruktur verfestigen kann. Wir fragen also nach den Faktoren, die ihre relative Konstanz bewirken und darauf hinzielen, daß die Struktur in ihrem Kern ziemlich feste Züge aufweist (These der kognitiven Strukturen). Zunächst denken wir hier an die zentralen Motive, die wir uns als Kraftkonstanten vorzustellen haben. Das Geltungsmotiv z. B. tritt keineswegs von Fall zu Fall gelegentlich auf, sondern durchformt das ganze Verhalten des Menschen auch dort, wo es nicht ohne weiteres nachweisbar ist.

Eine zweite Ursache der Motivkonstanz bilden die Konformitätsansprüche der sozial-kulturellen Umwelt, die das Individuum internalisiert und dadurch wie eigene Antriebe empfindet. Die dadurch bewirkte Übereinstimmung der Motive und Einstellungen mit jenen anderer vermittelt Sicherheit und soziale Anerkennung; damit im Zusammenhang auch ein konsistentes Selbstbild.

Ein dritter Faktor, der entscheidenden Anteil an der Verfestigung von Motivstrukturen hat, ist die Gewohnheitsbildung (Habitualisierung). Das ist etwa so, als ob das Individuum aus Bequemlichkeitsgründen zum Bau einer Motivstruktur immer wieder den gleichen Bauplan verwendet, den es auch früher bei ähnlichen Situationen mit Erfolg angewandt hat.

Die Verfestigung von Motivstrukturen kann auch als Ausdruck der Persönlichkeitsentfaltung angesehen werden. Die einheitliche Grundgesinnung (Motivkonstanz) gilt dabei als wesentlicher Zug der menschlichen Charakterbildung. Menschliches Verhalten wäre ohne ein Mindestmaß an Stabilität nicht möglich. Es gibt keine ständig wechselnden Motivstrukturen, die ebenso labil und amorph sind wie etwa die Form einer Amöbe, die sich in ruhelosem Hin und Her ändert. Die menschliche Persönlichkeit bekommt, wie *Lewin* (1931) ausführt, im Laufe der Zeit immer feinere, differenziertere und festere Züge. Die Beziehungslosigkeit aller Einstellungen und Motive macht einer weitgehenden Fixierung Platz. Erst damit ist die Möglichkeit der »geordneten Reaktion« gegeben, und die Instabilität der Handlungsvollzüge weicht mit zunehmendem Alter der Persönlichkeit einer größeren Motivkonstanz bis hin zur Motiverstarrung. Die Verfestigung der kognitiven Strukturen ist daher bei älteren Menschen besonders durchgreifend. Die Persönlichkeit untersteht dann einer Radix (*Wertheimer*), d. h. es kommt zur Ausbildung ganz bestimmter Leitmotive. Diese Leitmotive kristallisieren sich im Laufe der Zeit immer deutlcher heraus und gestatten ein eventuelles Abweichen von einmal fixierten Strukturen nur in geringem Maße. Vieles, was ein solcher Mensch tut, ist aus dem Gesichtswinkel jener Leitmotive heraus verständlich: die Konsistenz der Ziele, die Fixierung bestimmter Leitbilder, ein verfestigtes Wertgefühl usw. Die Gleichmäßigkeit der daraus resultierenden Handlungsvollzüge läßt auf die Herausbildung eines Motivstandards schließen, der in nahezu allen Verhaltensweisen durchscheint und sämtliche Aktionen mit relativ konstanter Wirksamkeit bestimmt. Innerhalb eines solchen einheitlichen Reaktionsstils bilden sich Reservate unaufhebbarer Verhaltensweisen, unabänderlicher Einstellungen, Meinungen und Vorurteile heraus.

Konstanz und Varianz von Verhaltensweisen können daher als direkte Funktionen von Einstellungen betrachtet werden, die entsprechend den allgemeinen Lerngesetzen erworben werden. Sie dienen der Erklärung der konstanten Züge im Verhalten eines Individuums ebenso wie der varianten Züge, »weil unter diesem Begriff nicht nur konstante oder nur situative Bedingungen verstanden werden, sondern weil sich durch Einstellung und die Dauer der Wirksamkeit momentane bis habituelle Determinanten einheitlich zusammenfassen« (*Roth*, 1970, S. 110).

Die hier zutage tretenden Einstellungs- und Verhaltensmuster sind freilich in der Hauptsache auf dem Hintergrund sozialer Werte und Normen zu sehen. Verbrauchsstruktur und Verbrauchsstandard, Konsumstil und Konsumwandel sind Ergebnis gesellschaftlich oder gruppenspezifisch relevanter »Leitmotive«. Motive werden kaum je »erfunden«; sie werden sozial vermittelt und sind in einem sozialen Kraftfeld wirksam. Die Analyse solcher sozialen Konsummuster ist u. a. Gegenstand der Konsumsoziologie (vgl. hierzu: *Wiswede*, 1972).

3. Motivformierung

3.1 Bedürfnis als vorökonomische Erscheinung

Unsere Einsicht in das Wesen der Motivstruktur als eines konfliktträchtigen Geschehens ermöglicht nun ohne Schwierigkeiten die begriffliche Einordnung des Bedürfnisses. Wir konnten feststellen, daß an einem bestimmten Verhalten in aller Regel nicht nur ein einziges Motiv beteiligt ist, sondern eine Vielzahl von Motiven, die in ihrer Richtung und Intensität durchaus Unterschiede aufweisen können. Die Lösung eines solchen Motivkonflikts haben wir uns dann mit Hilfe einer mechanischen Analogie am Vorbild des Kräfteparallelogramms veranschaulicht und gesehen, daß das Ergebnis einer solchen Konstellation als Resultierende des Kräfteparallelogramms vorstellbar ist. Diese Resultierende erhält von nun an den geläufigeren Namen »*Bedürfnis*«.

Die Ableitung des Bedürfnisses aus dem Strukturzusammenhang der Motive erlaubt uns auch eine sofortige Absage an jene Vorstellung, die von Grundbedürfnissen ausgehen möchte oder glaubt, einen Katalog oder ein Inventar von typischen Bedürfnissen aufstellen zu können. Theoretisch ergibt sich die Unmöglichkeit eines begrenzten Inventars von Bedürfnissen einfach aus der Folgerung, daß unendlich viele Motivkonstellationen möglich sind, was von vornherein zur Annahme einer unendlichen Mannigfaltigkeit möglicher Bedürfnisrichtungen zwingt. Empirisch läßt sich in Übereinstimmung hierzu beobachten, daß Bedürfnisse plastisch und variabel sind und im wesentlichen sozialkulturell ausdifferenziert werden. Freilich wird der Umkreis des Möglichen in einer bestimmten Kultur und Gesellschaft in je spezifischer Weise geformt und eingegrenzt.

Die ökonomische Theorie geht von den Bedürfnissen nur implizit aus; ihr expliziter Ausgangspunkt ist erst der Bedarf. Die Wirtschaftswissenschaft arbeitet also üblicherweise mit einer gegebenen Bedürfnisskala, d. h. sie setzt diese voraus; wie sie entsteht, liegt außerhalb ihres eigentlichen Bereiches. *Vershofen* (1959) hat diesen Standpunkt mit der Auffassung vertreten, daß Bedürfnisse erst dann in das Gebiet der Wirtschaft hineinwachsen, wenn sie sich zu Bedarfen verdichten. Als Bedarf bestimmen wir diejenige Größe, die sich als tatsächliche Nachfrage auf dem Markt ausweist. Das Bedürfnis ist somit noch eine subjektive, der Bedarf dagegen schon eine objektivierte Realität. Einige Autoren unterscheiden auch noch zwischen Bedarf und Nachfrage, wobei die Nachfrage den durch Kaufkraft modifizierten Bedarf darstellen soll. Aus Gründen, die wir später noch genauer behandeln, ist eine solche Unterscheidung jedoch nicht stichhaltig genug durchzuführen. Nach der hier vorgetragenen Auffassung begegnet uns in der Nachfrage eine Marktgröße; die Nachfrage ist demnach der marktliche Aspekt des Bedarfes.

Bedürfnis, Bedarf, Nachfrage und Verbrauch sind also eine gedankliche Schrittfolge des ökonomischen Verhaltens. Dabei bezeichnen wir das Bedürfnis nach einem Ausdruck *Scherhorns* (1959) als vorökonomisches, den Bedarf dagegen als ökonomisches Phänomen.

vorökon. Phänomen	ökonom. Phänomen	marktl. Phänomen	nachökon. Phänomen
Bedürfnis	Bedarf	Nachfrage	Befriedigung

Nun ist es aber so, daß diese Größen nicht allesamt gleich sind; nicht alle Bedürfnisse werden auch wirklich auf ökonomischem Wege befriedigt. Bedürfnisse, die unvermittelt befriedigt werden können (Ubiquitäten), treten gar nicht erst in den Bereich der Wirtschaft ein. Es gelangt also nur ein Teil menschlicher Bedürfnisse in den wirtschaftlichen Bereich, der Teil nämlich, der durch den Markt befriedigt werden muß. Allerdings bemächtigt sich der wirtschaftliche Bereich immer weiterer Bedürfnisbereiche oder erzeugt diese.

Wir können uns die Trennungsstriche zwischen den Begriffen Bedürfnis, Bedarf, Nachfrage und Befriedigung bildlich wie ein Sieb vorstellen, durch das jeweils nur ein Teil der ursprünglichen Bedürfnismenge zur nächsten Instanz weitergelangt. Im Sinne unseres Schemas gilt dabei:

(1) Nicht jedes Bedürfnis führt zum Bedarf
(2) Nicht jeder Bedarf führt zur Nachfrage
(3) Nicht jede Nachfrage führt zur Befriedigung

Die erste Hürde kann z. B. durch den Ausfall eines Bedarfsfaktors, etwa der Kaufkraft, nicht übersprungen werden. Das zweite Hemmnis mag darin bestehen, daß der Marktmechanismus fehlt oder nicht intakt ist. So etwas kann durch die Ballung ökonomischer Größen (Konzentration, Monopolbildung) auf dem Markt geschehen. Im dritten Falle könnte es sich darum handeln, daß das erworbene Gut den Anforderungen des Bedürfnisses nicht entspricht und dieses gar nicht oder nur höchst unvollkommen befriedigt. Das Ergebnis wird dann sein, daß das Bedürfnis weiterhin bestehen bleibt oder aber auf Grund der erlebten Enttäuschung erlischt.

Wenden wir uns nun den Möglichkeiten der Befriedigung eines Bedürfnisses zu, so lassen sich theoretisch die folgenden unterscheiden:

(1) *Sofortige* Realisierung
(2) *Aufschub* der Realisierung
(3) *Verzicht* auf Realisierung
(4) *Verschiebung* auf ein Ersatzziel (Generalisierung)
(5) *Verdrängung* ins Individual-Unbewußte

Die letzte dieser Möglichkeiten ist nur der theoretischen Vollständigkeit halber aufgeführt; für die Belange der Verbrauchsforschung ist sie nicht sehr interessant. Beim Verhalten von Konsumenten haben wir es in aller Regel nur mit den vier erstgenannten Fällen zu tun.

Die erste dieser Möglichkeiten — sofortige Realisierung — wirft keine sonderlichen Probleme auf. Es kommt eben zum Kauf; ein Aufschub ist nicht notwendig. Das heute sehr verbreitete Teilzahlungssystem kommt der Möglichkeit nach sofortiger Verwirklichung des Kaufwunsches auch dann entgegen, wenn die Konsumsumme im Augenblick noch nicht zur Verfügung steht. Der zweite Fall — Aufschub der Realisierung — bedarf zur näheren Deutung zunächst einmal der Feststellung, daß Bedürfnisse überhaupt aufschiebbar sind. Es sind insbesondere die sog. dauerhaften Güter, deren Anschaffung disponibel und postponibel ist.

Die dritte Möglichkeit — Verzicht auf Realisierung — erwächst entweder aus Einsicht oder aus Enttäuschung. In den meisten Fällen fehlt solchen Bedürfnissen die notwendige Realitätsanreicherung; sie bleiben Wunschträume, die von vornherein zum Scheitern verurteilt sind und bei denen sich das Individuum oft auch darüber im klaren ist, daß es sich die Erfüllung dieser Wünsche versagen muß. Im allgemeinen vermag der bewußte Verzicht die Bedürfnisspannung auch zu lösen, aber es kann doch vorkommen, daß diese realitätsfernen Wunschträume das

Verhalten des Menschen weiterhin beeinflussen. Zu Bedarfen können sich solche Bedürfnisse freilich nicht verdichten, da sie im Grunde wirklichkeitswidrig sind und nur in der Phantasie ihr Dasein fristen.

Die vierte Möglichkeit — Verschiebung auf ein Ersatzziel — ist im Zuschnitt auf das Verbraucherverhalten besonders interessant. Ein Mann, der ein hübsches Mädchen heiraten möchte, das für ihn aber nicht zu haben ist, sucht sich ein anderes, das dem ursprünglichen Ideal am nächsten kommt (Mechanismus der Verschiebung im Sinne *Freuds*; Prinzip der Generalisierung im Sinne der Lerntheorie). In ähnlicher Weise entscheidet sich auch ein Verbraucher vielleicht zunächst für einen Kleinwagen, obgleich er eigentlich mit einem Mercedes liebäugelt. Ersatzziele sind dadurch charakterisiert, daß sie sich gleichsam »auf dem Wege zum Ziel« befinden, dieses aber nicht oder noch nicht erreichen.

Ersatzziele .... Idealziel

Kontinuum zunehmender Ähnlichkeit

Je weiter das Ersatzziel vom Idealziel entfernt ist, desto geringer wird die Ähnlichkeit. Wenn also unser Käufer in spe sich mit einem Spielzeugauto zufrieden gibt oder gar nur mit Abbildungen des gewünschten Fahrzeuges begnügt, so befindet er sich noch ganz am Beginn des Kontinuums. Im Hinblick auf die Bedürfnismatrix bedeutet dies eine geringe Konvergenz der Resultierenden aus Bedürfnis und Erfüllung; nur die Verwirklichung des Idealzieles verbürgt vollkommene Übereinstimmung.

Man geht nun häufig davon aus, daß das Bedürfnis vom Zustand äußerster Unbestimmtheit allmählich zu einem Zustand äußerster Bestimmtheit gelangt, sich auf diesem Wege zusehends verdichtet und dabei konkretisiert. Man pflegt in diesem Zusammenhang auch von Stabilisierung, Spezialisierung und Fixierung eines Bedürfnisses zu sprechen. Weiter haben wir gesehen, daß mit zunehmender Verdichtung eine Realitätsanreicherung stattfindet, d. h. das Bedürfnis orientiert sich mehr und mehr an der realen Außenwelt, sucht sich mit ihr abzustimmen und erfährt von dort seine Fixierung, die wir als Objektbesetzung des Bedürfnisse bezeichnet haben. Es tritt infolgedessen eine Verlagerung der Antriebsmomente in den Gegenstand auf. Das Objekt übernimmt nun selbst einen Teil der Bedürfnisformung, zumal in den späteren Phasen der Motivation. Die Objektwelt verhält sich zum Bedürfnis nicht neutral, sondern wirkt modellierend darauf ein, gehört also recht eigentlich zu seinem Wesen. Bedürfnisse sind demnach durch hohe Gegenstandsvarianz gekennzeichnet, d. h. sie enthalten kein vorgegebenes Objektrepertoire, das im Bauplan des Gesamtmechanismus enthalten wäre, sondern zeigen eine Tendenz, »der sich ausbreitenden Gegenstandswelt nachzuwachsen, sich immer mehr von den konkreten Zielen her zu konstituieren« (*Lückert*, 1957, S. 77). Ein weitgehende Plastizität vor allem der höheren Bedürfnisse ist die Folge.

Das Bedürfnis in statu nascendi ist also hinsichtlich des Objektes noch relativ unbestimmt, die Zahl der in Betracht kommenden Befriedigungsmöglichkeiten verhältnismäßig groß. Erst mit zunehmender Verdichtung des Bedürfnisses engt sich der Kreis virtueller Kaufgegenstände ein und wird schließlich bei der konkreten Bedarfsäußerung auf nur mehr ein einziges Objekt reduziert. Den unterschiedlichen Konkretisationsgrad von Bedürfnissen kann man sich leicht veranschaulichen, wenn man etwa dem Gefühl des Hungers (unbestimmtes Bedürfnis) den Appetit auf grüne Bohnen (bestimmtes Bedürfnis) gegenüberstellt. Das allgemeinste denkbare Bedürfnis wäre das bloße Vorhandensein eines Kaufwunsches ohne nähere Spezifizierung. Das ist auch keineswegs ein sonderlich absurder Fall, denn wir brauchen uns nur jemanden vorzustellen, dem unerwarteterweise eine größere Geldsumme zugefallen ist und der nun sehr weit streuende Überlegungen anstellt, was er sich dafür kaufen soll. Spezieller wird das Bedürfnis schon, wenn unser potentieller Käufer sich entschließt, etwas zum Anziehen zu kaufen. Das Bedürfnis konkretisiert sich weiter, wenn er sich für den Kauf eines Mantels entscheidet. In der letzten Phase fixiert sich das Bedürfnis an einem bestimmten Mantel, der in der Auslage eines Geschäftes zu sehen ist. Das Bedürfnis hat nun alle Stadien bis hin zur *Objektfixierung* durchlaufen. Zum Bedarf ist es allerdings noch nicht geworden, denn die konkrete Ausführungshandlung steht ja noch aus. Auf dem Wege zur Zielverwirklichung können sich noch zahlreiche Schwierigkeiten ergeben, die einen wirklichen Bedarf gar nicht erst aufkommen lassen: Der Mantel erscheint plötzlich doch als zu teuer. Außerdem fällt unserem potentiellen Käufer jetzt ein, daß er eigentlich auch einen Anzug brauchte. Die Verkäuferin ist ihm nicht höflich genug. Der Mantel entspricht nicht seiner Größe. Bei näherem Hinsehen gefällt ihm auch die Farbe des Mantels nicht. Die Knöpfe scheinen schlecht verarbeitet zu sein. Und so weiter. Wir erkennen deutlich: Zwischen Bedürfniskonkretisation und Ausführungshandlung kann noch ein gewisser Spielraum liegen, der über das tatsächliche Zustandekommen des Kaufes entscheidet.

In den genannten Fällen ist vorausgesetzt, daß der entscheidende Ausgangsimpuls in Form eines graduell unbestimmten Bedürfnisses bereits gegeben und daß der weitere Weg des Bedürfnisses eigentlich nur mehr eine Sache der Auswahl ist. Man könnte infolgedessen mit *Copeland* (1924) zwischen Primärmotiven (die den entscheidenden Anfangsimpuls vermitteln) und Auswahlmotiven (bei denen eine Auswahl zwischen mehreren Produkten oder Firmen vorgenommen wird) unterscheiden. Je intensiver das Primärmotiv, desto konkreter das Bedürfnis und desto leichter die Auswahl.

Nun kommt freilich ein lange zurückgehaltener Einwand zum Zuge. Unsere Überlegung entspricht nämlich in einem sehr wichtigen Punkt nicht der vollen Wirklichkeit. So kann es etwa sein, daß der Anstoß zum Kauf eines Gegenstandes vom Produkt selbst ausgeht, so daß das Primäre eigentlich nicht der innere Drang ist, sondern der äußere Reiz. Wir entdecken z. B. im Schaufenster eines Geschäftes eine schöne Vase und entschließen uns sofort zum Kauf. Es kann also hier keine Rede davon sein, daß das Bedürfnis zunächst unbestimmt sei und sich erst im Endstadium kognitiver Prozesse an ein bestimmtes Objekt binde. Natürlich kann man für den Bestand dieser Vorstellung einen Rettungsversuch machen, indem man sagt, für die Vase habe bereits ein latentes Bedürfnis bestanden, so daß das Bedürfnis durch den Anblick der Vase nicht hervorgerufen, sondern nur angesprochen worden sei. Aber dieser dialektische Rückzug greift nicht durch; er ist schon deshalb nicht stichhaltig, weil nach unserer früheren Aussage die äußeren Objekte aktiv in das Motivationsgeschehen eingreifen, also nicht neutral bleiben. Wir müssen also annehmen, daß in manchen Fällen Bedürfnisse sich erst durch die Objektwelt konstituieren. Daraus ist zu folgern, daß vielfach erst die Existenz eines Produktes das Entstehen eines entsprechenden Bedürfnisses ermöglicht. Offenbar haben wir hier einen völlig anderen Typus der Bedürfnisentstehung vor uns, bei dem der ganze Vorgang rückwärts zu verlaufen scheint: Die Objektfixierung ist nicht das letzte, sondern das erste Stadium des Motivationsprozesses; der innere Drang entsteht erst durch den äußeren Reiz. Kann in einem solchen Fall noch sinnvoll von Bedürfnisverdichtung gesprochen werden? Offensichtlich nicht, denn dieser Vorgang bezieht sich auf jenen anderen Typ der Bedürfnisentwicklung, dessen Charakteristikum der Weg von einer äußersten Unbestimmtheit bis bin zur äußersten Bestimmtheit ist. Der Begriff der Bedürfnisverdichtung ist infolgedessen kein genereller Terminus, der umfassend auf jedes Bedürfnis anwendbar wäre.

Wir kommen so zu dem Ergebnis, daß wir es in der Wirklichkeit mit zwei grundsätzlich verschiedenen Typen von Kaufakten zu tun haben: einmal mit jenen, die auf einem inneren Drang basieren (z. B. einem Hungergefühl) und sich dann konkretisieren (z. B. Appetit auf grüne Bohnen) und zum anderen mit solchen, die auf einen äußeren Reiz zurückgehen (z. B. der Anblick von Eiskrem) und erst danach das Gefühl des Appetits vermitteln. Im ersten Fall wird der Gegenstandshorizont nach einem geeigneten Objekt abgesucht und zwischen mehreren Alternativen gewählt, im zweiten Fall drängt sich der Gegenstand zuerst auf, und die Rückmeldung im Inneren des Individuums bestätigt, ob ein Bedürfnis aufflackert oder nicht. Wir unterscheiden somit:

(1) den *Suchkauf* (Suchverhalten)
(2) den *Reizkauf* (Reizverhalten)

Beim Suchkauf ist der Grad der Rationalität im allgemeinen höher, weil hier tatsächlich eine Entscheidung auf Grund mehrerer Alternativen getroffen wird. Beim Reizkauf kommt alles auf die Situation des Augenblicks an; kann das Bedürfnis nicht sofort befriedigt werden, so erlischt es in der Regel schneller als das Bedürfnis des Suchverhaltens. Der Reiz hat oft nur momentane Wirkung: Am nächsten Tag schon haben wir uns die Sache wieder überlegt; die Appetenzen sind fast verschwunden und die Aversionen, die beim ersten Auftreten des Reizes zurückgedrängt und unmaßgeblich waren, erheblich angestiegen. Wir erinnern uns an das lerntheoretische Appetenz-Aversions-Modell des Konflikts, das hier beim Reizkauf eine besondere Exemplifizierung findet.

Im Falle des Reizkaufs ist das Konsumverhalten auch nicht das Ergebnis von Einstellungen. Bekanntlich werden Einstellungen als Ausdruck der von den kognitiven Prozessen auf bestimmte Objekte gelenkten Motiven angesehen, wobei es um die wahrgenommene Instrumentalität dieser Objekte für die Befriedigung eines Motivbündels geht (*Howard* und *Sheth*, 1969). Auch einer solchen Vorstellung liegt implizit die nicht generell haltbare Formierungsannahme zugrunde.

3.2. *Bedarf als ökonomische Erscheinung*

Nun stellt sich die Aufgabe, ausgehend vom Bedürfnisbegriff, den entscheidenden Schritt in den eigentlich wirtschaftlichen Bereich zu tun, oder anders: das Vorhaben Wirklichkeit werden zu lassen. Denn Bedürfnisse sind nur ein Kräftespiel in latentem Zustand, gleichsam potentielle Energie, die sich nach außen hin noch nicht objektiviert hat. Bedürfnisse sind somit Spannungszustände, die nach einer Handlung drängen. Wir haben es also mit einer Gegebenheit zu tun, die noch auf die entsprechende

Ausführungshandlung wartet. Diese ist zwar vorbereitet, aber noch nicht ausgelöst. Dem Spannungszustand des Individuums fehlt noch der »Durchbruch zur Motorik« (*Lewin*). Freilich ist die Strecke von der inneren Entscheidung (Konfliktlösung) bis hin zur tatsächlichen Realisation oft nur gering; real bleibt sie trotzdem. Wir haben daher vorgeschlagen, zwei Phasen der Verbraucher-Motivation zu unterscheiden: das Stadium der *Vorbereitung* einer Handlung und das Stadium der *Auslösung* dieser Handlung. Vorbereitende Motive führen zur Bildung des Bedürfnisses, auslösende Motive bestimmen hingegen den Weg vom Bedürfnis zum Bedarf. Man kann sich diesen Vorgang etwa nach der Analogie der Explosion eines Pulverfasses vorstellen. Dabei handelt es sich um eine ähnliche Unterscheidung, wie sie die Historiker durchführen, wenn sie z. B. von der Ursache und vom Anlaß eines Krieges sprechen, wobei letzterer die bloße Initialzündung einer tiefer liegenden und bereits latent schwelenden Dynamik darstellt.

Wie kommt es nun aber zur tatsächlichen Handlung? Das wichtigste Bestimmungsmoment ist natürlich das Bedürfnis selbst, seine Intensität, oder wie wir für unsere jetzigen Zwecke einmal stellvertretend sagen wollen: seine Höhe. Die Realisation ist aber nun auch abhängig von den Möglichkeiten und Schwierigkeiten des Weges bis zur konkreten Zielverwirklichung. Bezeichnen wir generell jene Schwierigkeiten auf dem Wege zur Zielverwirklichung mit s, die Bedürfnishöhe dagegen mit h, so erhalten wir folgendes Potential:

$$\frac{h}{s} = \operatorname{tg} \alpha;$$

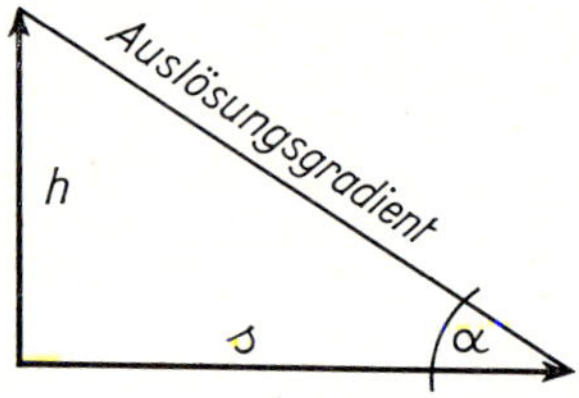

Abbildung 10: Der Auslösungsgradient des Verhaltens

Die Strecke s bedeutet hier nicht lediglich eine realiter anzutreffende Länge (z. B. die Entfernung eines Konsumenten zur Einkaufsstätte), sondern soll in dieser vereinfachenden schematischen Darstellung auch alle Barrieren, Gegenimpulse und Schwierigkeiten subsumieren, die bis zur Vollendung der Bedarfsdeckung eintreten, z. B. Mängel des Marktes, fehlende Markt- und Produkttransparenz. Je länger die Strecke s, desto schwieriger und umständlicher ist die Zielverwirklichung. Der

Ausdruck tg a ist somit das Maß der motorischen Kraft, an der die Chance zur Realisation abgelesen werden kann.

Jeder Mensch ist fortlaufend solchen *Aulösungsgradienten* ausgesetzt[8], die er normalerweise wegen ihrer geringen Steilheit gar nicht bemerkt. Theoretisch ist es möglich, bei einem (informierten) Individuum für jedes Produkt einen entsprechenden Gradienten zu konstruieren. Der Wert von tg a schwankt dabei zwischen Null (im Falle des völligen Nicht-Interesses) und Unendlich (im Falle des unmittelbar zum Durchbruch kommenden Kaufaktes). Jedesmal, wenn sich ein wirtschaftlicher Bedarf objektiviert, ist die Beziehung $h/s = \infty$ realisiert. Der Mensch nimmt nur die steileren dieser Auslösungsgradienten zur Kenntnis; lediglich die steilsten bedrängen ihn unmittelbar. Der steilere Gradient hat jeweils den Vorrang vor dem flacheren. Je größer tg a, desto höher ist der Druck, der zur Auslösung, also zur konkreten Handlung drängt. Der Arme und der Geizige werden nur die allersteilsten Gradienten befriedigen. Der verbrauchsame Konsument verfügt jedoch kaum noch über steile Gradienten, sondern befriedigt seine Bedürfnisse schon bei relativ geringem Steilheitsgrad.

Veränderungen in der Bedürfnishöhe sowie Änderungen in der Schwierigkeit der Ausführungshandlung bewirken ex definitione eine Variation von tg a; der Auslösungsgradient wird flacher oder steiler. Nimmt die Intensität des Bedürfnisses ab und kommt es dennoch zur Ausführungshandlung, so muß angenommen werden, daß der Weg zur Zielverwirklichung (s) in irgendeiner Weise abgekürzt worden ist, etwa durch die Zustimmung eines Bekannten, durch die Verringerung des Preises oder durch ein anderweitiges Entgegenkommen.

Bei einem sehr stark fixierten Bedürfnis ist das Auftreten neuer Gegenimpulse zwar möglich, ihre Wirkung jedoch in der Regel gering. Es muß dann schon eine krasse Veränderung des Reizfeldes vor sich gehen, denn das Individuum ist durch die Fixierung zu einem gewissen Grade gegen neue Reize immun, etwa in der Art, wie ein junger Mann zeitweise blind für andere Mädchen ist, wenn er sich verliebt hat. Die Fixierung an bestimmte Objekte schränkt den Kreis der möglichen Gelegenheiten sehr stark ein; andere Objekte verlieren zum Teil ihren Aufforderungscharakter. Freilich hat die Fixierung keine ganz ausschließende Wirkung, denn es zeigt sich immer wieder, daß auch jene Bedürfnisformierung, die bereits an ein genau umrissenes

8 Vgl. hierzu: *B. Spiegel*, 1961, S. 67. Der von uns verwendete Begriff des Auslösungsgradienten ist nicht identisch mit dem Aufforderungsgradienten (*Spiegel*) und nicht mit dem Zielgradienten (*Hull*).

Objekt fixiert ist und deren Ausführungshandlung im Vornahmeakt schon in allen Einzelheiten vorausbestimmt war, »plötzlich auf andere als im Vornahmeakt vorgestellten Gelegenheiten anspricht und andere als die vorgestellten Ausführungshandlungen veranlaßt« (*K. Lewin*, 1926, S. 47). Modellmäßig ließe sich dieser Fall etwa in der Form darstellen, daß sich der Auslösungsgradient auf dem Wege zur Zielverwirklichung in die dritte Dimension verschiebt.

Als Determinanten der Ausführungshandlung (Bedarfsfaktoren) lassen sich nun in grobem Überblick die folgenden aufzeigen:

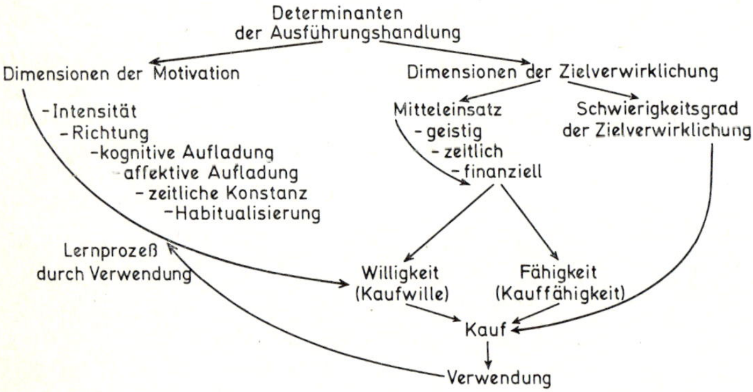

Der Schematismus solcher Darstellungen sollte uns nicht verleiten, diese mit »Theorie« zu verwechseln – wir hatten bereits ausführlich zu den u. E. verfehlten Ansprüchen der sog. Marketing-Modelle zum Käuferverhalten Stellung genommen – sondern sollte nur verdeutlichen, daß die tatsächliche Ausführungshandlung das Insgesamt des Motivationsgeschehens impliziert. Die schematische Gegenüberstellung zwischen äußerem und inneren Geschehen (Situation und Motivation) führt auch gelegentlich dazu, den fundamentalen Zusammenhang zwischen beiden Sphären zu übersehen, der am ehesten in der kognitiven Aufladung von Bedürfnissen zum Ausdruck kommt.

So hat sich etwa in der Ökonomie eine sehr weit verbreitete Vorstellung etabliert, wonach die Kaufkraft (hier speziell als finanzielle Kaufkraft) wie ein Sieb wirkt, das einige Bedürfnisse zuläßt, andere jedoch nicht. Der Bedarf wird also als eine von der Kaufkraft noch völlig unbeeinflußte Größe angesehen; erst in die Nachfrage geht sie sozusagen als selektives Regulans ein. Man glaubt also, daß zunächst das Bedürfnis entsteht, das sich an ein bestimmtes Objekt fixiert und in diesem konkreten Stadium als Bedarf mit der zur Verfügung stehenden Kaufkraft konfrontiert wird. Die Fähigkeit des Mitteleinsatzes entscheide also – so wird behauptet – nach vollendetem Motivationsprozeß darüber, ob ein Bedürfnis befriedigt werden kann oder nicht. Diese Vorstellung der Stufenfolge ist freilich zu sehr vom Ökonomischen her gedacht und stimmt mit dem tatsächlichen Verlauf des Motivationsgeschehens keineswegs überein. Am Beispiel demonstriert würde die hier in Frage gestellte Konzeption etwa so aussehen: Ein Kleinverdiener verspürt das Bedürfnis, sich ein Einfamilienhaus zu bauen. Dieses Bedürfnis konkretisiert sich im Laufe der Zeit und fixiert sich schließlich an einem bestimmten Objekt. Erst jetzt, als er zur Ausführungshandlung schreiten will, fällt ihm ein, daß er ein Kleinverdiener ist und daß sein hochgespanntes Bedürfnis ja gar nicht befriedigt werden kann, da die vorhandene Kaufkraft bei weitem nicht ausreicht. Dieses etwas wunderliche Beispiel mag immerhin dazu geeignet sein, den Irrtum der obengenannten Auffassung zu verdeutlichen, denn die Vorstellung von einem nachträglichen Eingreifen der Kaufkraft als Regulans irrealer Wünsche scheint offenbar der Wirklichkeit nicht zu entsprechen. Vielmehr muß angenommen werden, daß die zur Verfügung stehende Kaufkraft bereits viel früher in den Motivationsprozeß eingreift, die Konkretisation von Bedürfnissen entscheidend mitbestimmt und allzu hochgespannte Bedürfnisse gar nicht erst aufkommen läßt. Die Kaufkraft ist somit ein wesentliches Moment der Realitätsanreicherung eines Bedürfnisses. Unser Kleinverdiener wird also beispielsweise nie auf die Idee kommen, ein Privatflugzeug zu kaufen oder im Theater auf der ersten Reihe zu sitzen; solche Bedürfnisse können sich bei ihm gar nicht erst formieren, geschweige denn konkretisieren. Die verfügbare Kaufkraft erweist sich damit nicht lediglich als Faktor der Bedarfsbildung, sondern bereits als ein solcher der Bedürfnisformierung. Sie ist ein kognitives Element der Realitätsanreicherung von Bedürfnissen.

Der Weg von der Morphologie zur Genetik, den wir hier beschritten haben, weist darauf hin, daß wir den Bedarf nicht als isolierbare Größe oder als expliziten Ausgangspunkt einer Theorie des Verbraucherverhaltens ansehen dürfen und richtet unseren Blick auf die Wesensgleichheit mit vielen anderen Vorgängen, die wir schon kennen. So gehen denn auch alle Elemente, Eigenschaften und Bildungsprinzipien des subjektiven Bedürfnisses in den Bedarf ein. Eigenschaften wie Varianz und Plastizität müßten infolgedessen auch beim Bedarf selbst wieder auftauchen. So ist es in der Tat. Ähnlich wie sich der Bedürfnisstandard zu wandeln pflegt, so muß auch der menschliche Bedarf weitgehend als proteushafte Erscheinung angesehen werden. Er begegnet uns deshalb nicht als Unveränderliches, der menschlichen Natur von jeher Gegebenes, sondern als höchst wandelbares und formbares Faktum. Auch die Rangfolge der Bedarfe ist durchaus relativ; ihr entspricht keineswegs, wie man früher vielfach annahm, eine natürliche oder gottgewollte Ordnung. Sie ist im einzelnen abhängig vom allgemeinen Lebensstandard, der Kulturhöhe, den generellen Normen, den Verhältnissen in der Gruppe, der jeweiligen Wirtschaftslage, dem Stand der Technik, den jeweiligen Erwartungen der Wirtschaftsteilnehmer, von der individuellen Neigung, vom Anspruchsniveau, vom Gewohnheitsrepertoire und vielen anderen Faktoren. Alle diese Bestimmungsmomente begründen eine Hierarchie der Bedarfe (*Halbwachs*), die keineswegs der Ausdruck einer »natürlichen«, sondern schon eher der einer gemachten, d. h. sozialkulturellen Ordnung ist.

Der Gedanke einer »natürlichen Bedarfsstruktur« oder Bedarfshierarchie findet übrigens sein Gegenstück auch in der Motivationslehre selbst. So hat etwa *Maslow* (1954) in seiner Theorie die Auffassung vertreten, daß die Bedürfnisse nach ihrer phylogenetischen und ontogenetischen Entwicklung als dringlich oder weniger dringlich angesehen werden können, wobei die sog. niederen Bedürfnisse zuerst befriedigt werden müssen. So habe etwa die Befriedigung des Durstes den Vorrang vor der des Hungers, die Befriedigung dieses Bedürfnisses wiederum den Vortritt vor dem Sexualtrieb usf. Die höheren Bedürfnisse seien dann entsprechend weiter aufschiebbar und würden erst dann in Aktion treten, wenn die niederen Triebkräfte befriedigt worden sind. Die Theorie *Maslows* hat innerhalb der Verbrauchertheorie einige Beachtung gefunden (z. B. *Newman*, 1966; *Katona*, 1962) und wird auch im Marketing-Bereich immer wieder diskutiert. Die These der Hierarchie von Bedürfnissen, die generell gegeben sein soll, mag in den Bereichen der sog. Elementarbedürfnisse (was die Lerntheorie primäre Motivation nennt) beschränkte Gültigkeit haben, also insbesondere in Bereichen jener Bedürfnisse, die sehr eng an eine physiologische Basis geknüpft sind, also etwa ein »Existenzminimum« kennzeichnen.

Doch sind die Begriffe »Elementarbedürfnisse« und »Existenzminimum« kaum brauchbar, um komplexe Verhaltensweisen von Verbrauchern angemessen zu erklären. Anthropologische Untersuchungen haben sogar gezeigt, daß in den Bereichen, in denen man sinnvoll von »Existenzminimum« sprechen kann, auch bereits eine kulturelle Überformung von Bedürfnissen stattfindet und daß sich zugleich rudimentäre Formen von »Luxuskonsum« auch unter diesen Bedingungen durchhalten lassen. Es scheint, daß Begriffe von natürlicher Hierarchie, Existenzminimum, Luxuskonsum, lebensnotwendiger Bedarf usw. keine brauchbaren Kategorien sind, um das Verbraucherverhalten als gelerntes Verhalten in den Griff zu bekommen.

In dieser Weise konnte auch *Maslows* Theorie empirisch nicht überprüft werden; einige Kritiker meinen auch, daß sie sich einer solchen Überprüfung entzieht, weil zahlreiche Zusatzannahmen erforderlich werden oder die Theorie ganz und gar tautologisch ist. *Scherhorn* (1973) hat neuerdings für den Gedanken der Eigengesetzlichkeit der Bedarfsentwicklung einen Rettungsversuch unternommen, indem er die Vorstellung vertritt, daß alle Grundbedürfnise gleichzeitig vorhanden sind, aber nicht im Gleichschritt befriedigt werden, da zur Befriedigung bestimmter gesellschaftlich und wirtschaftlich stimulierter Bedürfnisse so viele Ressourcen aufgewendet werden, daß für die übrigen nicht genügend übrig bleibt. Diese Vorstellung impliziert wiederum den Gedanken eines »naturgegebenen« Bauplans der Bedürfnisse, eine Auffassung, die die meisten Lerntheoretiker nicht akzeptieren dürften.

Aber der Gedanke der Hierarchie von Bedürfnissen hat noch andere Implikationen. Es kann nämlich angenommen werden, daß ein Konsument zu einem beliebigen Zeitpunkt eine mehr oder weniger ausgeprägte Hierarchie von Bedürfnissen hat (*Howard, Sheth*, 1969, p. 105) und daß zum Zeitpunkt t_1, wenn das »dringendste« Bedürfnis befriedigt ist, das nächstdringende am intensivesten ist. Gemäß den allgemeinen Lerngesetzen kann jedoch auch angenommen werden, daß die Intensität des Bedürfnisses der zweiten Position von der Befriedigung des ersten beeinflußt wird, so daß die schematische Abfolge ins Wanken gerät. Eine interessante Frage ist auch, was geschieht, wenn eine Person in ihrer Befriedigungshandlung des ersten Bedürfnisses unterbrochen wird (*Atkinson*, 1964).

Selbst die Frage der Bedürfnissättigung wird meist ein wenig zu schematisch bedacht; auch viele psychologische Interpretationen sind nicht allzuweit von den ähnlichen Formulierungen der *Gossen*schen Gesetze entfernt. Mechanische Sättigungsprinzipien mögen für manche physiologischen Bedürfnisse wie Hunger, Durst, Wärme, Sexualität in grob quantitativer Form zutreffen. Sie sind jedoch unanwendbar bei den erlernten, zumal den sozialen Bedürfnissen, z. B. beim Leistungs- und Geltungsstreben, bei dem eine Sättigung nicht stattfindet und die ihrem Wesen nach als unabgrenzbar und dynamisch angesehen werden müssen. Man kann hier auf eine alte psychologische Unterscheidung zurückgreifen (*Szymanski*, 1926), die zwischen Restitutionsbedürfnissen und Expansionsbedürfnissen trennte. Die ersteren drängen lediglich auf die Herstellung eines physiologischen Gleichgewichts. Das Wachstum unserer Wirtschaft wird aber ganz entscheidend von den Expansionsbedürfnissen getragen, die die Erreichung eines ständigen Überschusses anstreben. Für solche Bedürfnisse besteht die Neigung, den augenblicklichen Zustand nur als Ausgangspunkt für einen weiteren Zuwachs an Konsumgütern zu betrachten: Man sucht nach neuen Zielen und neuen Konkretionen für die gleichen immerfort wirksamen Bedürfnisse.

Dies zeigt am deutlichsten die *Theorie des Anspruchsniveaus* in Verbindung mit der *Theorie der Leistungsmotivation.* Es kommt zu einer Kumulierung der jeweiligen Niveaus, weil Menschen in der Regel versuchen werden, ihre Erfolgsziele höher zu stecken als es dem augenblicklich erreichten Niveau entspricht (*Lewin, Dembo, Festinger, Sears,* 1944; *Fryer,* 1964). Dieses Leistungsergebnis wirkt dann zurück auf das Selbstbild des Konsumenten; es verschafft Befriedigung nicht allein durch die Nutzung und Verwendung der angeschafften Güter, sondern trägt zur Erhöhung des Selbstgefühls und der Selbsteinschätzung bei (*Krech, Crutchfield, Ballachey,* 1962).

Die fortlaufende Erhöhung der Anspruchsebenen funktioniert jedoch, verfügbare Mittel vorausgesetzt, nur, weil und insofern sich Individuen an anderen Individuen ausrichten. Hier gehen die Theorien des Anspruchsniveaus und der Bezugsgruppe ineinander über (vgl. etwa *Festinger,* 1954). Es muß letztlich darauf ankommen, ob genügend attraktive Bezugspersonen vorhanden sind, die einen vergleichbaren oder höheren Standard realisieren, den nachzueifern erstrebenswert ist. Wenn der Standard der Bezugsgruppe nicht höher ist als der eigene oder vielleicht sogar niedriger, dann wird sich im allgemeinen auch kein Trend nach Anhebung ergeben. Man kann daher sagen, daß der Standard immer um das Niveau der attraktivsten Bezugsgruppe gravitieren wird. Allerdings ist es möglich, daß sich der Vergleich von konkreten Bezugspersonen löst und daß das Streben nach Erhöhung gewissermaßen »blind« geworden ist und gar keinen konkreten Vergleich mehr erfordert. Dies betrifft in lerntheoretischen Kategorien einen Fall der »klassischen Konditionierung«: der ursprünglich neutrale Stimulus (Erhöhung) substituiert den unkonditionierten Stimulus (Vergleich).

Der Frage nach der Entstehung und der Formierung von Bedürfnissen gesellt sich nun eine weitere Frage zu. Wenn schon die Formierung von Bedürfnissen als Lernprozeß darstellbar ist, so ist doch nicht anzunehmen, daß mit der Deckung des Bedarfs das konsumrelevante Lernen aufhört. Der Lernprozeß des Individuums kann nämlich auch durch den Verbrauch selbst gesteuert sein und bei künftigen Handlungen in ähnlichen Situationen bestimmend werden. Modelle des Konsumverhaltens, die bevorzugt mit kybernetischen Systemkategorien arbeiten (*Nicosia*, 1966; *Engel, Kollat, Blackwell*, 1968; *Amstutz*, 1970; u. a.) zeigen dies deutlich auf, am entschiedensten bei *Nicosia*. Diese Rückkoppelung beinhaltet nicht lediglich Komponenten der Zufriedenheit oder Unzufriedenheit, der angenehmen oder unangenehmen Überraschung, sondern es ist anzunehmen, daß im Verlauf der Verwendung des gekauften Gutes neue Funktionen entstehen, die dem Gut gar nicht zugedacht waren (oder umgekehrt). So könnte es beispielsweise sein, daß der Besitz eines bestimmten Konsumobjekts hohen Prestigewert stiftet, der als Kaufmotiv nicht bestimmend gewesen ist. In der Sprache der Motivforschung kann man sagen, daß hier eine nachträgliche Motivanreicherung stattgefunden hat, die bei allen weiteren Anschaffungen in ähnlichen oder gleichen Situationen wirksam werden können. Mit diesen und anderen Motivwandlungen wollen wir uns im nächsten Kapitel eingehender befassen.

4. Motivwandel

4.1. Habitualisierung

Ein sehr wesentlicher Fortschritt der Motivationslehre ist die Erkenntnis, daß Motive sich im Laufe der Zeit verändern können, auch wenn dabei das äußere Verhalten unverändert bleibt. Die Voraussetzung hierfür ist allerdings, daß es zu Wiederholungshandlungen kommt, d. h. daß äußere Situationen wiederkehren, auf die das Individuum mit gleichen Verhaltensweisen reagiert. Dieser Sachverhalt steht im Einklang mit der fundamentalen Tatsache, daß gleiche Verhaltensweisen nicht gleichen Motiven zu entspringen brauchen. Wir interessieren uns also jetzt für das weitere Schicksal der Motive nach vollendeter Motivation. Dabei unterscheiden wir zunächst zwei Formen der Motivumgestaltung: die Sinn*entleerung* und die Sinn*veränderung*.

Der Grundgedanke der Habitualisierung ist der, daß ein Motiv im Laufe der Zeit seinen ehemaligen Sinn zu verlieren beginnt und zum bloßen Klischee, zum sinnentleerten Verhaltensmuster werden kann. *Max Weber* hat hierzu bereits bemerkt, daß vergessene Motive als Konventionen weiter wirksam sind, und *Hellpach* (1953) hat anschaulich von einem Motivschwund gesprochen, bei dem das Verhalten zwar in seiner ursprünglichen Form bestehen bleibt und auf die gewohnte Weise wiederholt wird, während an die Stelle des originären Motivs die bloße Routine tritt. Der spirituelle Sinn ist durch das formale Gerüst überwuchert. Wenn wir aber den Ausdruck Motivschwund beibehalten wollen, so werden wir unserer früheren Aussage untreu, wonach das Motiv in seinem Begriffsumfang die ganze Reichweite des menschlichen Verhaltens erfassen soll; es kann infolgedessen kein motivloses Verhalten geben. Um hieraus die Konsequenzen zu ziehen, müssen wir das Ergebnis der Habitualisierung, nämlich die *Gewohnheit,* als selbständiges Motiv ansehen, das freilich mit dem früheren, erloschenen Motiv recht wenig mehr zu tun hat. Die mechanische Folgsamkeit enthält meist nur noch einen kümmerlichen Motivrest des ursprünglichen Verhaltens[9].

Der Motivschwund ist – lerntheoretisch betrachtet – eine Folge dauerhafter Verstärkung (reinforcement). Bei kontinuierlicher Verstärkung lassen die kognitiven Aktivitäten nach (*Bayton*, 1958), d. h. das Individuum engagiert sich immer weniger in die Aktivität. Es kommt also zu einer kognitiven Entlastung oder Verarmung von Handlungsvollzügen, die gewissermaßen auf eingefahrenen Geleisen ganz automatisch ablaufen.

Eine Reaktion pflegt sich daher in aller Regel nur dann zu habitualisieren, wenn sie bei der oder bei den ersten Handlungen zu einem Erfolg geführt hat, also verstärkt wurde. Dieser Erfolg garantiert in etwa auch die Sicherheit eines gleichen oder ähnlichen Erfolges, wenn in künftigen, analogen Situationen der gleiche Weg eingeschlagen wird. Erfolgreiche Reaktionen werden behalten, erfolglose gehen verloren. Von diesem Erfolg wird sich das Individuum dann auch bei späteren Gelegenheiten leiten lassen. Es bedarf also mehr als des bloßen Beharrungsvermögens, um die Habitualisierung angemessen zu erklären. *Homans* (1969) hat dies deutlich gesehen, wenn er bemerkt, daß Verhaltensweisen unter ähnlichen Umständen auch deshalb wiederkehren, weil jede Abweichung vom Regelmäßigen auf Widerstände stößt. Insofern weisen die Gewohnheiten gemeinsame Züge mit den normativ bestimmten Verhaltensweisen auf; dennoch sollte man sie nicht miteinander verwechseln. Die Gewohnheit ist nichts anderes als die Sicherstellung eines Verhaltens, das sich einst als tauglich erwiesen hat und von dem man annimmt, daß es auch in Zukunft tauglich sein wird. Die Gewohnheit verschafft somit ein Gefühl der Sicherheit, die Abweichung dagegen ein Gefühl der Unsicherheit, des Risikos. Das Verbraucherver-

[9] Der Behaviorismus *C. L. Hulls* kennzeichnet den Aufbau des Verhaltenssystems generell als Habitsystem. Es muß jedoch darauf hingewiesen werden, daß der deutsche Begriff der Gewohnheit nicht identisch ist mit dem Begriff »habit« bei *Hull* (vgl. hierzu im einzelnen *J. A. Bayton*, 1958; *E. Roth*, 1970).

halten ist daher auch als »risk-taking« (*R. A. Bauer* 1960) bezeichnet worden.

Der Mensch ist in vielen seiner alltäglichen Handlungen, in vielen der Nichtigkeiten des Verhaltens, der Anstrengung der Motivbildung enthoben, d. h. er muß nicht jedesmal seine affektiven oder willentlichen Kräfte aufbieten, um zu einer Entscheidung zu gelangen; dies geschieht vielmehr ganz routinehaft, wie von selbst, wie gestern und vorgestern auch. In dieser psychischen Entlastung liegt der positive Sinn der Habitualisierung. Die Automatismen des Verhaltens vollbringen eine Entlastungsleistung, der kognitive Apparat wird gar nicht behelligt; er greift erst bei bedeutsamen Entscheidungen ein. Ohne diese psychische Entlastung wäre der Mechanismus der Motivbildung überfordert. Der menschliche Motivvorrat reicht nicht aus, um alle Verhaltensweisen nach genau definierten Kausalreihen zu determieren. Die Persönlichkeitsentwicklung fördert die »Ausbildung fundierender, stabiler Basisgewohnheiten«, die die »ursprünglich verwendete Motivations-, Versuchs- und Kontrollenergie entlastet und nach oben hin abgibt« (*Gehlen* 1950), des menschlichen Verhaltens läuft also gleichsam blind ab, nach Gesetzen der Mechanik, nach eingeschliffenen Verhaltenskanälen. Die Entlastungsleistung gilt für den ganzen Umkreis der menschlichen Aktivität: das Verhalten selbst, die Motive und die Meinungen, die durch Habitualisierung allmählich einzementiert werden.

Wirtschaftliches Verhalten ist demnach keineswegs fortwährende Anpassung an sich dauernd ändernde Umweltbedingungen, sondern ein buntes Gemisch aus bewußten Handlungsvollzügen, unbewußten Motivreihen und selbständig ablaufenden Reaktionsautomatismen.

Zunächst müssen wir nun die Frage beantworten, welche Verhaltensweisen überwiegend habituell erfolgen und bei welchen wir die Gewohnheitshandlungen nicht antreffen. Daß es überhaupt zu einem habituellen Verhalten kommt, setzt ja, wie schon gesagt, voraus, daß eine Entscheidung wiederholt erfolgt und daß die gleiche oder eine ähnliche Situation mehrfach auftritt. Der Kauf eines Einfamilienhauses ist daher niemals eine Gewohnheitshandlung. Die Anschaffung eines Automobils wird dann habituell erfolgen, wenn unser Konsument recht häufig einen neuen Wagen kauft und dabei seinem Modell treu bleibt. Der eigentliche Bereich des habituellen Verhaltens liegt aber bei anderen Gütern, etwa bei Zahnpaste, Waschmitteln, Schuhcreme, Spirituosen, Benzin u. dgl.

Generell kann unsere Frage also dahin beantwortet werden, daß habituelles Verbraucherverhalten im Bereich des periodischen Bedarfs häufig, auf dem Sektor des aperiodischen Bedarfs seltener und im Bereich des einmaligen Bedarfs überhaupt nicht auftreten wird (vgl. hierzu auch *Katona*, 1960, 1962).

Bedarf	*Verhalten*	
	habituell	nicht habituell
periodisch	××	
aperiodisch	×	×
einmalig		××

Das Auftreten habitueller Verhaltensweisen hat nach unseren Überlegungen ferner etwas zu tun mit der Größe des Kaufobjektes. Danach gilt allgemein, daß mit zunehmender Bedeutung des Konsumgutes die Habitualisierung tendenziell abnehmen wird. Das ist ganz einfach damit zu erklären, daß bei größeren Objekten eine entsprechend wichtigere Entscheidung getroffen wird, die in stärkerem Maße in das Leben des Individuums eingreift. Aber bei kleineren Dingen braucht das Bewußtsein gar nicht erst behelligt zu werden. Dieser Entlastungsvorgang führt dann gleichzeitig zu einer stereotypen Behandlung der Umwelt: So kann z. B. die Vorstellung des Verbrauchers von einem Produkt die Gestalt eines *Stereotyps* annehmen. Insofern wird im dritten Problemkreis dieser Arbeit vom Produkt als eines stereotypen Systems die Rede sein. Das Stereotyp zeigt dann die gleichen Kräfte der Beharrung; sie sind hier lediglich auf das Objekt übertragen. Daraus erwachsen dann – wir behandeln das alles noch im einzelnen – erhebliche Schwierigkeiten in der Abänderung eines bestehenden Produktbildes, denn der Widerstand gegen alle Neukombinationen beruht vor allem auf der Kritikfestigkeit und Einwandsimmunität gegenüber widersprechenden Argumenten. Diese Immunität ist Gegenstand der Theorie der kognitiven Dissonanzen (*Festinger*, 1957; *Brehm*, *Cohen*, 1962).

Die Habitualisierung ist zweifellos eine der wichtigsten Ursachen der sog. *Markentreue*. Es besagt freilich noch recht wenig, wenn man sagt, Markentreue sei das Ergebnis eines Lernprozesses (z. B. *Howard* und *Sheth*, 1969, pp. 229 ff.); dies gilt für alle anderen komplexen Verhaltensweisen im Umkreis des Konsums ja auch. Die Motive können dennoch auf unterschiedlicher Ebene liegen. Markentreue kann einmal das Ergebnis einer affektiven Bindung an ein Konsumgut oder Fabrikat sein. Man kann ferner aus Unsicherheit treu bleiben, indem man dem Neuen mißtraut. Man kann aber auch mit Überlegung treu bleiben, indem alternative Güter geprüft und verworfen werden. Man kann sich aber schließlich auch einfach an ein Fabrikat »gewöhnt« haben, etwa den Geschmack einer Zigarette, die Form eines Autos, die Handlichkeit einer Verpackung. Markentreue kann also das Ergebnis sehr komplexer Motivationen sein.

Kuehn (1962) und *Kuehn* und *Day* (1964) sowie *Howard* und *Sheth* (1969) haben Markentreue und Markenwechsel als Ergebnis von Lernprozessen anhand bestimmter probabilistischer Lernmodelle (*Estes, Bush-Mosteller*) gedeutet. Diese Modelle, deren erfahrungswissenschaftliche Relevanz bereits erörtert wurde, besitzen eine sehr eingeschränkte Prognosefähigkeit, entbehren jedoch der empirischen Basis und haben – wie schon gezeigt – keinerlei motivationale Relevanz.

Natürlich braucht sich die Habitualisierung des Verhaltens nicht ausschließlich auf bestimmte Produkte zu beschränken. Sie kann sich z. B. auch auf jeweils bevorzugte Einkaufsstätten beziehen und zur Vorliebe für ein bestimmtes Warenhaus oder Fachgeschäft führen. Wir sind beispielsweise gewohnt, Lederwaren nur im Geschäft A zu kaufen, Lebensmittel dagegen nur im Warenhaus B. Und weil wir unsere Lebensmittel dort kaufen, ist es uns Gewohnheit geworden, immer gleich größere Mengen zu erwerben, denn der Weg zur Einkaufsstätte ist lang. So zieht die eine Gewohnheit andere nach sich; es kommt zur Gewohnheitsverkettung, die uns im Laufe der Zeit zu einem selbstverständlichen Verhaltensmuster wird. Desgleichen gewöhnen wir uns an bestimmte Personen; wir sind es gewöhnt, immer von der gleichen Dame frisiert zu werden, immer von »unserem« Verkäufer bedient zu werden usw. Wir vertrauen dem Bekannten mehr als dem Unbekannten; alles Unbekannte gibt uns das unbehagliche Gefühl der Gefahr, der Unsicherheit, der Dissonanzgefährdung, des leisen Unbehagens (*R. A. Bauer*, 1960).

Jedoch sind Innovatoren, z. B. im modischen Bereich bereit, gewisse Risiken einzugehen, um das soziale Prestige der Innovation auszukosten (vgl. *Ch. W. King*, 1966). Aus vielen Untersuchungen gerade aus dem modischen Bereich wissen wir aber auch, daß Neuerungen in irgendeiner Weise am Bewährten anknüpfen müssen, um nicht als unüberwindliche kognitive Dissonanz zu wirken.

Wenn wir von der Habitualisierung des Verbraucherverhaltens sprechen, dürfen wir nicht nur an bestimmte Einzelhandlungen denken, sondern müssen auch einen Blick auf ganze Verhaltenskomplexe werfen. So spricht man etwa von einer Habitualisierung des Lebensstandards. Die Tendenz zur Beibehaltung eines bestimmten (gewohnten) Bedürfnisstandards haben wir vor allem gegenüber Einkommensänderungen kennengelernt. Bei Erhöhung des Einkommens werden wir im allgemeinen auch den Lebensstandard erhöhen, aber meist nicht im gleichen Ausmaß der Einkommenssteigerung. Umgekehrt kann uns auch eine

Minderung des Einkommens nur schwer dazu bewegen, den einmal erreichten Standard aufzugeben und die Lebenshaltung zu reduzieren. Auch hier beobachten wir also eine Tendenz der Beharrung; der Begriff des Lebensstandards ist im wesentlichen eine habituell bestimmte Größe. Darin liegt auch der wichtigste Grund für die Geltung des *Keynes*schen Gesetzes.

Die Habitualisierung umgreift auch das Sparverhalten. Wir haben uns etwa daran gewöhnt, allmonatlich eine bestimmte Geldsumme zu sparen und gehen davon nicht ab, auch wenn sich die Einkommensverhältnisse ändern. Durch Bausparverträge, Lebensversicherungen, usf. werden solche Gewohnheitsbildungen entsprechend institutionalisiert. So sind in der Regel Beträge, die nicht unter die Sparte des diskretionären Geldes fallen, solche Einkommensbeträge, die habituell festgelegt sind. Habituelle Aufwendungen haben aus diesem Grunde meist den Charakter »fixer« Ausgaben, eben deshalb, weil sie in regelmäßiger Wiederholung vorgenommen werden und weil es bei ihnen nicht jedesmal von neuem zur bewußten oder unbewußten Entscheidung kommt. Überhaupt ist es bei den Reaktionsautomatismen die Unterscheidung zwischen bewußten und unbewußten Handlungsvollzügen nicht mehr recht brauchbar. *Freud*, der ansonsten die psychischen Prozesse mit so großer Vollendung erforschte, hat wohl aus diesem Grund den Reaktionsautomatismen auch nicht die Beachtung geschenkt, die ihnen im täglichen Leben zukommen. Eine direkte Determination durch das Unbewußte verzeichnen wir hier nämlich nicht; es ist daher eher richtig zu sagen, habituelles Verhalten verlaufe gedankenlos, als es in die unbewußten Vorgänge einzuordnen. Die Gedankenlosigkeit der Gewohnheitshandlungen ist in einem bestimmten Sinn sogar erwünscht, denn wir haben ja bereits gesehen, daß eine fehlende Stabilisierung des Verhaltens durch Automatismen für den Betroffenen eine schwere Belastung an Affekt- und Willensaufwand bedeuten würde und einer fatalen Belästigung gleichkäme, der das Individuum gar nicht gewachsen ist. Der automatische Ablauf tritt an die Stelle fallweise zu vertretender Entschlüsse. Insofern handeln wir mitunter automatisch, d. h. nach eingeschliffenen Verhaltenskanälen, die mit fortschreitendem Alter der Persönlichkeit das Handeln auch in zunehmendem Maße bestimmen. Sicherlich wachsen diese Verhaltensweisen auf einer ehemals echten Entscheidung, und im automatischen Ablauf bekundet sich nur das stereotype Wiederholen einer einmal sinnvoll gewesenen Handlung. Wenn sie zur Gewohnheit geworden sind, leiden sie jedoch an kognitiver Verarmung.

4.2 Autonomisierung

Der Prozeß der Überschichtung und Überlagerung im Motivgeschehen ist wohl zunächst von *Freud*, später vor allem von *Allport* näher untersucht worden. Das Theorem der funktionellen Autonomie der Motive (*Allport*) besagt, daß sich Motive aus anderen Beweggründen entwickeln und hierbei Eigenständigkeit gewinnen können. Es handelt sich dabei um Motivabkömmlinge, die unabhängig von den ursprünglichen Motiven ihr Eigenleben zu führen beginnen. »Die Wirksamkeit dieser neuen Einheit hängt nicht davon ab, daß die Einheiten wirksam bleiben, aus denen sie sich entwickelt hat« (*Allport*, 1949, S. 198). Am Beispiel: Ein Konsument erwirbt ein Kraftfahrzeug aus den bekannten Gründen des Geltungsnutzens. Als Besitzer des Automobils bekommt er zusehends mehr Freude am Autofahren; völlig neue Verhaltensmöglichkeiten erschließen sich ihm. Das ursprüngliche Kaufmotiv hat sich im Laufe der Verwendung gewandelt. Das gegenwärtig wirksame Motiv braucht mit seiner Genese nichts mehr zu tun zu haben; es ist autonom geworden.

Auch der Mechanismus der *Sublimierung* (nach *Freud*) läßt sich als Unterfall der Autonomisierung ansehen. Die Sublimierung kennen wir als die Ausbildung neuer, veredelter Motive aus ursprünglichen Triebanlagen, z. B. künstlerische Betätigung als Sublimation eines gehemmten Sexualtriebes oder generell: die Entwicklung verfeinerter Bedürfnisse aus sog. Elementarbedürfnissen. So dient etwa das Wohnbedürfnis nicht nur dem Streben nach Wärme und Unterschlupf, sondern auch dem nach Behaglichkeit und Kultur, das Nahrungsbedürfnis nicht nur dem Streben nach Stillung des Hungers, sondern auch dem nach Ästhetik und Genuß. Solche Fälle der Motivanreicherung (Motivveredelung) sind aber nur ein spezieller Fall der Autonomisierung; bei dieser bleibt es noch offen, ob das neue Motiv höher oder niedriger einzustufen wäre, bei jener aber findet eine Umwandlung in »höhere« (geistige) Bedürfnisformen statt. Autonomisierung bezeichnet also den generellen Vorgang (Motivumwandlung), Sublimierung hingegen den spezielleren Fall (Motivveredlung).

Motive haben also die Tendenz, sich zu wandeln und ihren ursprünglichen Sinn zu verändern, denn das Verhalten schöpft neue Möglichkeiten für die Ausbildung von Motiven, die vorher dem Individuum unbekannt waren. Die Diagnose eines Motivs kann allerdings nur auf seine gegenwärtige Wirksamkeit hin erfolgen, da die genetischen Ursachreihen abgerissen bzw. abgestorben sind. Wir können daher bei der konkreten Analyse eines Verhaltens nie mit Sicherheit sagen, ob es sich um ein ursprüngliches Motiv handelt, das beim Kaufvorgang selbst maßgebend war oder ob wir nur ein abgeleitetes Motiv vorfinden, das erst während der Verwendung eines Produktes aufgetreten ist. Die empirische Motivforschung steht hier zur Zeit vor einer noch weitgehend ungelösten Aufgabe. Der Thematic Apperception Test scheint dabei noch am besten geeignet zu sein, autonomisierte Verhaltensweisen unter Kontrolle zu bekommen.

Die Unterscheidung zwischen originären und derivativen Motiven führt uns zu dem wichtigen Begriff der *Motivstaffelung (Toman*, 1954), denn die Längsschnittanalyse zeigt ein ähnliches Bild wie etwa beim Staffellauf. Die Motive lösen einander ab; die ursprüngliche Wirksamkeit der alten Motive beginnt zu verblassen. Neue Motivreihen treten in Aktion und gehen Neukombinationen in verwandelter Gestalt ein. Vorausgesetzt bleibt stets, daß die Verhaltensweisen dabei die gleichen bleiben und sich nur durch ihre zeitliche Divergenz voneinander unterscheiden. Die Fähigkeit des Menschen, Motive zu staffeln, geht Hand in Hand mit der Entwicklung der Persöhnlichkeit, insbesondere der des Ich. Gerade dadurch wird offenbar, warum die Motivstrukturen im allgemeinen komplizierter sind, als *Freud* ursprünglich angenommen hatte: eben deshalb, weil ein Motiv auf dem anderen aufbaut und weil dieser innere Wandel im Falle der Autonomisierung am äußeren Verhalten nicht registriert werden kann.

Der folgende Versuch einer gestalttheoretischen Erklärung der Autonomisierung verträgt sich gut mit dem bisher Gesagten: Wir stellen uns zu diesem Zweck zwei verschiedene Ebenen einer

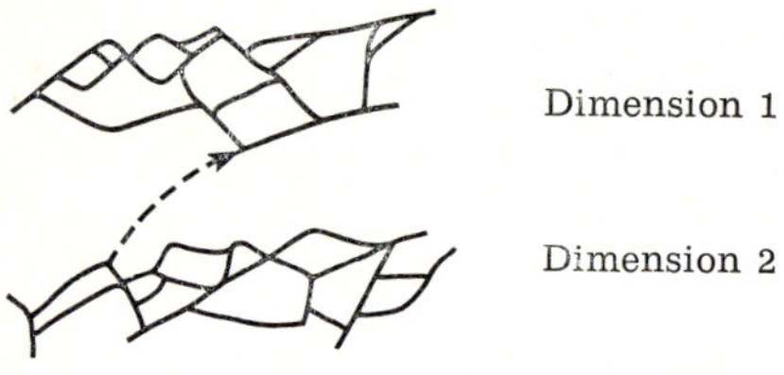

Abbildung 11: Verschiebung zwischen zwei Motivebenen, topologisch gesehen

Motivstruktur vor, von denen die eine räumlich über der anderen lagert. Beide Teilstrukturen liegen also in verschiedenen Dimensionen. Im Falle der Motivwandlung findet eine Verschiebung in die andere Dimension statt, gleichsam ein Einrasten auf die topologisch darüber oder darunter liegende Strukturebene, ähnlich wie bei einem brennenden Haus der Funke auf das Nachbarhaus übergreifen kann. Das Motiv sucht gleichsam

Anschluß an eine andere Motivstruktur und findet ihn meist bei seinen topologischen Nachbarn. Daraus wäre nun die Folgerung zu ziehen, daß die menschlichen Motivstrukturen nicht in isolierten Systemen lagern, sondern in gegenseitigem Motivaustausch stehen.

Ein ähnliches Prinzip wie das der funktionellen Autonomie ist das lerntheoretische Prinzip der Selbstverstärkung (vgl. *Hummell*, 1969). Dieses Prinzip besagt, daß ein Verhalten selbst zum »intrinsic reward« wird. Es handelt sich um reaktionsproduzierte Stimuli, die von Belohnung und Bestrafung weitgehend unabhängig werden. Die »responses« können nun nicht nur durch die ursprünglichen Stimuli ausgelöst werden; die verhaltenserzeugten Stimuli werden zu sekundären Auslösern des Verhaltens.

Es kann etwa der Kaufvorgang zum selbständigen Ziel des Verhaltens werden: Der Kaufvorgang wird eigentliches Motiv. So berauscht sich etwa eine Hausfrau, die Geld zum Einkaufen hat, am Akt des Einkaufs. Die Freude daran wird durch alle Möglichkeiten der Selbstbedienung, des Wühlens im Warenhaus, des auftrumpfenden Massenansturms beim Saison-Schluß-Verkauf wesentlich verstärkt und kann sich – wie bereits erwähnt – zur kollektiven Kaufwut und zum Kauftaumel steigern. Das Verhalten ist, wie wir sagen können, auf sich selbst rückbezogen; das Objekt selbst tritt in den Hintergrund.

Dort liegt zum Teil auch das begründet, was *Vershofen* als Erbauungsnutzen und die davon abgeleitete »Kauffreude« bezeichnet hat. *Vershofen* schreibt hierzu »... Wir (werden) unmöglich an dem Erlebnis vorbeigehen können, das man allgemein als Schaffensfreude bezeichnet und das beim Tausch oder Kauf als Auswahl- oder Kauffreude in Erscheinung zu treten pflegt« (1959, S. 87). Der Kaufvorgang ist demnach als »schöpferischer Akt« nicht nur ein unwesentliches Appendix des Verbraucherverhaltens, sondern kann durchaus zum Mittelpunkt des Handelns selbst werden. Das Warenerlebnis wird in dieser Weise vom Kauferlebnis überschattet.

Die Freude am Geldausgeben, die im Wort »Kauffreude« anklingt, haftet oft unmittelbar am Geld selbst. *Adorno* hat das deutlich gesehen: »... recht eigentlich betet der Konsument das Geld an, das er selber für die Karte zum Toscaninikonzert ausgegeben hat. Buchstäblich hat er den Erfolg »gemacht«, den er verdinglich und als objektives Kriterium akzeptiert, ohne darin sich wiederzuerkennen. Aber »gemacht« hat er ihn nicht dadurch, daß ihm das Konzert gefiel, sondern dadurch, daß er die Karte kaufte« (1956, S. 19). Solche Möglichkeiten der Substitution sind keineswegs nur nachträglich in den Sachverhalt hineininterpretierte Reaktionen, auch nicht irgendwelche Paradoxa, die zwar auch irgendwann einmal vorkommen, aber nicht symtomatisch für das Verhalten von Konsumenten zu sein brauchen.

4.3. *Rationalisierung*

Nach der Habitualisierung und Autonomisierung behandeln wir nun als dritten Unterfall des Motivwandels die sog. *Rationalisierung*[10], bei der zumindest auf den ersten Blick einige Bedenken bestehen, sie in einem Atemzug mit den vorgenannten Fällen zu nennen. Wir erinnern uns, daß wir bisher identisches Grund- und Folgeverhalten im Zeitablauf untersuchten und dabei einen Motivwandel feststellten. Die Motive — so fanden wir — tauschen sich aus, indessen das Verhalten unverändert bleibt.

Die Rationalisierung betrifft jedoch zunächst keinen objektiven Tatbestand der Motivwandlung. In ihr vollzieht sich vielmehr ein subjektiver, erlebnismäßiger Prozeß. Die Rationalisierung ist eine Weise, wie sich Verhalten motiviert. Unter Motivierung in diesem engeren Sinn verstehen wir den bewußt werdenden, erlebnismäßigen Reflex einer Handlung. Hierbei wird angenommen, daß ein Motivkomplex in das Bewußtsein eingeht und auf diesem Wege einer durch die Feldkräfte des Bewußtseins bedingten Veränderung unterliegt. Motive werden also im Falle der Rationalisierung anders bewußt als es ihrer tatsächlichen Wirkung entspricht.

Wie kommt das Bewußtsein dazu, das Verhalten zu rationalisieren? Rationalisieren heißt, etwas mit rationalem Inhalt füllen, was vorher nicht in dieser Weise rational gewesen ist. Anders: Das Bewußtsein hat solche »irrationalen« Motive in rational verstehbare umzumünzen, um so den äußeren Anschein des Vernünftigen zu erwecken. Das Bewußtsein bemüht sich gleichsam, etwas von der Tätigkeit des Unbewußten zu erfahren. Da nun aber das Ich nach einem anderen Prinzip arbeitet, nämlich nach dem Realitätsprinzip, bleiben ihm die Inhalte des Unbewußten im Grunde fremd. Es kann die ursprünglichen Motive niemals unvoreingenommen beurteilen. Die Wirksamkeit des Unbewußten ist dem Ich rational nicht verstehbar und an der Realität nicht erläuterbar. Da es aber ein rational nicht zumutbarer Zustand ist, Dinge zu tun, von denen man nicht weiß, warum man sie tut, greift das Bewußtsein gewissermaßen zur Selbsthilfe und modelliert das Motiv nach Maßgabe des eigenen Gesichtskreises sowie den Anforderungen der Gesellschaft, die Rationalität als

10 Die Rationalisierung als psychischer Mechanismus ist erstmals von *Freud* entdeckt und später insbesondere von *Vierkandt* in seiner vollen Tragweite erkannt worden.

Wert interpretiert, um (vgl. *Wiswede* 1963, 1972a). *Hofstätter* bemerkt hierzu, daß die subjektiv erlebte Motivlosigkeit einen psychisch schwer erträglichen Spannungszustand bewirkt und daß das Individuum bestrebt ist, diesen Spannungszustand abzubauen (1949, S. 3). »Mit dem Schwebezustand des erlebten ›Ich weiß nicht!‹ sind innere Spannungen verknüpft, die sich nach der Anerkennung irgendeiner Patentlösung sofort sehr verringern[24].« *Hofstätter* nennt diese Erscheinung das Horror-Vacui-Prinzip, das die Flucht vor der Indifferenz bewirkt (vgl. auch *R. B. Zajonc*, 1960, S. 295).

Dieser Spannungszustand des Motivvakuums (*Wiswede*, 1963) ist auch aus den verschiedenen kognitiven Theorien ableitbar, vor allem aus der Vakuumtheorie von *Conant* (1947) oder der Dissonanztheorie von *Festinger* (1957).

Aus dem Gesagten könnte nun etwas voreilig der Schluß gezogen werden, daß der Vorgang der Rationalisierung willentlich verlaufe, so daß er der bewußten Lüge gleichkommt. Das kann freilich so sein. Wir haben beispielsweise einen unüberlegten Kauf getätigt und beginnen auf dem Heimweg angestrengt nach einer Ausrede für die vermutlich räsonierende Ehefrau zu suchen. Das ist der Fall der bewußten Rationalisierung. Hier wird ein bewußtes Scheinmotiv nach außen hin vorgeschoben, dessen Fadenscheinigkeit dem Individuum selbst durchaus bekannt ist.

Die Rationalisierung braucht indessen keineswegs immer bewußt zu verlaufen. Der Mensch hat ja keineswegs Zugang zu allen seinen Bewußtseinsstufen, und er muß mit dem vorliebnehmen, was ihm das Individual-Bewußte als Motiv anbietet. Denn nur dieses ist ihm zugänglich und infolgedessen weiß er auch nichts von den Umgestaltungen, die das ursprüngliche Motiv auf seinem Instanzenweg erfahren hat. Das ist dann jener Fall, bei dem das Individuum sich das tatsächlich wirksam gewesene Motiv selbst nicht eingestehen will. Der Befragte wird sich mit voller Überzeugung gegen das ihm unterstellte Motiv verwahren und erklären, daß ihn nur vernünftige und lautere Motive zu seiner Handlung bewogen haben. Das Individuum lügt nicht bewußt, sondern glaubt fest an das, was es sagt. Wir sprechen in solchen Fällen von Kulissenmotiven und unterscheiden insofern:

(1) Das *Scheinmotiv* (bewußte Rationalisierung)
(2) das *Kulissenmotiv* (unbewußte Rationalisierung)

Um auch hier wieder eine gestaltpsychologische Interpretation des gleichen Sachverhalts anzufügen, die sich mit der schichtpsychologischen recht gut verträgt, kann der Motivmangel als Lücke einer außerordentlich festen Gestalt (Struktur) angesprochen werden (*Spiegel*, 1958, S. 24). Infolge des hohen Gestaltdruckes sucht sich diese Lücke mit allen sich bietenden Gelegenheiten zu schließen. Da das Originalmotiv, das die Lücke eigentlich schließen müßte, jedoch unzugänglich ist, springt ein bewußtes Argument (gleichsam als Lückenbüßer) ein »und zwar dasjenige, das sich topographisch der Lücke am nächsten befindet, d. h. mit anderen Worten dasjenige, das sich seinem Sinngehalt nach am ehesten einfügt« (S. 24).

Diese Erscheinung der Kaschierung von Motiven macht uns mißtrauisch gegen alle Annahmen, das Verbraucherverhalten müsse in irgendeiner, in mehr oder weniger diffuser Weise doch »rational« sein. Der Begriff der Rationalität dürfte viel zu plump sein, um verhaltenstheoretische Erklärungen damit zu produzieren. Auch die seit *Max Weber* verbreitete Auffassung, daß unser Leben immer rationaler werde und daß Rationalität daher in die Motivationen der Individuen eingehe, dürfte die Rationalitätsmöglichkeiten des Menschen überschätzen, so daß man sogar umgekehrt formulieren kann: »Je stärker Rationalität als Norm und Wert im sozialen System institutionalisiert ist, desto eher neigen Individuen dazu, nicht-rationale oder unsichere Entscheidungen im Ausmaß der vermeintlichen Inkongruenz zu rationalisieren.« (*Wiswede*, 1972a, S. 390).

Das Prinzip der Tarnung hat deshalb die Motivforschung dazu veranlaßt, beim empirischen Vorgehen den Antworten von Befragten mit großem Mißtrauen zu begegnen, wenn es sich um die Ermittlung von Kaufmotiven handelt. Als Ausweg ist daher vielfach die Anwendung indirekter Methoden der Exploration betrachtet worden, bei denen der Proband die Situation nicht recht durchschaut und insofern die Antworten nicht bewußt fälschen kann. Dadurch hofft man die Rationalisierung als erlebnismäßigen Reflex des Verbraucherverhaltens auszuschalten, indem das Bewußtsein gleichsam umgangen wird und die Befragung sich sogleich an »untere« Bewußtseinsstufen richtet. Man muß sich jedoch darüber im klaren sein, daß eine solche Umgehung in den seltensten Fällen ganz gelingt. Zweitens muß dem Umstand Rechnung getragen werden, daß ja keineswegs alle Motive rationalisiert werden, sondern nur solche, die in großer Ichferne wurzeln. Um drittens muß bei den rationalisierten Motiven auch der Unterschied zwischen Schein- und Kulissenmotiven gemacht werden, was im Einzelfall schwer zu trennen ist.

Die Rationalisierung ist ferner für die werbliche Strategie von Belang, der es nicht nur darauf ankommen kann, irrationale Motive zu mobilisieren, oder das Produktbild den Vorstellungen des Verbrauchers anzugleichen, sondern die gleichzeitig den notwendigen Füllstoff für die rationale Anreicherung des Motivvakuums liefern muß. Ihre Aufgabe würde dann zusätzlich darin bestehen, dem Bewußtsein die Rationalisierungsarbeit gleichsam abzunehmen und die passende Rationalisierung mit dem Produkt dazuzuliefern. Das Individuum wird damit psychisch entlastet und ist somit leichter zum Kauf bereit, als wenn es sich erst mit großer Anstrengung Schein- oder Kulissenmotive erfinden muß, um sich zu tarnen.

Es bleibt die Frage, inwiefern die Rationalisierung tatsächlich Einfluß auf das Verbraucherverhalten hat, denn nach unserer bisherigen Darstellung hat es doch den Anschein, als wäre die Rationalisierung ein rein subjektiver, erlebnismäßiger Vorgang, der selbst auf das Verhalten und seine Motivdynamik keinerlei Einfluß hat, sondern dieses Kräftespiel nur nach außen hin tarnt. Wenn dem so ist, dann kann freilich nicht eingesehen werden, weshalb wir diesem subjektiven Prozeß im Rahmen der Motivationslehre solche Bedeutung beimessen, denn in solchem Falle wäre die Rationalisierung doch im Grunde nur von methodischem Interesse.

In einer älteren Arbeit von *Vierkandt* können wir jedoch das Folgende lesen: »Jedermann kennt aus seinem eigenen Leben die Tatsache, daß er für irgendwelche Handlungen oder Erklärungen, zu denen er selbst von außen veranlaßt war, rationale Gründe anzuführen vermag; er selbst glaubt in der Regel an ihre Realität; in Wirklichkeit sind sie aber erst nachträglich entstanden und haben demgemäß ursprünglich sein Tun nicht beeinflußt. Wohl aber können sie infolge naheliegender Verschmelzungsvorgänge und wegen ihrer auf der Hand liegenden Zusammenhänge mit dem Selbstgefühl bei einer Wiederholung derselben Handlung nachträglich zu einer solchen Rolle gelangen«. (*Vierkandt*, 1908, S. 106).

Auf den letzten Satz kommt es hier an, und wir müssen sehr darauf achten, ihn nicht nur in seiner logischen Konsequenz, sondern auch in seiner vollen Tragweite zu bedenken. Offenbar wird hier mit der Auffassung gebrochen, daß wir es bei der Rationalisierung ausschließlich mit einem subjektiv-erlebnismäßigen Vorrang zu tun haben. Dagegen wird behauptet, daß die Vorstellung, die jemand über seine Motive hat, bei späteren Wiederholungshandlungen objektiv mitwirken kann, obwohl sie ursprünglich keine Rolle spielte.

Die Persönlichkeitstheorie gibt uns auch sofort das Mittel in die Hand, diesen merkwürdigen Prozeß zu deuten. Das Bewußtsein, so wissen wir, erfährt von der Tätigkeit des Unbewußten und formt das Motiv in einer ihm eigentümlichen Weise um. Das Individuum hält dieses deformierte Motiv zumindest im

Falle der unbewußten Rationalisierung für den wahren Beweggrund seines Verhaltens. Das rationale Motiv bleibt jedoch in dieser veränderten Gestalt im Ich haften, d. h. es verblaßt noch nicht sofort, sondern nistet sich dort ein. Nun hatten wir aber in der Strukturauffassung der Persönlichkeit gesehen, daß das Individual-Bewußte (das Ich) zu eigenen Motivleistungen fähig ist, daß es also autonome Motivkräfte entfalten kann. Daraus folgt hinwiederum, daß das rationalisierte Kulissen- oder Scheinmotiv für künftige Verhaltensweisen objektiv bestimmend werden kann. Die Rationalisierung und die dabei auftretenden Deckmotive vermögen unter diesen Umständen reale prospektive Motive zu werden. Damit ist der Vorgang der Rationalisierung a posteriori in einen objektiv das Verhalten beeinflussenden Prozeß verwandelt worden. Man kann dies auch so formulieren, daß Schein- und Kulissenmotive beim Folgehandeln als *Kognitionen* weiterwirken.

DRITTER PROBLEMKREIS:

Die Verbraucher-Kommunikation

1. Kommunikationsobjekte

1.1. Begriff des Produktbilds

Wir unterscheiden zwei Formen, wie der Mensch mit einem Objekt in Beziehung treten kann. Die erste davon ist die *Wahrnehmung*, bei der uns die Sinne mit der Außenwelt verbinden. Die zweite ist die *Vorstellung*, bei der wir bestimmte Dinge nicht körperlich wahrnehmen, sondern uns geistig vor Augen führen. Beide Möglichkeiten der Subjekt-Objekt-Beziehung, das Wahrnehmen und das Vorstellen, sind in einer bestimmten Form, auf die wir im einzelnen noch zurückkommen, miteinander verbunden.

Das Problem der Wahrnehmung ist im Rahmen der Verbrauchertheorie vor allem unter werbepsychologischen Aspekten gesehen worden (vgl. etwa: *Lucas* und *Britt*, 1950; *Myers* und *Reynolds*, 1967; *Engel* et al., 1968; *Howard* und *Sheth*, 1969; sowie: *B. Spiegel*, 1958; v. *Rosenstiel*, 1969; *Haseloff*, 1972). Im Rahmen dieser Arbeit kommt es hauptsächlich auf die Verknüpfung von Wahrnehmungen mit Motivationsvorgängen an. Dabei verstehen wir unter Wahrnehmung jenen komplexen Vorgang, durch den das Individuum die verschiedenen Sinnesreize auswählt, organisiert und im Rahmen eines bedeutungsgeladenen und zusammenhängenden Bildes von der Welt interpretiert (vgl. *Berelson, Steiner*, 1964; dt. 1969). Dabei wird angenommen, daß die aus den Sinnesdaten gewonnenen Fakten nicht ausreichen, um ein kohärentes Bild von der Welt zu erzeugen, kurz: die Welt zu interpretieren.

Was und wie eine Person wahrnimmt, ist entscheidend von motivationalen und personalen Faktoren mitdeterminiert, die selegierend, organisierend und modifizierend das Wahrnehmungsgeschehen beeinflussen (vgl. zusammenfassend: *F. H. Allport*, 1955; *W. N. Dember*, 1961, *M. D. Vernon* 1962). Drei Sachverhalte scheinen im Kontext des Verbraucherverhaltens besonders bedeutsam:

(1) die Motivationshypothese der Wahrnehmung (*Murphy, Bruner, Postman*)
(2) die Erwartungshypothese der Wahrnehmung (*Bruner, Postman*)
(3) die Orientierungshypothese der Wahrnehmung (*Sherif, Asch, Festinger, Sodhi* u. a.).

Die erste dieser Hypothesen (Motivationstheorie der Wahrnehmung) besagt, daß die Motivation (bzw. das Bestehen eines Bedürfnisses) eine selektive Wahrnehmung der Situation bewirkt. Zwar nehmen Menschen grundsätzlich auch Dinge wahr, derer sie nicht oder im Augenblick nicht bedürfen, jedoch besteht bei starken Bedürfnissen die Neigung, die für das Bedürfnis irrelevanten Objekte der Umwelt nicht wahrzunehmen. Diese motivationsgerechte Akzentuierung unseres Bildes von der Welt formt ein Umweltrelief, das der bestehenden Motivstruktur in etwa entspricht. Besonders extrem äußert sich dies in akuten Mangelsituationen. Nehmen wir einen Hungernden oder einen Verdurstenden, so wird dieser die Welt in trinkbare und nicht-trinkbare, in eßbare und nicht-eßbare Dinge unterteilen. In weniger extremen Fällen wirkt jedoch das Suchverhalten auf Grund einer Vornahmehandlung gleichermaßen: Wir haben uns etwa entschlossen, ein Produkt der Gattung A zu erwerben und schenken unsere Aufmerksamkeit allein den Objekten der Umwelt, die in die Gattung A gehören; B, C, D . . . usw. werden allenfalls am Rande wahrgenommen, sind also »schwach existent«.

Die zweite der Hypothesen besagt, daß das Wahrnehmen einen dreistufigen Zyklus durchläuft: die Erwartung als kognitiver Prädisposition bezüglich bestimmter Objekte, die Informationsaufnahme als »Aufschluß« über die Umwelt, und die Kontrolle bzw. Bestätigung als Prüfung der Kongruenz zwischen Aufschluß und Erwartung. Bei sonst gleichen Bedingungen wenden also Individuen ihre Aufmerksamkeit vermehrt auf solche Aspekte ihrer Umgebung, die sie erwarten, als auf solche, die sie nicht erwarten. Diskrepanzen zwischen Wahrnehmung und Erwartung werden als kognitive Dissonanz empfunden und abgebaut, d. h. die Wahrnehmung wird verformt.

Die dritte der angeführten Hypothesen besagt, daß Wahrnehmen sich in einem sozialen Kraftfeld (*Sodhi*) vollzieht. Diesbezügliche Untersuchungen haben ergeben, daß sich Individuen kognitiv an den perzipierten oder antizipierten Stellungsnahmen anderer (Bezugspersonen oder Bezugsgruppen) orientieren und damit eine gewisse Tendenz zur Konvergenz der Meinungen hinsichtlich des Wahrgenommenen aufweisen. Diese Hypothese ist zugleich die Basis der modernen Konformitätstheorie. Sie besagt für den Konsumbereich, daß die Wahrnehmung von Objekten oder Botschaften wesentlich davon beeinflußt wird, was andere über diese Botschaften oder Objekte denken.

Die Vorstellungen, die ein Verbraucher von einem Produkt hat, hängen eng mit seinem Bestand an Einstellungen zusammen. Sie sind gleichermaßen geprägt vom Urteil anderer und von den Erwartungen, die der einzelne vom Zustand der Objekte hat. Einstellungen sind jedoch weitgehend unabhängig von der aktuellen Bedürfnissituation, d. h. sie sind, wie wir auch sagen können, motivational neutral, werden jedoch in bestimmten Situationen motivational aktiviert. So ist z. B. unsere Vorstellung über bzw. unsere Einstellung zu »Coca-Cola« positiv, d. h. wir schätzen es höher ein als andere gleichartige Fabrikate, etwa Pepsi-Cola. Trotzdem ist nicht gesagt, daß allein durch dieses positive Bild ein Aufforderungscharakter dergestalt besteht, daß wir nun dieses Produkt auch kaufen. Aus dem Vorstellungsbild, das ein Konsument von einer Ware hat, kann allein niemals abgeleitet werden, ob ein Konsument diese Ware auch kaufen wird oder nicht.

Dies ist einer der Gründe, warum Einstellungen gegenüber Objekten unsichere Indikatoren für tatsächliches Verhalten sind. Über die Frage, ob und wieweit Einstellungen verhaltensrelevant sind, sind ganze Bibliotheken entstanden (vgl. im Bereich des Konsumverhaltens: *Amstutz*, 1970; *May*, 1970; *Fishbein*, 1967; *Kroeber-Riel*, 1972; *Rokeach*, 1967; *Howard Sheth*, 1969), doch ist die Grundannahme, daß eine unterschiedliche Einstellung zu bestimmten Produkten auch zu unterschiedlichen Kaufaktionen führt, empirisch noch immer im Dunklen. Vielfach ist der Informationsgehalt von Aussagen, die Verhalten aus Einstellungen ableiten, nicht gerade hoch. Um jedoch der Forderung nach »Erklärungen« für das Zustandekommen von Einstellungen und deren Prognoserelevanz nachzukommen, versucht man die kognitive Basis dieser Einstellungen zu hinterfragen oder bestimmt die Einstellungsmessung mit Hilfe von psychometrischen Modellen, von denen das von *Fishbein* (1967) gegenwärtig das am meisten diskutierte ist.

Ohne diese Problematik im einzelnen nachzuzeichnen, möchten wir feststellen, daß Einstellungen aus folgenden Gründen nur begrenzt verhaltensrelevant sind:

(1) Einstellungen werden prinzipiell nur verhaltensrelevant, wenn sie motivational aktualisiert werden.
(2) Einstellungen können sich geändert haben, wenn sie motivational aktuell werden.
(3) Es gibt Einstellungen beschreibender Natur, die nie oder selten motivational aktualisiert werden.
(4) Es gibt Motive sporadischer, insbesondere affektgeprägter Art, die in keiner oder in nicht ausgeprägter Beziehung zu Einstellungen stehen.
(5) Einstellungen können miteinander konkurrieren, so daß nicht-objektbezogene Einstellungen die objektbezogenen Einstellungen überlagern können und für das aktuelle Verhalten in höherem Maße relevant werden.

Das nachfolgende Schema macht besonders den dritten und vierten der aufgezählten Punkte deutlich:

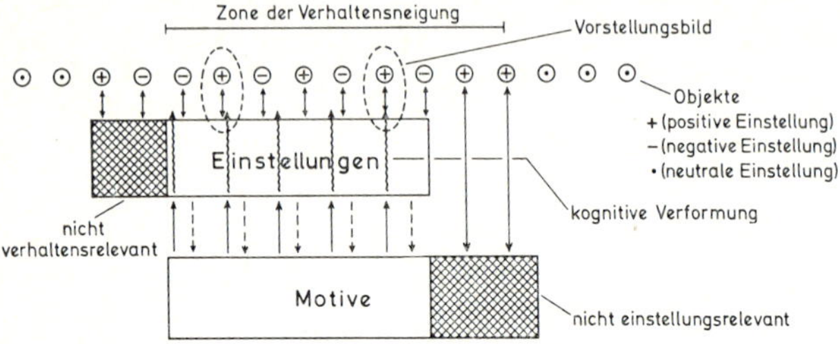

Abbildung 12: Motive und Einstellungen

Die schraffierten Einstellungen werden nicht verhaltenswirksam; sie verbleiben auf einer beschreibenden Ebene. Die schraffierten Motive werden nicht über den Umweg der Einstellungen verhaltenswirksam, sondern wirken direkt (z. B. Impulskauf). Viele Motive passieren die »Einstellungszone« und werden dort kognitiv umgeformt und schließlich vom Objekt her geprägt. Die Beziehungen sind reversibel, weil Einstellungen und Einstellungsänderungen motivational relevant sind und weil sich Einstellungen von den Objekten her konstituieren (Vorstellungsbild).

Welche Beziehung besteht nun zwischen den Objekten und den Vorstellungen, die sich ein Individuum über diese Objekte macht? Denn ein Individuum richtet seine Entscheidungen gegenüber einem Objekt nicht danach, wie es ist, sondern wie es glaubt, daß es wäre. »Nicht die objektive Beschaffenheit einer Ware ist die Realität in der Marktpsychologie, sondern einzig und allein die Verbrauchervorstellung« (*Spiegel*, 1961, S. 29. Die Motivforschung hat es also nicht mit objektiven Gegebenheiten des Marktes zu tun, sondern mit Vorstellungen über objektive Gegebenheiten. Nicht die Qualität einer Ware ist verhaltensrelevant, sondern die Vorstellung, die der Verbraucher über diese Qualität hat. Real ist nicht der »Wert« eines Erzeugnisses, sondern die Vorstellung des Konsumenten über diesen Wert. Entscheidend ist nicht der Preis einer Ware, sondern die Vorstellung des Verbrauchers von diesem Preis und die Beziehung, die er ihm entgegenbringt.

Allerdings ist es keineswegs so, daß sich der Zusammenhang zwischen objektiven und subjektbezogenen Tatbeständen völlig löst und dem Beliebigen Einlaß gewährt. Es wird also ein oft sehr inniges Abhängigkeitsverhältnis zwischen der Qualität und der entsprechenden Verbrauchervorstellung von dieser Qualität bestehen. Denn verändert sich die objektive Beschaffenheit einer Ware in schroffer Weise, so zieht das – unter Berücksichtigung eines gewissen Trägheitsmomentes, das auf dem Gesetz der Erstarrung gründet – im allgemeinen auch eine Änderung der betreffenden Vorstellung beim Verbraucher nach sich. Wir können also sagen, daß die Vorstellung nicht irgendwie leer im Raume steht, sondern daß sie mehr oder weniger an die objektive Beschaffenheit des jeweiligen Produktes gebunden ist. Dennoch wird sie fast nie völlig mit ihr übereinstimmen, da uns die nackte, objektive Beschaffenheit im Leben kaum einmal gesondert begegnet. Der Idealfall einer objektadäquaten Vorstellung ist noch am ehesten bei Investitionsgütern denkbar sowie bei Konsumgütern, die keinen oder nahezu keinen Zusatznutzen stiften, da hier das Bild primär vom handgreiflichen Zweck her bestimmt wird. Wir drücken das so aus, daß wir sagen, der Zugang zur objektiven Beschaffenheit sei relativ gut, d. h. es besteht eine starke Bindung des Vorstellungsbildes an den »wahren Kern« der Sache. Oft ist aber der Zugang des Individuums zu dieser objektiven Beschaffenheit nur gering, da die Teilqualitäten des Gegenstandes nicht genügend objektivierbar sind. Damit dennoch ein Vorstellungsbild von »hoher kommunikativer Prägnanz« (*Hofstätter*) kommt, bedarf die Beziehung des Verbrauchers zum Produkt einer Aufladung mit nicht-objektiven Momenten. Das bedeutet nun aber eine verminderte Bindung an die objektive Beschaffenheit, wobei die Besetzung mit nicht-objektiven Momenten eine Art Kittfunktion übernimmt.

Sprechen wir ganz allgemein über einen Meinungsgegenstand schlechthin, so soll künftig von »*Vorstellungsbild*« die Rede sein. Ein spezielles Vorstellungsbild, nämlich das einer Ware oder Dienstleistung, soll der Ausdruck »*Produktbild*« kennzeichnen. Noch enger ist der Begriff des »*Markenbildes*«: Er bezeichnet solche Produkte, die zu den Markenartikeln gerechnet werden. Markenbilder sind Produktbilder besonderer Stabilität, hervorgerufen etwa durch eine sehr stark verwurzelte Qualitätsvorstellung beim Verbraucher.

Bevor wir in unserer Untersuchung fortfahren, müssen wir noch einen kurzen Blick auf die Fülle der Begriffe werfen, die uns hier begegnet und die sich alle um den gleichen Sachverhalt gruppieren. Folgende Bezeichnungen finden wir in der Literatur: Image (brand image), Stereotyp (Markenstereotyp), ruf-artiges Gebilde, Vorstellung (Vorstellungsbild), Markenbild, Marktbild, Markenprofil, Markengesicht, Markenpersönlichkeit, Markensymbol, Produktbild, Produktsymbol, Produktprofil, Produktgestalt usf. In gleichem Sinne spricht man auch vom Umfeld, vom Bedeutungshof und von der Aura eines Produktes oder einer Marke. Die Vielzahl dieser Ausdrücke, die meist synonym gebraucht werden, erschwert natürlich die wissenschaftliche Verständigung außerordentlich, zumal die Praxis an dieser Begriffswucherung maßgeblichen Anteil hat. Innerhalb gewisser Grenzen ist es freilich gleichgültig, welchen Ausdruck wir verwenden, ob wir also beispielsweise von Markenbild, -profil oder -gesicht sprechen. Der Begriff der Markenpersönlichkeit wirkt etwas zu sehr hypostasierend, allerdings wird es dadurch möglich, den Produkten bestimmte Eigenschaften zuzuordnen, indem man etwa davon spricht, ein Produkt wirke weiblich, gesund, verschwommen, gesellig, ledig, abgestanden, aktiv usf. Der Terminus Symbol hat zu verschiedenartige Bedeutungsgehalte – wir kommen darauf gleich noch zurück – so daß er hier nicht zweckmäßig erscheint. Das Gleiche gilt für den Ausdruck Image, der sich in letzter Zeit sehr stark in den Vordergrund geschoben hat. Ebenfalls problematisch erscheint die Anwendung des Stereotypbegriffs als gleichbedeutenden Ausdruck für das Vorstellungsbild einer Ware. Alle drei Begriffe, Symbol, Stereotyp und Image, sind u. E. nicht besonders geeignet, um den sachlichen Inhalt dessen, was wir hier analysieren wollen, genügend zu präzisieren. Diese Auffassung bedarf einer kurzen Begründung.

Der *Symbolbegriff* begegnet uns in der Verbrauchsforschung in einer höchst proteushaften Gestalt. Zunächst wäre – nach einer Unterscheidung von *Martineau* (1959) – zwischen faktisch-logischen Symbolen einerseits und affektiv-gefühlsansprechenden Symbolen andererseits zu trennen. Doch genügt diese Unterscheidung noch nicht, um alle Gegebenheiten hierunter zu subsumieren. Wir wollen daher folgende vier Symboltypen voneinander trennen, die im Verbraucherverhalten eine Rolle spielen:

(1) das *Ruf*symbol (z. B. Mercedes–Stern)
(2) das *Fetisch*symbol (z. B. Maskottchen)
(3) das *Status*symbol (z. B. Automobil)
(4) das *Traum*symbol (z. B. Kabriolet – Geliebte)

Die gewählten Beispiele zum Verbraucherverhalten bei Kraftfahrzeugen veranschaulichen schon deutlich genug, daß wir den Symbolbegriff in durchaus unterschiedlichen Sinngebungen zu verwenden pflegen. Wenn nun der Ausdruck Produktsymbol oder Markensymbol in der Motivforschung Eingang findet, so bedeutet das, daß hierbei sämtliche Symboltypen, die doch offensichtlich auf völlig verschiedenen Ebenen liegen, bunt durcheinander gewürfelt und als einheitliches Ganzes vorgestellt werden. Das

Schwergewicht liegt dabei insbesondere bei der orthodoxen Motivforschung psychoanalytischer Prägung auf den sogenannten Traumsymbolen, wie sie innerhalb der »Komplexen Psychologie« insbesondere von *Jung* und innerhalb der Psychoanalyse in *Freuds* Studien zur Traumdeutung auf vorwiegend intuitiver Basis erschlossen wurden. In Anwendung auf das Verbraucherverhalten feierte die längst überholte psychoanalytische Symbollehre bei *Feller* (1932) wahre Triumphe, und taucht im Rahmen der Motivforschung der fünfziger Jahre erneut auf. Hier hat diese Art des Vorgehens dann den Namen »Bedeutungsanalyse« erhalten, unter welchem Etikett eine ganze Reihe vieldeutiger und empirisch nicht einlösbarer Untersuchungen vorgelegt wurden. Erst die Anwendung exakterer »projektiver« Skalierungsverfahren (etwa des »semantic differential« nach *Osgood*) hat der Bedeutungsanalyse von Vorstellungen ein neues Feld eröffnet.

Ein zweiter Begriff, mit dem wir uns hier auseinandersetzen müssen, ist der des Stereotyps oder »stereotypen Systems« der heute insbesondere von *Hofstätter* (z. B. 1957/58) sowie von *R. Bergler* (1966, 1972) in marktpsychologischen Zusammenhängen verwendet wird. Unter einem Stereotyp verstehen wir eine vereinfachte Formel der öffentlichen Meinung, die sich in karikaturhafter Verzerrung, jedoch mit relativ hoher Prägnanz herausbildet. Das Stereotyp ist also eine verfestigte (erstarrte) Formel, in der komplexe Sachverhalte in einer das Subjekt entlastenden Weise vereinfacht werden. Das erinnert uns an den schon behandelten Fall der Motiventlastung bei Gewohnheitshandlungen, denn auch dort vertreten ja schablonisierte Reaktionsautomatismen fallweise zu treffende Entscheidungen. Und in der Tat stellen wir fest, daß die Habitualisierung und die Stereotypisierung dem gleichen Grundprinzip gehorchen: dem der Erstarrung. Die Verfestigung dieses stereotypen Systems erschwert dessen Modellierbarkeit in der schon an früherer Stelle behandelten Weise. Stereotype unterliegen ferner, wie *Hofstätter* (1949) zeigen konnte, dem Prinzip der Leichtfertigkeit, d. h. »es gibt aus dem Unbehagen des erlebten ›Ich weiß nicht!‹ angesichts der Vielfalt der verlangten Entscheidungen kaum einen anderen Ausweg als den der Leichtfertigkeit. Ihr Gegenteil wäre die Nie-Fertigkeit.« Dieses »Horror-Vacui-Prinzip« hatten wir ja bereits im Zusammenhang mit der Rationalisierung des Verhaltens kennengelernt, und so können wir weiter feststellen, daß die Bildung stereotyper Systeme nicht nur mit dem Prinzip der Erstarrung, sondern auch mit dem der Tarnung aufs engste verknüpft ist. Die Stereotypie hat demnach zusammenfassend zum Inhalt: die Vereinfachung, die Entlastung, die Generalisierung, die Verfestigung und die Leichtfertigkeit. Stereotype bilden die zwar plumpen, aber dennoch unabdingbar notwendigen Faustformeln, nach denen wir unseren Lebensvollzug und unsere Handlungsweisen jenseits eigener Erfahrungen richten.

Die synonyme Verwendung des Ausdrucks Stereotyp mit dem des Begriffes Produktbild ist nun vor allem durch die Herkunft des Stereotypbegriffes problematisch, da er durch die unmittelbare Nachbarschaft zum Begriff des Vorurteils die erforderliche Neutralität vermissen läßt, »Vorstellungsbild« ist auch zweifellos der inhaltlich reichere Begriff; das Stereotype ist nur eines seiner Eigenschaften. Zudem ist der ursprüngich im Bereich der Meinungsforschung beheimatete Ausdruck Stereotyp erst ziemlich spät in die speziell marktpsychologische Sphäre verpflanzt worden. Diese Bedenken dürfen aber nicht davon abhalten, auf die umfangreiche Vorarbeit zu verzichten, die im Zusammenhang mit der Klärung des Stereotypbegriffes insbesondere von *Hofstätter* und *R. Bergler* geleistet wurde und die wir per analogiam in sehr vielen Fällen auf die Erscheinung des Produktbildes übertragen können.

Ein dritter Begriff, mit dem wir uns kurz auseinandersetzen wollen, ist der des *Image*, der heute wohl am häufigsten für den zu kennzeichnenden Sachverhalt verwendet wird. Maßstab für die Beurteilung eines wissenschaftlichen Begriffs ist jedoch weniger die populäre Verbreitung, sondern primär seine wissenschaftliche Griffigkeit. Der Imagebegriff hatte ja ursprünglich in der Tiefenpsychologie einen recht speziellen Sinn, etwa in der Zusammenstellung »Eltern-Imago« (*Jung*) oder Mutterleib-Imago usw. In der weiteren Entwicklung gewinnt der Ausdruck dann eine allgemeine Bedeutung und wird zur Imagination (Vorstellung) eines Bildes, das sich mit der Wirklichkeit nur zum Teil deckt, »zum anderen Teil aber aus Material geschaffen ist, welches aus dem Subjekt selber stammt. Die Imago . . . ist daher ein das Objekt nur sehr bedingt wiedergebendes Bild (*Jung* 1928, S. 114).« Nach einer neueren Definition verstehen wir unter Imago »eine eingravierte verallgemeinerte Einstellung oder Haltung vom Gebilde her gesehen« (*Lückert*, 1957, S. 249), wobei die Erlebnisinhalte stilisiert und auf gewisse Bedeutsamkeiten reduziert wiedergegeben sind. Es fällt also nicht schwer, jetzt eine Verbindungslinie zwischen dem Imagebegriff und dem Begriff des Stereotyps zu ziehen. Der Schwerpunkt scheint aber beim Image hauptsächlich auf dem »Wirklichkeitsfremden«, Imaginären, d. h. von der objektiven Beschaffenheit Abweichenden zu liegen, während der Stereotypbegriff mehr um die Stabilisierung und Erstarrung eines solchen Gebildes kreist.

Winkler (1973) weist richtig darauf hin, daß die Anwendung des Imagebegriffs mehr zur Verklärung als zur Klärung von Sachverhalten beiträgt, weil Images gelegentlich in Abhebung differentieller personaler und motivationaler Merkmale hypostasiert werden, ohne den verhaltensbestimmenden Stellenwert eines Image zu beachten.

Wir wollen also auch den Imagebegriff hier vermeiden, zumal die meisten in der Motivforschung zu findenden Definitionen ohnehin nur so beginnen: . . . ist der Inbegriff von Vorstellungen . . . usw., womit der Leser durch den Verweis auf den Begriff der Vorstellung erst einmal auf ein anderes Geleise geschoben wird, und man als selbstverständlich annimmt, daß jenes, was eine Vorstellung sei, doch keiner Erklärung bedürfe und jedermann klar sein müsse.

Doch wollen wir unseren Faden jetzt wieder aufnehmen. Als Oberbegriff erscheint der Ausdruck »Vorstellungsbild« zweckmäßig, da von hier aus ohne Schwierigkeiten die spezielleren Begriffe, mit denen wir arbeiten müssen, abgeleitet werden können. Zunächst vergegenwärtigen wir uns, daß sich die Vorstellungen, die sich jemand von etwas macht, auf eine Person, eine Sache oder auf eine Institution beziehen lassen.

Vorstellungsbild

eines Objektes (z. B. Produktbild)	einer Person (z. B. Leitbild)	einer Institution (z. B. Firmenbild)

Das Vorstellungsbild einer Person braucht uns hier unter Ausklammerung des später in extenso zu behandelnden Leitbildes nicht weiter zu beschäftigen, obgleich im Verbraucherverhalten gelegentlich auch andere personbezogene Vorstellungsbilder in Erscheinung treten: z. B. die Persönlichkeit eines Unternehmers, der der Öffentlichkeit bekannt ist, die Person des Schriftstellers beim Kauf von Büchern, die des Komponisten beim Kauf einer Schallplatte oder beim Besuch eines Konzertes und schließlich auch das Vorstellungsbild vom Verkäufer als Mittlerinstanz.

Das Vorstellungsbild einer Firma (*Firmenbild*) ist, wie *Reinhold Bergler* (1962) im einzelnen ausgeführt hat, insbesondere an den Ruf dieses Unternehmens geknüpft. Schon die Unternehmungsform kann einen solchen Ruf entscheidend beeinflussen, denn Aktiengesellschaft und Familienunternehmen erzeugen durchaus unterschiedliche Vorstellungsbilder. Auch hier spielen natürlich wieder stereotype Auffassungen der Öffentlichkeit eine entscheidende Rolle. Für das Firmenbild wird ferner die Branchenzugehörigkeit und das Produktionsprogramm von Bedeutung sein. Auch ist es von Belang, welche Marktstellung dieses

Unternehmen einnimmt, ob wir es also mit einem monopolistischen Unternehmen zu tun haben oder ob es sich um eine Firma handelt, die in heftigem Konkurrenzkampf steht. Überhaupt ist die Größe eines Unternehmens von unmittelbarem Einfluß auf die Gestaltung des Firmenbildes. Selbstverständlich richten sich auch vom Produkt her auf Grund der naheliegenden Koinzidenz Einflüsse auf das Firmenbild, und die Erfahrungen, die mit den einzelnen Erzeugnissen in der Verbraucherschaft gemacht werden konnten, spiegeln sich hier wider. Auch der Werbestil eines Unternehmens färbt auf sein Firmenbild ab. Schließlich kann es keineswegs gleichgültig sein, ob ein Unternehmen als krisenfest gilt oder ob es im Laufe seiner Geschichte schon mehrmals am Randes eines Abgrundes gestanden hat oder gar inzwischen in Konkurs gegangen ist. Insofern ist auch die Börse das Barometer des Firmenbildes, ein dominierender Faktor zumindest bei vielen Aktiengesellschaften.

Das Vorstellungsbild eines Produkts (*Produktbild*) entwickelt sich nicht unabhängig vom Firmenbild. Beide Bilder beeinflussen sich gegenseitig, stehen also in einem Interdependenzverhältnis. Das Firmenbild wird demnach – wenn wir unser Augenmerk jetzt auf die Verbraucher-Produkt-Beziehung richten – entweder als Ganzes oder zu gewissen Teilen auch in das Produktbild eingehen. Damit sind wir endgültig beim Phänomen des Produktbildes angelangt, dem wir uns von nun an mit einiger Ausführlichkeit zuwenden wollen.

Mit der Klärung des Produktbildbegriffs (Image) haben sich in den USA insbesondere *Dichter* (seit 1939), *Gardner, Levy* (1955), *Levy* (1959), *Newman* (1960, 1966), *Herzog* (1963), *Joyce* (1963) und *Reynolds* (1965) befaßt, in Deutschland u. a. *Fichtner* (1958), *Radler* (1958), *Kleining* (1959), *Hofstätter* (div.), *Spiegel* (1961), *Ruppel* (1965), *Wiswede* (1965), *Johannsen* (1971), *R. Bergler* (1972), *Winkler* (1973). Wesentlich ist hier einmal eine zunehmende begriffliche Präzisierung sowie eine erhebliche methodische Verfeinerung in der Erfassung mittels moderner semantischer Methoden (vgl. etwa die ausführliche Darstellung des »semantic differential« nach *Osgood* bei *Spiegel* und bei *Ruppel*). Eine explizit formulierte Theorie des Produktbildes steht jedoch immer noch in den Anfängen.

Bevor wir aber von den rein begrifflichen Fragen abrücken, haben wir noch eine Unterscheidung nach der Spezifizierung von Produktbildern zu treffen. »Dem Produktbild Weinbrand sind zunächst die Vorstellungsbilder ›alkoholische Getränke‹ mit der Spezifizierung ›Spirituosen‹ vorgelagert; von dem Produktbild Weinbrand – das sich von dem für ›Cognac‹ wie von den verschiedenen anderen Destillaten unterscheidet – hebt sich das

Firmenbild beispielsweise ›Asbach‹ ab. Dann ist hiervon noch das interessierende Markenbild zu trennen, sei es für ›Asbach-Uralt‹ oder für ›Asbach-Privat‹.« Die Skala der Spezifizierung sieht also bei dem vorliegenden Beispiel so aus:

Getränke
alkoholische Getränke
Spirituosen
Weinbrand
Asbach
Asbach-Uralt

Weitere Beispiele: Das Produktbild Persil enthält zunächst das vorgelagerte Bild »Waschmittel« und verschmilzt mit dem Firmenbild »Henkel«. Bei neu herauskommenden Marken dieses Hauses wird daher betont: »Ein Henkel-Erzeugnis!«, weil ein Teil des Firmenbildes in das neu herausgebrachte Produktbild eingehen soll. Das Vorstellungsbild von »Ernte 23« enthält die vorgelagerten Produktbilder: Zigaretten (im Gegensatz zu Zigarren und Pfeifen), Filterzigaretten usf. Man darf sich also bei der Analyse eines bestimmten Markenbildes, worum es ja in der Praxis meist geht, nicht nur um die konkrete Marke kümmern, sondern muß auch die vorgelagerten Produktbilder in die Analyse einbeziehen.

Als Leitsatz gilt, daß in ein spezifisches Produkt- oder Markenbild das Insgesamt der vorgelagerten Bilder mit einfließt, so daß etwa derjenige, der eine Abneigung gegen kohlensäurehaltige Getränke hat, im allgemeinen auch kein Coca-Cola trinken wird. Die vorgelagerten Produktbilder sind im speziellen Produktbild stets subsumiert. Ferner gilt die Feststellung, daß die vorgelagerten Produktbilder in der Regel konstanter sind als die differenzierten, denn sie verkörpern allgemeinere Inhalte, die sich nicht so leicht ändern. Um bei dem vorigen Beispiel zu bleiben: Das Produktbild »kohlensäurehaltige Getränke« wird gegenüber den speziellen Produktbildern von Coca-Cola, Pepsi-Cola, Afri-Cola, Bluna, Apolinaris, etc. größere Konsistenz besitzen.

1.2. Struktur des Produktbilds

Das Produktbild ist ein durch zahlreiche Determinanten entstandenes komplexes Gebilde. Diese Determinanten bezeichnen wir als seine Faktoren, die wir im nächsten Kapitel noch in concreto zu behandeln haben. Einstweilen genügt uns die Feststellung, daß das Vorstellungsbild einer Ware aus einem Gefüge von Faktoren zusammenwächst, die dann zu einer Ganzheit (Gestalt) verschmelzen. Es ist also nicht möglich, die Aufbauelemente des Produktbildes, etwa die Farbe, die Verpackung oder die Qualität des Erzeugnisses isoliert nebeneinander zu stellen. An die Stelle beziehungsloser Einzelelemente setzen wir die Integriertheit des Ganzen. Das Produktbild ist in seiner Multivalenz nur dann inhaltlich zu erfassen, wenn wir die einzelnen Dimensionen miteinander in Beziehung setzen, d. h. wenn wir auf eine für das Vorgehen in der Kommunikationsforschung gemäßen Weise in wechselseitigen Abhängigkeiten denken.

Obgleich wir an dem Ganzheitscharakter des Produktbildes festhalten wollen, ist es zur Erhellung der Struktur dieser vieldimensional bestimmten Erscheinung unerläßlich, zunächst analytisch vorzugehen. Dabei verfahren wir ganz ähnlich wie bei der Behandlung der Motivstruktur und stellen uns den Aufbau einer Produktbildkonfiguration durch die einzelnen *Vektoren dieser Struktur* vor. Die Vektoren vertreten in diesem Modell jedoch keine Motive, sondern die Teilbeschaffenheiten der Ware samt jenen Einflüssen, die von außen (insbesondere durch die Wirtschaftswerbung) an das Produkt herangetragen werden. Analog unserem Konfliktmodell im zweiten Problemkreis haben wir nun auch hier eine Reihe unterschiedlicher Komponenten im System enthalten, die sowohl nach Richtung und Intensität keineswegs identisch zu sein brauchen. Die einzelnen Vektoren beeinflussen sich gegenseitig: entweder unterstützen sie sich (im Falle der Kongruenz und der Konvergenz), oder sie stören sich (im Falle der Divergenz und der Inkongruenz). Ziehen wir nun nach dem Vorbild des Kräfteparallelogramms die Resultierende dieser Einzelkräfte, so kann eine solche naturgemäß nur dann zustandekommen, wenn sich die Komponenten nicht durch ihre unterschiedliche Richtung im Endeffekt aufheben. Die Resultierende wäre dann gleich Null, mit der Folge, daß überhaupt kein gezieltes Produktbild zustande kommt. Erst dadurch, daß der überwiegende Teil der Faktoren in eine einheitliche (konvergente) Richtung weist, gelangen wir zu einem *prägnanten Produktbild.*

Am idealsten wäre natürlich eine vollkommene Entsprechung (Kongruenz) aller Faktoren, gleichbedeutend mit einer totalen Prägnanz des zustandekommenden Bildes. Alle Teilbeschaffenheiten der Ware würden zusammenpassen: das Aussehen mit der Qualität, die Farbe mit dem Geruch, die Verpackung mit dem Preis, der Werbestil mit dem Firmenbild usw. Eine grüne Seife verkauft sich unter Umständen deshalb schlecht, weil die Farbe grün im Produktbild der Seife ein divergenter Faktor ist und sich mit der Richtung der übrigen Vektoren nicht gut verträgt.

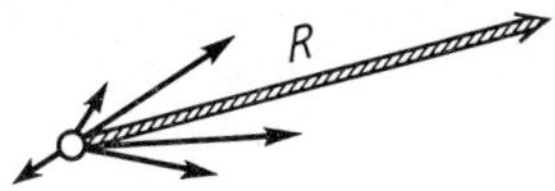

Abbildung 13a: Faktoraufbau eines prägnanten Produktbildes

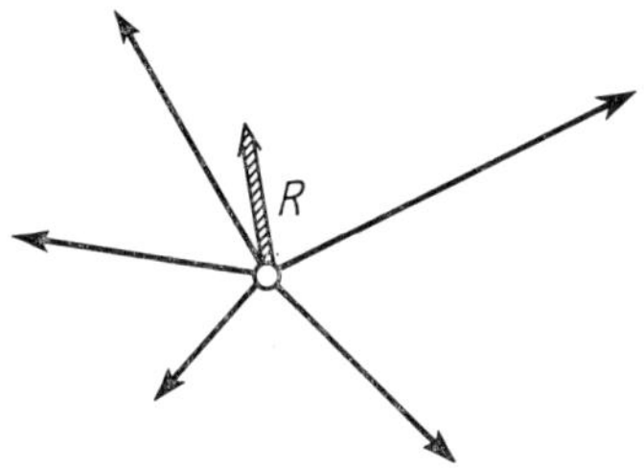

Abbildung 13b: Faktoraufbau eines verwaschenen Produktbildes

Das *Kongruenztheorem* besagt also, daß die Struktur des Produktbildes möglichst kongruente Elemente enthalten sollte, um eine gute Harmonie der Teilbeschaffenheiten (Konsonanz) zu erreichen. Diese Harmonie wird nicht erreicht, wenn in das Gefüge des Produktbildes sich widersprechende Komponenten eingehen. Man denke etwa an eine unpassende Flasche für ein Haarwasser, an einen unangemessen niedrigen Preis für eine Hautcreme oder an einen dem Produkt unangemessenen Werbestil. Produktstil und Werbestil müssen übereinstimmen. Geraten z. B. die Tendenzen: modern – konventionell, schlicht – luxuriös, teuer – billig (etwa bei einer unpassenden Verpackung) im Vorstellungsbild der Ware durcheinander, so wird das Produktprofil sehr wenig ausgeprägt und innerlich widerspruchsvoll sein: es wird verwaschen. Nach der Vektorvorstellung ist ein Produktbild immer dann verwaschen, wenn im Faktoraufbau keine gute Harmonie erreicht werden konnte, so daß die Resultierende in ihrer Länge (= Intensität) nicht ausreicht, um eine genügend hohe Prägnanz des Profils zu gewährleisten. Es ist also im allgemeinen nicht gleichgültig, welche Farbe der Produktgestalter für ein bestimmtes Erzeugnis vorsieht. Man kann im Sinne des Kongruenztheorems vielmehr sagen, daß nur eine einzige Farbe produktadäquat ist, nämlich jene, die der Resultierenden aller übrigen Faktoren entspricht, d. h. mit dieser kongruent ist. Bei der grünen Seife, die uns vorhin als Beispiel diente, war dies offensichtlich nicht der Fall, und es ist dann Gegenstand weiterer Überlegungen, ob der Bedeutungsgehalt der Farbe grün generell mit dem Vorstellungsbild von »Seife« kollidiert oder ob

»grün« lediglich mit der Vorstellung einer Feinseife divergiert. Was wir hier am Beispiel der Farbe exemplifizierten, gilt natürlich auch für alle anderen Teilbeschaffenheiten der Ware, die untereinander sämtlich der Harmonie bedürfen. Ist etwa ein Produkt mit einem »falschen« Namen verknüpft, dann wirkt dieser Faktor störend auf das Gesamtgefüge des Vorstellungsbildes. Die Folge ist ein gestörtes Warenerlebnis, das als kognitive Dissonanz im Sinne *Festingers* (1957) interpretiert werden kann. Das Produktbild kann nicht zur vollen Prägnanz gelangen mit der weiteren negativen Folge, daß es sich mit anderen Produktbildern überlagert, d. h. mit ihnen verschwimmt (cognitive overlap).

Produktbilder entstehen natürlich nicht von heute auf morgen; sie sind gewissermaßen historisch gewordene Erscheinungen (vgl. *T. Joyce*, 1963). Bilder hoher kommunikativer Prägnanz pflegen sich im Laufe der Zeit zu verfestigen, denn wir wissen ja, daß die Stereotypie ähnlich wie die Gewohnheitsbildung auf dem Gesetz der Erstarrung beruht. Stabilisierte Produktbilder sind auch dann noch wirksam, wenn sich die Realitäten, die zu dieser Vorstellung führten, längst geändert haben. Die Qualität eines Erzeugnisses mag besser oder schlechter geworden sein; die öffentliche Meinung behält jedoch das alte Vorstellungsbild weitgehend bei. Hat sich dieses Bild erst einmal genügend stark eingraviert, so weist sein Gefüge eine derart hohe Stabilität gegen Formveränderungen (Konsistenz) auf, daß schon viel passieren muß, wenn der Verbraucher von der einmal gewonnenen Einstellung abgehen soll. In ähnlicher Weise sind wir ja auch bei einem Menschen, den wir als gutartig zu kennen glauben, geneigt, eine offensichtlich böse Tat einfach zu leugnen oder den objektiven Tatbestand so zu verdrehen, daß er mit unserer gewohnten Vorstellung über diesen Menschen übernimmt. Sind wir dagegen bei einem Menschen in negativem Sinne voreingenommen, so lassen wir uns nur selten davon abbringen, auch die positiven Eigenschaften dieses Menschen als verkappte Formen eines schlechten Charakters auszulegen. Ähnliche Vorurteile kennzeichnen auch das Verhältnis zwischen Verbraucher und Produkt, zumal in vielen Fällen überhaupt keine Möglichkeit besteht, sich ein wirklich echtes Urteil zu bilden.

Dabei ist zu berücksichtigen, daß sich das Produktbild mit zunehmender Kontaktnahme wandelt. Insofern kann man zwischen einem *frühen* und einem *vervollkommneten* Produktbild (*B. Spiegel*, 1961) unterscheiden. Die Stufen der Kontaktnahme lassen sich in einem Kontinuum zunehmender Intensität der Beziehung darstellen. Sie beginnt mit dem bloßen Hörensagen, verläuft dann über die eigene Wahrnehmung (von der Vorgestalt bis zur Endgestalt) bis zum konkreten Gebrauch dieses Konsumgutes und die daraus stammenden Erfahrungswerte, die zu einer durch den Lernprozeß bewirkten nachträglichen Motivbereicherung führen. Im ersten Stadium der Kontaktnahme (Hörensagen) ist das Produkt noch ein »ruf-artiges Gebilde« (*Hofstätter*), das nicht auf tatsächlichem Wissen und eigener Erfahrung, sondern vielmehr auf übernommenen Rufschemata beruht. Man spricht auch von »Erfahrungen aus zweiter Hand«, und der Mensch pflegt dieses Wissen oft so zu behandeln, als entspränge es eigenem Erleben. Aber erst durch die eigene Wahrnehmung und den konkreten Gebrauch eines Gutes erfährt das Vorstellungsbild eine zunehmende Realitätsanreicherung. Allerdings will bedacht sein, daß das frühe Vorstellungsbild auch seinerseits wieder die Erfahrungen beeinflußt und zwar nach Maßgabe der Verfestigung des Gesamtgefüges.

Man kann also sagen, daß der Zugang des Individuums zur objektiven Beschaffenheit durch die zunehmende Realitätsanreicherung immer größer wird, je mehr Erfahrung es mit dem Produkt macht. Aber die Objekte gestatten eine höchst unterschiedliche Annäherung an diese objektive Beschaffenheit, so daß wir hier genauer differenzieren müssen. Gegenstände, die einen hohen Grundnutzen abwerfen, sind naturgemäß in ihrer Objektivität viel leichter zugänglich: Man sieht sehr schnell, ob die Ware etwas taugt, ob sie das leistet, was sie verspricht. Güter mit solch hohem instrumentalen Nutzen (z. B. eine Schreibmaschine, ein Tonbandgerät, ein elektrischer Rasierapparat) sind daher – so wäre zu folgern – durch eine geringe Distanz zwischen objektiver Beschaffenheit und subjektiver Vorstellung gekennzeichnet, zumindest im Stadium des vervollkommneten Produktbildes. Anders formuliert: Je größer der Zusatznutzen eines Gutes, desto schwieriger gestaltet sich der Zugang zur objektiven Beschaffenheit dieses Produktes.

Nach einer Hypothese von *Spiegel* (1961, S. 37) ist bei geringem Zugang zur objektiven Beschaffenheit das Bild, das der Verbraucher von diesem Objekt hat, wenig ausgegliedert, also komplexhaft integriert, weil die rationale Beteiligung des Individuums nur gering ist und die tieferen Schichten der Persönlichkeit in der Beurteilung des Meinungsgegenstandes vorwiegen, so daß hier das Gesamterlebnis der Ware durch emotionale Gehalte unkontrolliert verfärbt werden kann. Ist der Zugang zur objektiven Beschaffenheit dagegen groß (ein Lehrbuch, eine Kugelschreibermine – kurz alles, wo der Zusatznutzen überwiegt), so werden die Teilbeschaffenheiten (z. B. Farbe, Name, Format, Sauberkeit) relativ isoliert erlebt, d. h. das Gesamterlebnis ist nur mäßig integriert. Die globale Aussage, das Produktbild sei eine integrierte Ganzheit, bedarf also einer Präzisierung. »Handelt es sich um Meinungsgegenstände, bei denen normalerweise nur ein geringer Zugang zu den objektiven Beschaffenheiten besteht ... so ist infolge einer stärkeren Beteiligung der tieferen Schichten der Person die Integriertheit des Gesamterlebnisses unvergleichbar höher, und so sind umgekehrt die einzelnen Teilbeschaffenheiten viel weniger ausgegliedert, viel weniger isoliert und bewußt erlebt. Dies gilt in hervorragender Weise für gewisse Markenartikel des Massenkonsums, namentlich Zigaretten, Schokolade, Seife, Kosmetika, Parfüms ...« (S. 38). Verquicken wir nun die Feststellung *Spiegels* über die Integriertheit des Warenerlebnisses mit unserer Behauptung, daß der Zugang zur objektiven Beschaffenheit eines Produktes etwas mit dem Anteil des Zusatznutzens zu tun hat, so gilt: Das Ganzheitserlebnis einer Ware ist um so stärker, je mehr bei diesem Produkt der Zusatznutzen eine Rolle spielt.

Je geringer also der Zugang zur objektiven Beschaffenheit einer Ware, desto integrierter verläuft das Gesamterlebnis, das der Verbraucher von diesem Erzeugnis hat. Diese Integriertheit äußert sich vor allem im Phänomen der *Irradiation* (Halo-Effekt). Unter Irradiation verstehen wir die Abstrahlung einer Teilqualität (z. B. Farbe, Preis, Name) auf:

(1) das Gesamterlebnis der Ware, oder
(2) eine andere Teilqualität der Ware.

Der erste Fall ist gegeben, wenn etwa die Farbe der Verpakkung das Erlebnis der Ware so maßgeblich beeinflußt (irradiiert), daß diese Variable zum entscheidenden Produktbildfaktor wird. Einer der Vektoren im Gefüge gewinnt eine solche Intensität, daß er gewissermaßen alle anderen Komponenten in sein Schlepptau nimmt. Wir sprechen daher von Detaildominanz und meinen damit den Sachverhalt, daß irgendein peripherer Faktor (z. B. der Name eines Produkts), der (rational) für nebensächlich gehalten wird, zum eigentlich dominierenden Faktor zu werden beginnt. Jedermann weiß, daß z. B. Sekt, der aus einem Bierkrug gereicht wird, nicht in dem Maße mundet, als wenn man ihn aus kostbaren Gläsern trinkt. Ebenso ist es nicht gleichgültig, ob unsere Feinseife rosa oder grün gefärbt ist, obgleich uns die Ratio eigentlich sagen müßte, daß die Beschaffenheit der Erzeugnisse sich dadurch nur höchst unwesentlich ändert. Für die Vorstellung des Konsumenten kann sich indessen auch die Variation einer scheinbaren Kleinigkeit durch ein Irradiationsphänomen entscheidend ändern (*W. H. Reynolds*, 1965).

Der zweite Fall betrifft jenen Sachverhalt, daß die Änderung einer Teilbeschaffenheit eine andere Eigenschaft der Ware berührt, die in Wahrheit konstant geblieben ist. Diese Art der Irradiation untersucht man empirisch gewöhnlich mit dem Verfahren der Befragung sekundärer Parallelerlebnisse, bei dem gewisse Eigenschaften systematisch variiert werden, während nach unverändert gebliebenen Beschaffenheiten gefragt wird. So wurde beispielsweise geprüft, inwieweit die Änderung der Farbe das Geruchsempfinden des Menschen beeinflußt. Damit münden wir wieder in die Feststellung, daß die Teilbeschaffenheiten einer Ware insbesondere im Falle hohen Zusatznutzens nicht isoliert nebeneinanderstehen und atomistisch behandelt werden können, sondern daß wir es mit einer multivalenten Erscheinung zu tun haben, bei der die Änderung eines ihrer Einzelteile das Bild des Ganzen kaleidoskopartig umstrukturiert.

Der Gang unserer bisherigen Untersuchung läßt an dieser Stelle eine kurze Zwischenbilanz zweckmäßig erscheinen. Wir fassen daher die bisherigen Einblicke in Begriff und Gefüge des Produktbildes in einigen Kernsätzen zusammen:

(1) Produktbilder gleichen *ruf-artigen Gebilden:* Sie erwachsen nicht ausschließlich und oft nicht einmal vorwiegend aus eigenen Erfahrungen, sondern aus übernommenen Rufschemata. Die objektive Unterscheidung zwischen eigenen Erfahrungen und übernommenen Meinungen ist dem Individuum nicht möglich.

(2) Produktbilder weisen *verschiedene Vollkommenheitsgrade* auf: Waren, die wir nur vom Hörensagen kennen, sehen wir in anderem Licht, als Produkte, mit denen wir bereits eigene Erfahrungen gemacht haben.

(3) Produktbilder haben *generellen oder speziellen Inhalt:* Sie betreffen als generelle Vorstellungen die ganze Warengattung, als spezielle Bilder dagegen bestimmte Marken. Dabei sind die vorgelagerten (generellen) Produktbilder grundsätzlich weniger variabel als die speziellen. Die Vorstellungen über vorgelagerte Produktbilder gehen in das spezifische Markenbild ein.

(4) Produktbilder basieren auf dem *Prinzip der Erstarrung:* Sie sind dauerhafte Gebilde von relativ hoher Stabilität, die sich in bezug auf Gestaltänderungen als höchst inflexibel erweisen. Auch bei Änderungen der Realität haben sie die Tendenz, starr zu bleiben.

(5) Produktbilder basieren auf dem *Prinzip der Tarnung*: Die Bewältigung von Erscheinungen der Umwelt verlangt einen Abbau des Spannungszustandes des »Ich weiß nicht«; das Individuum übernimmt deshalb die vorgeprägte Formel der öffentlichen Meinung und gibt sie bewußt oder unbewußt als eigene Anschauung kund.

(6) Produktbilder haben *relativ allgemeingültige Inhalte*: Da-

durch, daß das Individuum die von der sozial-kulturellen Umwelt und insbesondere von der Wirtschaftswerbung vorgeprägten Bilder übernimmt, streuen Produktbilder im allgemeinen nicht beliebig, sondern sind in bestimmten Grenzen konform.

(7) Produktbilder haben *keinen Erkenntnischarakter*: Ihnen liegt keineswegs die Erkenntnis objektiver Beschaffenheiten zugrunde, sondern die ich-bezogene Bewertung solcher Gegebenheiten. Durch diese Wertgeladenheit wird die objektive Beschaffenheit verwandelt bzw. verzerrt, obgleich sie stets Funktion jener Beschaffenheit bleibt.

(8) Produktbilder sind *komplexe Systeme*: Die das Produktbild bewirkenden Eigenschaften (Teilbeschaffenheiten) bestimmen den Grad der Beliebtheit, während umgekehrt auch die Beliebtheit die Auswahl und Bewertung der charakteristischen Eigenschaften beeinflußt.

(9) Produktbilder zeigen einen *strukturhaften Aufbau:* Ihr Gefüge ist darstellbar durch eine Anzahl von Vektoren, die analog unseres früheren Bildes von der Motivstruktur mit unterschiedlicher Intensität in verschiedene Richtungen weisen können.

(10) Produktbilder sind *im Bedeutungsgehalt verschieden* stark ausgeprägt: Vektoren, die sich gegenseitig stören oder auslöschen, führen zu einem verwaschenen Produktbild, während ein prägnantes Warenbild nur dann entstehen kann, wenn alle oder die Mehrzahl der Vektoren in die gleiche oder annähernd gleiche Richtung weisen.

(11) Produktbilder von hoher Prägnanz zeigen einen *spezifischen Faktoraufbau:* Nur wenn ein Zukammenklang der Faktoren (Kongruenz oder Konvergenz) erreicht werden kann, so daß sie sich untereinander nicht widersprechen, wird ein bedeutungsgeladenes Produktbild erzielt (kognitive Konsonanz).

(12) Produktbilder stehen unter dem *Einfluß der Irradiation:* Ein Faktor im Gefüge kann die Konstellation der übrigen Faktoren beeinflussen, so daß die Wirkung entweder auf das Ganze des Produktbildes oder aber auf andere, davon scheinbar unabhängige Faktoren abfärbt.

(13) Produktbilder sind *integrierte Erlebnisse*: Die einzelnen Elemente des Bildes werden meist nicht isoliert erlebt, insbesondere in den Fällen nicht, bei denen der Zugang zur objektiven Beschaffenheit der Ware gering ist.

(14) Produktbilder sind in der Integration ihrer Elemente *abhängig vom Nutzenerlebnis*: Je mehr die Beschaffenheit einer Ware über den instrumentalen (Grund)Nutzen hinausgeht, desto geringer wird der subjektive Zugang zur objektiven Beschaf-

fenheit und desto höher wird die Integration des Warenerlebnisses sein.

Fragen wir nun, in welcher Weise Motivstruktur und Produktbildstruktur zusammenhängen. Wie bereits erörtert, ist das tatsächliche Verhalten (z. B. das Auftreten von Kaufakten) das Ergebnis einer bestimmten Motivstruktur bzw. Bedürfnishöhe sowie eines zusätzlichen Aufforderungswertes, den das Zielobjekt unabhängig von der Bedürfnishöhe hat (vgl. *Spiegel*, 1962; *Ruppel*, 1965, insbes. S. 118 ff.). Hierbei klammern wir die Frage aus, ob und inwieweit beide Größen etwa beim Typ des Reizkaufs als unabhängig voneinander gesehen werden können.

Bei der Erörterung der Motivstruktur war von einem Ineinandergriff von Bedürfnis und Befriedigung (Bedürfnismatrix) die Rede. Das Bedürfnis selbst hatten wir aus der Struktur abgeleitet und schließlich als die Resultierende eines Motivkonflikts definiert. Das Bedürfnis (die Resultierende also) sucht sich ein dazu passendes (korrespondierendes) Objekt der Befriedigung aus. Das *Korrespondenzprinzip* besagt, daß zu einem gegebenen Bedürfnis dasjenige Produktbild ausgewählt wird, das der Konfliktresultierenden am besten entspricht. Es wird also angenommen, daß zwischen Motivstruktur und Produktbild eine gewisse Übereinstimmung, eine Identität bestehen muß, wenn es zur Bedürfnisbefriedigung kommen soll. Das Matrizenverhältnis bestimmt sich demnach aus:

$$Ms = Pb \qquad (1)$$

wobei Ms die Motivstruktur eines bestimmten Individuums, Pb dagegen das Produktbild, das dieses Individuum von einem bestimmten Erzeugnis hat, darstellen[1]. Nun wissen wir aber, daß nicht nur die Motivstruktur sich aus verschiedenen Determinanten, nämlich den Motiven, zusammensetzt, sondern daß auch das Produktbild als Ergebnis einer bestimmten Faktorenkombination angesehen werden muß. Wir können beide Strukturen in das gleiche Modell einbeziehen, wenn wir es anschauungsmäßig in die dritte Dimension[2] projizieren (Abb. 18). Bei dieser Darstellung benutzen wir wiederum das Kräfteparallelogramm, wobei m_1, m_2, m_3 ... die einzelnen Motive, f_1, f_2, f_3 ... die einzelnen

[1] Als Kaufindikator ließen sich operational beide Resultierenden addieren, wobei das Divergenzmaß (Winkel α zwischen R_M und R_P) berücksichtigt werden muß.

[2] Das Modell ist eine Analogie, die der Vieldimensionalität der Motivstruktur und des Vorstellungsraumes nicht Rechnung tragen kann. Beides sind im Sinne der Theorie Gebilde eines n-dimensionalen Raumes. Eine mathematische Erfassung des mehrdimensionalen Vorstellungsraumes ist heute mit Hilfe der »sematischen Differentials« möglich (vgl. hierzu: *Osgood, Suci, Tannenbaum*, 1957; *Spiegel*, 1961; *Ruppel*, 1965; *Joyce*, 1963; *Snider, Osgood*, 1969).

Faktoren des Produktbildes kennzeichnen. Das Ergebnis des Motivkonflikts weist in eine bestimmte Richtung (Resultierende R_1), die Faktorkombination des Produktbildes ebenfalls (Resultierende R_2). Decken sich beide Resultierenden (Matrix: $R_1 = R_2$), so entspricht das einem theoretischen *Idealfall der vollkommenen Kongruenz.* In der Realität haben wir es dagegen in aller Regel nur mit einer Konvergenz zu tun, d. h. der Verbraucher wird auch Objekte kaufen, die seiner Motivstruktur nicht in jeder Beziehung entsprechen, aber er wird sich stets für dasjenige Produkt entscheiden, das seiner Konfliktresultierenden (d. h. seinem Bedürfnis) am nächsten kommt.

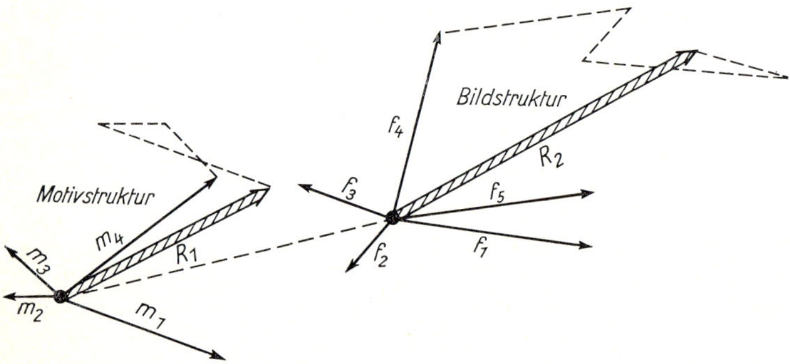

Abbildung 14: Die Bedürfnismatrix in Vektor-Darstellung (Vektortheorie)

Der Sachverhalt wird noch schärfer umrissen, wenn man die Analogie aus dem Bereich der Mechanik noch durch einen chemischen Vergleich ergänzt. Wir stellen uns dabei die Motivstruktur als ein Gebilde vor, das jeweils dann instabil ist, wenn die Resultierende einen Wert annimmt, der von Null abweicht. Die entstehende Resultierende ist dann im Sinne der chemischen Analogie eine freiwerdende Valenz. Man bezeichnet solche Strukturen in der Chemie als ungesättigte Verbindungen, und wir erkennen hier im Vergleich einige typische Elemente wieder, die wir in bezug auf die Bedürfnisspannung deduziert haben; man denke etwa an das Sättigungsgesetz. Es werden also Affinitäten frei und die Motivstruktur sucht sich die zur freiwerdenden Valenz passenden Bausteine. Erst wenn sich das neu hinzukommende »Element« in die Struktur lückenlos einfügt und damit die Spannung durch Sättigung beseitigt, verschwindet die freiwerdende Valenz: Die Struktur wird stabil, die Verbindung ist nicht mehr ungesättigt; die Umwelt und ihr Aufforderungscharakter werden neutralisiert.

Das so entworfene Bild kann noch um eine zusätzliche Feststellung ergänzt werden. Wir erinnern uns, daß bei der Besprechung des Verbraucher-Selbstbildes davon die Rede war, daß *Selbstbild* und *Produktbild* beim realen Kaufakt eine Allianz eingehen Beide Vorstellungen (nämlich die, die der Verbraucher von sich selber hat und die, die er über ein bestimmtes Produkt hat) treffen zusammen und bilden im Kaufakt eine Gleichung. Ist die Beziehung eine Ungleichung, so fehlt die erforderliche Kaufwilligkeit. Um das Selbstbild des Verbrauchers lagert gleichsam eine Produktbildschar; ausgewählt wird dann jenes Produktbild, das dem Selbstbild am besten entspricht. Ähnliche Hypothesen diskutieren *Newman* (1960), *Rogers* (1965), *Birdwell* (1964), *Kernan* und *Sommers* (1967), *Grubb* und *Grathwohl* (1967), *R. Bergler* (1972) und *Winkler* (1973). Wir erinnern in diesem Zusammenhang an unsere diesbezüglichen Ausführungen zum Selbstbild des Verbrauchers im ersten Problemkreis.

Wir notieren daher als Kongruenzgleichung

$$Sb = Pb \qquad (2)$$

Beim Zusammenfügen von Gl. (1) und Gl. (2) erhalten wir dann:

$$Sb = Ms = Pb \qquad (3)$$

Es bedarf noch einiger Worte zu der Art der Übereinstimmung, die wir in dieser Gleichung: Sb = Ms = Pb voraussetzen. Es handelt sich um ein Matrizenverhältnis, oder, wie wir auch sagen können, um eine Identitätsgleichung, allerdings nur im Idealfall der vollkommenen Übereinstimmung. Doch was Identität eigentlich besagt, ist nicht einhellig bestimmt. Identität kann bedeuten, daß etwas mit sich selbst gleich ist. Nach anderer Auffassung bedeutet Identität die Zusammengehörigkeit von Verschiedenen im Selben auf Grund des Selben. In diesem letzteren Sinne ist hier von Identität die Rede, und aus ihr spricht das, worauf die Zusammengehörigkeit von Verschiedenem beruht. Die Gleichung heißt daher unmißverständlicher eine Übereinstimmungsgleichung. Sie besagt: Beim realen Kaufakt sind das Selbstbild des Verbrauchers, seine Motivstruktur und das Bild, das dieser Verbraucher von einem bestimmten Produkt hat, zur Übereinstimmung gebracht. Wir wollen daher von einer *Kaufmatrix* sprechen. Volle Übereinstimmung wird von der Theorie gefordert, aber wieder einmal wird nichts so heiß gegessen, wie die Theorie es kocht, denn in der Wirklichkeit ist die Übereinstimmung kaum jemals vollends realisiert. Immerhin ist eine beliebige Annäherung an diesen gedachten Grenzfall denkbar.

Man sagt dann etwa, man habe genau das gefunden, was man gewollt hat; ein Produkt sei dem Verbraucher »wie auf den Leib geschnitten«, es verschafft also eine optimale Befriedigung des Bedürfnisses, hinterläßt also keinerlei kognitive Dissonanz.

Da nun aber die Menschen bekanntermaßen verschieden sind, wird man sagen können, daß, je ausgeprägter ein Produktbild ist, dieses desto mehr nur einen ganz bestimmten Partnertyp anspricht (*Spiegel*, 1961, S. 52). Der Ineinandergriff ist allerdings dann viel intensiver und beständiger, die Verkehrsgeltung dagegen entsprechend geringer. Je größer die Gruppe wird, die man mit einem Produkt ansprechen will, desto verschiedenartiger werden naturgemäß auch die Individuen sein, mit denen wir es zu tun bekommen. Und desto lockerer wird dann auch der Ineinandergriff. Bei weniger klar umrissenen Produktbildern mit geringer Profilierung streut der Gegenstand mehr in die Breite, d. h. es kommt nur zur annähernden Konvergenz: Mehr Personen werden zwar angesprochen, aber dieses Mehr an Partnern wird nicht so intensiv erfaßt. Lehrsatzmäßig läßt sich also sagen, daß mit zunehmender Tiefe des Produktbildes die Spielbreite der Angesprochenen nachläßt. Ein sehr scharf ausgeprägtes und profiliertes Produktbild wird daher in der Regel nur zu einer relativ geringen, dafür aber zu einer um so treueren Anhängerschaft führen. Verschwimmt aber der Bedeutungsgehalt des Bildes ins Unabgrenzbare, Unprofilierte, so verzeichnen wir eine breiter streuende, aber nicht so intensiv angesprochene Anhängerschaft, die sehr leicht abtrünnig werden kann. Absatzwirtschaftlich sinnvoll und erstrebenswert kann beides sein: breite Verkehrsgeltung bei lockerer Bindung und geringe Verkehrsgeltung bei inniger Matrixbeziehung. Insbesondere beim zweiten Fall, also beim ausgeprägten Produktprofil, wird man das Augenmerk darauf lenken müssen, wer denn nun eigentlich jenen schmalen Marktsektor repräsentiert, den unsere Ware anspricht. Stellt sich beispielsweise heraus, daß dieses Produkt vorwiegend von älteren Leuten gekauft wird, so liegt natürlich der Gedanke nahe, daß es sich hierbei um einen schrumpfenden oder gar aussterbenden Marktsektor handelt, da unsere Ware vielleicht nur traditionale Motive befriedigt. Weitere Folgerungen betreffen das werbliche Konzept: die Streuungsbreite und damit verbunden ihre Zielrichtung. Je ausgeprägter das Produktbild, um so treffsicherer muß die Werbung zielen, d. h. um so mehr müssen die werblichen Maßnahmen gebündelt werden. Im anderen Fall dagegen haben wir keinen scharf ausgegrenzten Marktsektor vor uns: Das Produkt wird von alten und jungen Personen, von Frauen und Männern, Arbeitern und Rentnern gleichermaßen verwendet. Ein scharf ausgeprägter Konsumententyp zeichnet sich nicht ab; eine Gruppenbildung ist nur schwer möglich. Hier müssen wir natürlich damit rechnen, daß beim Auftauchen einer neuen Marke unsere Konsumenten abspringen, denn die latente Konkurrenz liegt bei diesen Gütern gewissermaßen in der Luft. Bei derartig gering ausgeprägten Produktbildern mit breiter Verkehrsgeltung pflegen sich dann auch die jeweiligen Vorstellungen zu überlagern, was eben jenes »Verschwimmen« von Bildern bewirkt (kognitive Überlappung).

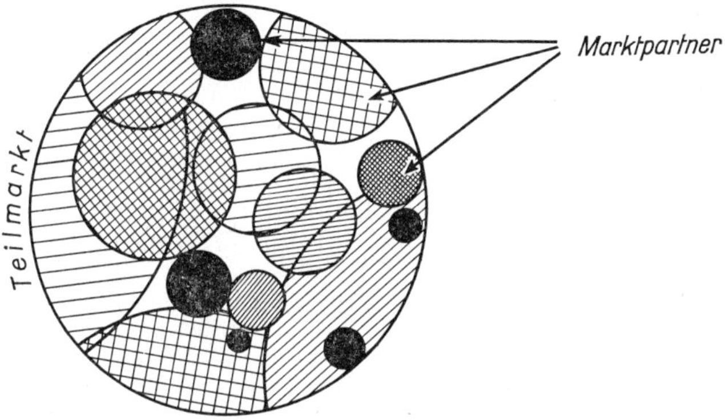

Abbildung 15: Produktbildtiefe und Marktüberlagerung

Die kleinen und ausgeprägten Kreise stellen stabilisierte und profilierte Produktbilder dar. Die größeren, nicht ausgeprägten Kreise, die sich gegenseitig weitgehend überlappen, symbolisieren stark konkurrierende Güter mit breiter *Verkehrsgeltung*, die aber den einzelnen nicht mit solcher Ausschließlichkeit ansprechen, so daß meist nur entfernte Konvergenz der Resultierenden gemäß unserer Matrix-Beziehung vorliegt. Der freibleibende Raum veranschaulicht das noch brachliegende *Marktreservoir*. Für eine neu herauskommende Marke ist es nahezu unmöglich, eine Stelle im Modell einzunehmen, die bereits von einem kleinen, aber starken Kreis besetzt ist. Wird Wert auf eine breite Verkehrsgeltung gelegt, so wird der Kreis des neuen Produktes andere Kreise überlagern müssen. Kommt dagegen eine breite Verkehrsgeltung nicht in Frage, so bedarf es einer exakten Marktforschung und einer gezielteren Werbung, um genau denjenigen Interessentenkreis anzusprechen, der unserem Produktbild entspricht. Der Grad der Überlagerung im Modell ist dann zugleich der Gradmesser der jeweiligen Marktsättigung.

Nun bedarf aber jenes Bild des Ineinandergreifens, das wir hier gezeichnet haben, noch einer Korrektur. Wir beobachten nämlich, daß das Verhältnis zwischen Verbraucher und Produkt in gewissen Grenzen variabel ist, daß also im Extremfall aus einer völligen Inkongruenz (sprich: Ablehnung) eine zunehmende Konvergenz (sprich: Sympathie) erwächst. Jemand hat beispielsweise ein Produkt nur unter sehr schweren Bedenken gekauft, und diese Bedenken erwiesen sich dann als überflüssig. Oder: Der »new look« eines soeben auf dem Markt erschienenen Automobils erregt zunächst Ärgernis (kognitive Dissonanz), so wie etwa auch eine neue Frisur oder sonst eine neue Modetorheit zunächst Befremden erregt. Allmählich gewöhnt man sich dann an das Neue und zunächst Fremdartige. Eine neue Mode, die bei ihrem ersten Auftauchen Gelächter erntet, kann auf diesem Wege sehr bald zum allgemein akzeptierten und fast unentbehrlichen Ingrediens des guten Geschmacks werden.

Was geschieht hier im Sinne unserer Modellvorstellung? Die Resultierende der Motivstruktur des Verbrauchers, die ursprünglich eine große psychische Distanz zu dem neuen Produktbild aufwies, hat sich wie der Zeiger einer Uhr langsam an die Resultierende des neuen Bildes angeschmiegt und durch diese allmähliche strukturelle Verlagerung dem »new look« angepaßt. Wir haben es also hier mit einem Anpassungsvorgang zu tun, den *Spiegel* (1961) als *Harmonisierung* hat und der sich im Sinne der Theorie *Festingers* (1957) als Dissonanzreduktion bezeichnen läßt. Dieser Prozeß der Abstimmung geht dann so vor sich, daß der Konvergenzgrad im Laufe der Zeit immer stärker wird bis zur totalen Verflechtung, so daß das ursprünglich Inkongruente und Fremdartige zum einzig Gemäßen werden kann. Der Deckungsbereich unseres Produktes weitet sich dann auch entsprechend aus.

Dieser Anpassungsvorgang braucht nun keineswegs immer freiwillig zu erfolgen; er kann auch durch den Zwang besonderer wirtschaftlicher Umstände bewirkt sein. Denken wir nur an den Fall eines Monopols, wo es auch für den Ablehner keine Ausweichmöglichkeit gibt und er sich trotz großer Divergenzen dem Gegebenen fügen muß. Sinngemäß das gleiche gilt für ein Oligopol. Einem Wähler, der CDU gewählt hat, braucht diese Partei keineswegs »auf den Leib geschnitten« zu sein; vielleicht hat er unter mehreren Übeln das ihm am kleinsten erscheinende ausgewählt (Aversions-Aversions-Konflikt). Es kann also durchaus auch in manchen wirtschaftlichen Situationen, wo die breit streuende Auswahlmöglichkeit fehlt, bei relativ niedrigem Übereinstimmungsgrad zur positiven Entscheidung kommen. Die gleiche Verschiebung rtitt ein bei mangelnder Markttransparenz (die

Übersicht über die optimalen Befriedigungsmöglichkeiten fehlt) oder bei zu geringer Kaufkraft, so daß der Konsument zu einem Ersatzziel greifen muß, das abseits vom höchst bewerteten Teil des Feldes liegt. Wir erinnern uns, daß die Verschiebung auf ein Ersatzziel sich auf einem Kontinuum der Ähnlichkeit auszubreiten pflegt. Auch hier haben wir eine Zwangslage vor uns, die den Entsprechungsgrad zwischen Verbraucher und Produkt herabmindert. Der Mechanismus der Rationalisierung sorgt nun in vielen Fällen dafür, daß diese geringe Übereinstimmung für das Individuum tragbar erscheint, etwa nach dem Modus der Weintrauben, die für sauer erklärt werden, in Wahrheit aber zu hoch hängen. Das ist eine häufige Form, kognitive Dissonanzen abzubauen.

1.3 Faktoren des Produktbildes

Die Konzeption des Produktbildes muß solange unbefriedigend bleiben, bis sie durch eine Analyse ihrer Bestimmungsfaktoren mit konkretem Inhalt gefüllt wird. Die Forschung steht hier allerdings vor einer schwierigen Aufgabe, da dieses Problem wegen seiner Komplexität analytisch nur schwer zugänglich ist, und es hat seinen guten Grund, weshalb der vorliegende Fragenkreis bisher stark vernachlässigt wurde und man sich lieber mit begrifflichen Fragen so beschäftigt hat, als dispensiere taxonomische Analyse von theoretischer Betrachtung. Die Schwierigkeiten liegen hier vor allem darin, daß die Faktoren des Produktbilds auf verschiedenen Ebenen liegen (vgl. *W. H. Reynolds*, 1965). Wir wollen drei solcher Ebenen unterscheiden:

(1) Personale Faktoren
(2) Produkt-Attribute
(3) Umfeld-Faktoren

Die *erste Faktorengruppe:* Die alte Weisheit, daß sich die Menschen voneinander unterscheiden, ist auch die Ursache dafür, daß die Vorstellungen, die sich bestimmte Individuen von einer Sache machen, voneinander abweichen. Da kein Individuum dem anderen völlig gleicht, gilt der Satz: Produktbilder sind grundsätzlich interpersonell divergent (vgl. auch *A. Winkler*, 1973). Diese Aussage enthält jedoch keine Feststellung darüber, wie weit diese Divergenz geht. Die Divergenz wird nur gering sein, wenn verschiedene Individuen der gleichen Kategorie (z. B. Raucher von Filterzigaretten) angehören. Ist bei einer konkreten Untersuchung von Produktbildern die Kategorienaufteilung angemessen vorgenommen, so sind diese Unterschiede allein wesentlich; die individuellen Unterschiede müssen und können als unmaßgeblich vernachlässigt werden.

Die Feststellung, daß die Eigenart des Verbrauchers (sein Typus, sein Status etc.) in das Produktbild eingeht, ist ohne weiteres aus der früheren Behauptung abzuleiten, daß der Verbraucher etwas von seiner eigenen Persönlichkeit auf das Produkt projiziert. Individuelle und gruppenspezifische Unterschiede in der Beurteilung von Produkten sind also nichts anderes als das Ergebnis des Projektionsvorganges bzw. spezifischer kognitiver Aufladungen.

Behandeln wir kurz das Beispiel einer Zigarettenmarke. Die Gruppenaufteilung erfolgt zweckmäßigerweise zunächst nach Rauchern und Nichtrauchern, und es ist einleuchtend, daß hier signifikante Unterschiede in der Beurteilung des Produktbildes bestehen (vgl. *R. Bergler*, 1972), schon allein deswegen, weil ein Nichtraucher nur ein sehr unvollkommenes, schemenhaftes und erfahrungsleeres Bild von einer bestimmten Zigarettenmarke hat oder diese Marke vielleicht gar nicht kennt. Das gleiche gilt für den Zigaretten- oder Pfeifenraucher. Alle diese Personen sind durch eine erhebliche Distanz vom Bild unserer Marke getrennt; es kann niemals zur Konvergenz im Sinne unseres Strukturmodells kommen. Handelt es sich bei dem untersuchten Markenbild um eine Orient-Filter-Zigarette, so ist wohl anzunehmen, daß der Raucher von ungefilterten Zigaretten davon ein anderes Vorstellungbild hat als etwa derjenige, dessen »Leib- und Magensorte« damit angesprochen ist. Wir können sagen, daß Produktbilder u. a. nach dem Grad der Verwendung zu divergieren pflegen, d. h. je nachdem, ob wir es mit Nichtverwendern, Schwachverwendern oder Starkverwendern zu tun haben.

Jedoch kommt es bei diesen Unterschieden nicht lediglich auf den Grad der Verwendung an. Ein extravertierter Mensch sieht den gleichen Gegenstand mit anderen Augen als ein introvertierter, ein visueller Typ anders als ein nichtvisueller, ein sparsamer Mensch anders als ein verbrauchsamer. Ziehen wir unsere Überlegungen zur Verbrauchertypologie hier heran, so läßt sich – etwas vergröbert – sagen, daß jede Konsumententypologie zugleich auch ein komplementäres Schema der Typologie von Produktbildern widerspiegelt. Die praktische Forschung hat hier mit Hilfe von ad hoc aufzustellenden Typologien ihr besonderes Augenmerk darauf zu lenken, daß sie ein Produktbild nicht über Gebühr generalisiert, sondern gruppen- bzw. typenspezifisch differenziert.

Die *zweite Faktorengruppe*: Bisher war von jenen Faktoren die Rede, die gleichsam aus dem Inneren des Individuums auf das Objekt projiziert werden. Nun ist aber diese Vorstellungswelt nicht beliebig, sondern wird im wesentlichen von den Eigenschaften des betreffenden Objektes getragen, die freilich ihrerseits durch den Projektionsvorgang verzerrt erlebt werden. Zusammenfassend können wir diese Gruppe von Faktoren mit einem uns schon geläufigen Ausdruck als die Teilbeschaffenheiten einer Ware bezeichnen. An sie denkt der Produktgestalter zuerst, wenn von den Bestimmungsgrößen des Warenbildes die Rede ist.

Zu ihnen gehören etwa: Form, Größe, Format, Aussehen, Farbe, Geruch, Sauberkeit, Alter, Eignung, Haltbarkeit, Name (Marke), Bekanntheit, Preis u. dgl. Die einzelnen Teilbeschaffenheiten sind natürlich bei jedem Produkt mit verschiedener Gewichtung an der Schaffung des Vorstellungsbildes beteiligt. Ferner gilt für alle diese Elemente der fast schon zur Phrase denaturierte Satz, wonach das Ganze mehr sei als die Summe seiner Einzelteile. Das heißt: Die Kombination von Faktoren bringt neue Erscheinungen zuwege, die aus den Faktoren selbst nicht erklärbar sind, sondern aus dem Werden der Gestalt heraus verstanden werden müssen. Die ausführliche Beschäftigung mit dem Strukturproblem des Produktbildes hat zudem gezeigt, daß auch zwischen diesen einzelnen Faktoren selbst Beziehungen herzustellen sind, wobei wir wieder an das Beispiel assoziativer Zusammenhänge zwischen Farbe und Geruch (Detailirradiation) erinnern und uns z. B. vergegenwärtigen, daß in der Vorstellungswelt des Verbrauchers auch sehr enge Beziehungen zwischen Preis und Qualität eines Konsumgutes bestehen können. Von Detaildominanz haben wir gesprochen, wenn der Einfluß eines Faktors so ausschlaggebend wird, daß er alle anderen Bestimmungsmomente in sein Schlepptau nimmt. Der Preis kann so wirken, auch die Verpackung.

Die *dritte Faktorengruppe*: Wir haben schließlich noch eine weitere Gruppe von Bestimmungsfaktoren zu unterscheiden, die weder vom Subjekt noch unmittelbar vom Produkt selbst ausgehen, sondern durch intervenierende Bedingungen der Umwelt an das Produkt herangetragen werden (buying environment). Am bedeutendsten ist hier zweifellos die *Wirtschaftswerbung*, entscheidend können aber auch sein: die Mode, die Art und Weise des Angebots, die Auswahl von Gütern gleicher Art, die Verpackung, der Einfluß des Verkäufers als intervenierende Variable (vgl. etwa: *F. E. Webster*, 1968), also alles Faktoren, die dem Produkt nicht von vornherein anhaften, sondern aus dem Umkreis der Situation entstammen. Hier wird gleichsam eine Atmosphäre geschaffen, in der das Produkt »lagert«. Man könnte deshalb von einem »Produkthof« sprechen: Von der Umwelt wird einiges auf das Produkt übertragen, d. h. Umwelt und Ware stehen in einem assoziativen Bezug. Das Produkt in der Hand der Verkäuferin bedeutet etwas anderes als das gleiche Erzeugnis innerhalb eines Stapels von mehreren gleichartigen Produkten und wieder etwas verschiedenes von der gleichen Ware im Schaufenster.

Der wichtigste Einflußfaktor dieser dritten Gruppe ist die Werbung, in der systematisch eine Politik der Produktbildschaffung, -erhaltung oder -veränderung betrieben wird oder zumindest betrieben werden soll. So kann es sein, daß objektiv gleichartige Erzeugnisse einen völlig verschiedenen Standort im Vorstellungsgefüge des Verbrauchers haben. Die Werbung kann es u. U. erreichen, daß ein Produkt als gänzlich neuartig empfunden wird, obwohl sachlich kein Jota daran geändert worden ist. Divergieren Werbestil und Warenbeschaffenheit sehr stark, so leidet darunter erstens die Prägnanz und zweitens kann damit der Zugang zur objektiven Beschaffenheit der Ware nahezu ganz verlorengehen.

Kennzeichnen wir nun jene erste Gruppe unserer Faktoren, die das Bild der Ware vom Verbraucher aus profilieren, als Produktprofil, die zweite Gruppe der sog. Teilbeschaffenheit oder Eigenschaften als Produktbeschaffenheit und die dritte Gruppe der intervenierenden Einflüsse mit dem Ausdruck Produkthof, so erweist sich das Produktbild als Funktion

(1) des Produkt*profils*
(2) der Produkt*beschaffenheit*
(3) des Produkt*hofes*

Das Produktbild ist damit im wesentlichen determiniert durch die Persönlichkeit des betreffenden Verbrauchers, durch die Beschaffenheit der Ware und durch die überformenden Einflüsse des »buying environment« (*Britt*, 1970). Alle diese Größen gehen in das komplexe Gesamtgefüge dergestalt ein, daß sie nicht mehr voneinander isoliert werden können. Das *Warenerlebnis* stellt sich uns als unteilbares Ganzes dar, als Legierung aus künstlichen und natürlichen, objektiven und subjektiven Komponenten. Das bedeutet freilich nicht, daß wir auf die Einzelanalyse solcher Faktoren verzichten müssen, denn wenn es die Forschung nicht weiter bringt als bis zur Anbetung der Ganzheit, dann kommt sie niemals aus dem Dunstkreis halbpoetischer Einblicke hinaus.

Um zur Einzelbehandlung überzugehen, greifen wir aus den angeführten Produktbildfaktoren einige Teilbeschaffenheiten heraus, die erstens von theoretischem Interesse sind und zweitens auch für die absatzwirtschaftliche Praxis erhebliche Bedeutung haben, da sie sich zur Variation relativ gut eignen. Wir wollen vier solcher Faktoren besprechen, und zwar:

(1) den Preis als Produktbildfaktor
(2) die Farbe als Produktbildfaktor

(3) den Namen als Produktbildfaktor
(4) die Verpackung als Produktbildfaktor

ad 1) *Preis*: Daß der Preis als Produktbildfaktor angesehen werden muß, kann nur denjenigen verwundern, der den Aussagen der »reinen« Wirtschaftstheorie zu viel Wirklichkeitsbedeutung beimißt. Nach der dort entwickelten Vorstellung wird zwischen Preis und Nachfrage nach einem Konsumgut ein Kausalnexus dergestalt angenommen, daß bei steigendem Preis die Nachfrage entsprechend sinkt und umgekehrt. Diese Aussage ist natürlich nicht falsch und innerhalb der von der Wirtschaftstheorie gezogenen Prämissen des Nachfragemodells auch nicht zu widerlegen.

Jedoch sollten wir solche Abhängigkeiten nicht allein unter der Perspektive der kaufeinschränkenden Wirkung des Preises betrachten. Uns interessiert nämlich ferner, in welchem Ausmaß der Preis die Qualitätsvorstellungen des Konsumenten im Sinne der Irradiation beeinflußt, d. h. ob ein höherer Preis bei einer bestimmten Ware den Eindruck einer besseren Qualität erwekken kann. Insofern vermag der Preis als Produktbildfaktor zu wirken, und ein unangemessen hoher oder niedriger Preis wird sich (infolge fehlender Konvergenz im Gefüge des Produktbildes) störend auf die Prägnanz auswirken. *Veblen* (dt. 1957) hat wohl als erster auf diesen Sachverhalt aufmerksam gemacht, indem er ausführt, daß der Verbraucher niedrigen Preisen oft mißtraut und teuer mit verdienstvoll gleichsetzt. Jeder Gegenstand müsse nicht nur den Anforderungen der Schönheit, sondern u. U. auch denjenigen der Kostspieligkeit genügen, um den Schönheitssinn des Verbrauchers zu erregen. Wir erinnern uns, daß bei der Besprechung des Prestigemotivs in eben diesem Sinne von einem »*Veblen-Effekt*« die Rede war. Es mag also sein, daß der Psychologe von seiner Warte aus zu genau dem umgekehrten Ergebnis gelangt wie der Ökonom: Er wird feststellen, daß ein Produkt um so wertvoller erscheint, je höher der Preis angesetzt ist. Folglich, so fährt er in seinen Überlegungen fort, muß die Nachfrage nach diesem Gut steigen, denn es wird ja in der Vorstellung des Verbrauchers dadurch wertvoller, verspricht also ein Mehr an »Nutzen«. Würde nun der Psychologe seine Nachfragekurve zeichnen, so verliefe diese konträr zu jener, die der Nationalökonom zu zeichnen gewohnt ist.

Niemand wird leugnen, daß beide, der Ökonom und der Psychologe, zu einem gewissen Teil recht haben. Wenn aber beide auf ihrem Standpunkt beharren, so bedeutet das nur, daß jeder lediglich einen Ausschnitt der Wirklichkeit sieht. Der Ökonom betrachtet den Preis unter dem Gesichtspunkt der kaufeinschränkenden Wirkung; er sieht den Preis als Kostenfaktor, d.h. als ein subjektives Opfer, das dem Konsumenten um so schwerer fällt, je größer es ist. Er rechnet damit, daß das Individuum dieses Opfer bis zu einem bestimmten Ausmaß auf sich nehmen wird, um jenseits dieser Grenze auf den Erwerb des Konsumgutes zu verzichten oder auf ein anderes Produkt auszuweichen. Der Psychologe sieht jedoch den Preis als Produktbildfaktor, d. h. er erwartet von der Höhe des Preises auch eine gewisse Abstrahlung (Irradiation) auf die Verbrauchervorstellung hinsichtlich der Qualität. Am Beispiel: Eine neue Hautcreme erscheint auf dem Markt. Die Preise der vergleichsweise heranzuziehenden Konkurrenzfabrikate bewegen sich um DM 1,50 bis DM 1,80. Wird der Preis der neuen Creme mit DM 1,40 angesetzt, so besteht die Gefahr, daß dieses Erzeugnis ungeachtet seiner tatsächlichen Beschaffenheit die Vorstellung des Minderwertigen erweckt. Setzt man jedoch den Preis der Hautcreme ungewöhnlich hoch an, sagen wir auf DM 2,80, so braucht das noch nicht unbedingt zu heißen, daß das neue Produkt in seiner Außenseiterposition keine Beachtung findet; der hohe Preis kann u. U. in durchaus positivem Sinne in das Produktbild eingehen und beim Verbraucher die Vorstellung eines qualitativ hochwertigen Erzeugnisses erwecken, insbesondere dann, wenn der Zugang zur objektiven Beschaffenheit wie im vorliegenden Falle gering ist.

Nehmen wir nun an, daß jeder, der Psychologe und der Ökonom »seine« Nachfragekurve auf Grund der üblichen Voraussetzungen (unveränderte Bedürfnisse, gegebenes Geldeinkommen, gegebene Preise der anderen Güter, linearer Kurvenverlauf) in das gleiche Koordinatennetz zeichnet. Wir gelangen dann zu einem ökonomisch-psychologischen Nachfragemodell, in dem sich zwei zueinander konträr verlaufende Kurven befinden. In der einen Geraden erweist sich der Preis als Kostenfaktor, d. h. die Kaufbereitschaft nimmt bei steigendem Preis in einem gewissen Maße ab. In der anderen Gerade bekundet sich die gegenläufige Tendenz, nämlich die Zunahme der Kaufbereitschaft, da der Preis als Produktbildfaktor auftritt.

Man braucht nicht viel geometrisches Verständnis, um zur effektiven Nachfragekurve (N) zu gelangen, die sich aus zwei Komponenten (N_1 und N_2) zusammensetzt, Realisiert wird freilich nur die effektive Nachfragekurve. Die beiden Teilkurven, in die wir sie zerlegt haben, sind lediglich gedankliche Hilfsgrößen, durch die wir aber manche Widersprüchlichkeit und die eigenartige Ambivalenz des Verbrauchers in diesem Bereich gut erklären können. Mit dieser recht einfachen Aufteilung des Nachfragemodells in zwei Bestandteile, deren einer ökonomischer und deren anderer psychologischer Natur ist, wird keineswegs eine neuartige Theorie des Preismechanismus aufgestellt, sondern durch die Verquickung psychologischer mit ökonomischen Aspekten lediglich eine recht naheliegende Synthese gezogen.

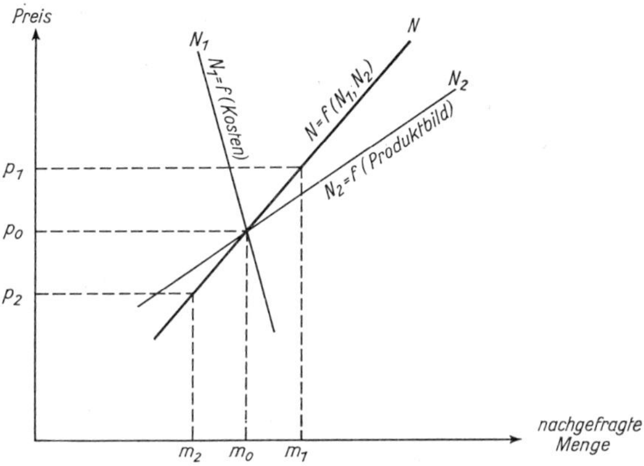

Abbildung 16: Das ökonomisch-psychologische Nachfragemodell

In unserer Zeichnung haben wir einen willkürlichen Fall angenommen. Ein Blick auf die effektive Nachfragekurve zeigt, daß es sich hier tatsächlich um ein Gut handelt, bei dem steigender Preis nachfrageerhöhend wirkt. Nun weiß jedermann, daß dies nur bei ganz bestimmten Gütern der Fall sein wird. Wodurch sind solche Konsumgüter charakterisiert? Diese Frage läßt sich mit der Kenntnis der Strukturzusammenhänge verhältnismäßig leicht beantworten. Die »Produktbildempfindlichkeit« eines Gutes in bezug auf den Preis hat offenbar etwas mit dem Zugang zur objektiven Beschaffenheit zu tun, denn wenn wir über die Qualität des Erzeugnisses hinreichend Bescheid wissen, wird uns ein niedriger Preis nicht sonderlich stören und ein hoher Preis u. U. objektiv unangemessen erscheinen. Ist dagegen der Zugang zur objektiven Beschaffenheit gering, was, wie wir wissen, mit einem Überwiegen des Zusatznutzens identisch ist, so verzeichnen wir eine wachsende Unsicherheit des Verbrauchers, und der Preis dient ihm mehr und mehr als Indiz der Qualität eines Produktes.

Die psychologischen Aspekte der Preispolitik (psychological pricing) sind in der neueren Verbrauchsforschung häufig hervorgehoben worden (vgl. etwa: *B. P. Shapiro*, 1968; *A. Oxenfeldt* et al., 1961); seltener sind jedoch experimentelle Studien zu diesem Problem. *J. D. McConnell* (1968) untersuchte identische Güter mit verschiedenen Preisen auf ihren Preis-Qualitäts-Perzeptions-Zusammenhang und fand eine positive, jedoch nicht lineare Beziehung zwischen Preis und vermuteter Qualität (vgl. auch: *D. S. Tull* et al., 1964; *Sturdivant* et al., 1970; *Stafford, Enis*, 1969).

Während dieser Effekt im Sinne der Marketing-Strategie ein willkommenes Mittel sein kann – wenn nämlich eine Preiserhöhung u. U. absatzfördernde Folgen hat – so ist eine solche Taktik sicherlich extrem verbraucherfeindlich und im Sinne der Verbraucherpolitik Angriffspunkt besonderer Maßnahmen, die diesen Möglichkeiten entgegenwirken. Hier muß es darauf ankommen, den Transparenzgrad von Märkten und Produkten zu erhöhen, um damit besseren Einblick in die objektive Beschaffenheit der Situation zu vermitteln.

Dies wird freilich dann geringe Konsequenzen haben, wenn die absatzerhöhende bzw. produktbildverbessernde Wirkung von Preissteigerungen nicht auf dem Unsicherheitserlebnis gegenüber der Qualität beruht, sondern hauptsächlich auf dem Prestigemotiv im Sinne des Veblen-Effekts. Dies zeigt eine Bedeutungsanalyse des Begriffes »teuer« nach der *Osgood*schen Profilmethode. Im positiven Sinne zeigt dieser Begriff Affinitäten zu: »das Beste«, »hohe Qualität«, »fein«, »elegant« usw.; im negativen Sinn zu: »versnobt«, »aufwendig«, »ostentativ« usw. (vgl. hierzu auch *Reynolds*, 1965). Hier ergeben sich vermutlich auch sognifikante Unterschiede zwischen einzelnen Verbraucher-Kategorien nach bestimmten Persönlichkeitsmerkmalen oder Schichtunterschieden. Auch hier muß also wiederum darauf hingewiesen werden, daß Meinungsgegenstände keine in sich geschlossenen Informationskomplexe darstellen, sondern u. a. nach personalen Merkmalen variieren. Als wichtige Variable muß dabei das jeweilige Selbstbild des Verbrauchers beachtet werden.

ad 2) *Farbe*: Das Studium der Farbe als Produktbildfaktor ist u. a. im Rahmen des »Color Research Institute« (*L. Cheskin*) sowie im Kontext mit werbepsychologischen Problemstellungen untersucht worden, wo es um Probleme der Farbwahl bei Produkten und Verpackungen geht. Im Vordergrund stehen die üblichen Fragen, also etwa um das spezielle Problem, ob eine schwarze Schrift auf grüner Packung das Publikum besser anspricht als etwa eine blaue Beschriftung auf orangefarbenem Hintergrund. Solche Detailfragen sind hier nicht unser Gegenstand; wir fragen hier vielmehr nach der relativen Bedeutung, die eine bestimmte Farbe für das Produkterlebnis haben kann.

Dabei erinnern wir uns zunächst an die These von der Integriertheit des Warenerlebnisses, die zum Inhalt hatte, daß es durch die Irradiation eines der produktbildbestimmenden Faktoren zu dessen Detaildominanz kommen kann. Betrachten wir beispielsweise den Kauf eines Automobils, so wird im allgemeinen (insbesondere bei männlichen Käufern) das Erlebnis der Farbe eine periphere Rolle spielen, und die mangelnde Integriertheit der Farbe wird am ehesten dadurch deutlich, daß sie weitgehend isoliert erlebt wird, indem z. B. die Auswahl der Farbe erst nach dem eigentlichen Kaufentscheid erfolgt. Das Warenerlebnis ist in bezug auf die Farbe hier nur mäßig integriert. Im Falle der bereits mehrfach zitierten Feinseife machten wir dagegen die umgekehrte Feststellung: Die Farbe wird zu einem dominanten Faktor im Gefüge des Produktbildes und vermag dieses System ganz entscheidend zu beeinträchtigen. Die Theorie der kognitiven Dissonanzen spricht hier von kognitiven Schlüsselelementen.

Den weitgehend illegitimen Ausgangspunkt von Farbdeutungen bildet auch heute noch sehr häufig die popularisierte Farbensymbolik *Goethes*, in der die »sinnlich-sittliche Wirkung der Farbe« zum Ausdruck kommen soll. Schon hier fällt aber auf, daß ein und derselben Farbe unterschiedliche Bedeutungen beigemessen werden. Das kann nicht mehr verwundern, wenn wir uns an das erinnern, was wir einige Abschnitte vorher über das Wesen des Symbols und die ihm immanente Vieldeutigkeit ausgeführt haben. Dabei sahen wir, daß der Bedeutungsinhalt von Symbolen gruppenspezifisch differiert und daß diese sogar innerhalb der verschiedenen Persönlichkeitsinstanzen des Individuums durchaus verschiedene Bedeutungsqualitäten annehmen können. Der Sinngehalt von Farben wird ferner auch mit den Gegenständen variieren, denen sie anhaften. Ein schwarzes Automobil oder eine schwarze Handtasche mögen ganz andere Assoziationen hervorrufen als etwa eine schwarze Zigarettenpackung. Daraus dürfte deutlich werden, daß die Aussage, eine Farbe bedeute dieses oder jenes, nicht nur mit Vorbehalt aufgefaßt werden muß, sondern in dieser Weise überhaupt nicht getroffen werden kann.

Gewisse Fortschritte im Hinblick auf die Bedeutungsanalyse von Farbvorstellungen hat auch hier das semantische Differential nach *Osgood* eröffnet, das die semantische Einstufung von Farben innerhalb eines mehrdimensionalen Kontinuums gestattet (vgl. zur Anwendung im Bereich der Farbsymbolik *P. R. Hofstätter*, 1957, S. 31). Auf Grund der Ähnlichkeitskorrelationen mit bestimmten Produktbegriffen ließe sich auch das Maß der Konvergenz im Sinne unserer Modellvorstellung messen. Es muß also auch hier darauf hingewiesen werden, daß es wenig sinnvoll ist, von der »absoluten« Bedeutung einer bestimmten

Farbe auszugehen, sondern daß es notwendig ist, den produktspezifischen Farbwert zu ermitteln, um von hier aus darauf zu schließen, inwieweit sich die Farbe als Produktbildfaktor mit den übrigen Faktoren verträgt und ob eine Harmonie der Teilbeschaffenheiten erreicht werden kann.

ad 3) *Name*: Wie alle übrigen Bestandteile des Erzeugnisses und seiner Aufmachung ist auch der Warenname als Produktbildfaktor wirksam. Auf Grund häufigen Erlebens (visuelle und akustische Wahrnehmung) verdichtet sich der Name zu einem Begriff und wird mit zunehmender Popularität zum Inbegriff der Ware, die diesen Namen trägt. Da hierbei in der Regel angestrebt wird, den Namen eines Erzeugnisses gleichzeitig zum Inbegriff guter Qualität werden zu lassen, ist der Weg zur Marke und zum Markenartikel unmittelbar mit dem Schicksal des Namens verknüpft. Als Gegenstand unseres Bewußtseins bekommen wir das Ding in erster Linie durch das Wort in den Griff Gerade darum tendieren Worte und Namen in der Regel zu einer über den abstrakten Begriffsinhalt hinausgehenden Bedeutsamkeit. Jeder Begriff hat also einen bestimmten Bedeutungshof, seinen semantischen Ort, und nach Maßgabe der semantischen Distanz definieren wir zugleich auch den Umkreis der dafür in Betracht kommenden benachbarten Begriffe. Um dieses Bedeutungsfeld zu ermitteln, bedient man sich in der Hauptsache der verschiedenen Assoziationsmethoden. Ist die assoziative Einbettung des Namens bekannt, so muß geprüft werden, ob der Bedeutungshof des Namens mit dem der Ware übereinstimmt, oder ob er davon abweichende Assoziationen weckt. Mitunter kommt es auch vor, daß zuerst der Name da ist und hierfür ein geeignetes Objekt gesucht wird, so daß sich das Ganze umgekehrt abspielt.

Es genügt also nicht, die Frage nach dem Namen als bloßes Gedächtnisproblem zu behandeln; auch hier – wie bei allen anderen Produktbildfaktoren – münden wir wieder in das Kernproblem der Übereinstimmung, d. h. das Kongruenztheorem fordert eine große Affinität des Namens zum Produkt. Im sogenannten »Parallelen Vergleichstest« wird dann unter mehreren in Erwägung gezogenen Namen derjenige mit der geringsten semantischen Distanz (Idealfall: d = O) ermittelt, d. h. derjenige, der von den herangezogenen Probanden als für eine bestimmte Toilettenseife, ein vorgegebenes Haarwasser oder einen neuartigen Weinbrand am geeignetsten empfunden wird.

Freilich begegnet uns der Name einer Ware niemals in seiner »chemischen Reinheit«. Die optische Wahrnehmung des Namens geht den Umweg über die Schrift, und infolgedessen geraten Störvariable ins Bild, die nicht so ohne weiteres zu eliminieren sind. Die Analyse des graphischen Bildes muß dann ergeben, ob und inwieweit eine bestimmte Schrift zum Wort bzw. zum Produkt paßt. Die akustische Wahrnehmung enthält als intervenierende Variable den Eindruck, den der jeweilige Sprecher auf uns macht, so daß wir den Warennamen wohl kaum irgendwann einmal soweit isoliert erfassen können, daß er völlig von den Umweltfaktoren neutralisiert wird.

Stimmt der Warenname im wesentlichen mit dem sonstigen Produktbild überein und vermag sich das betreffende Erzeugnis eine Vorrangstellung in der Meinung der Verbraucher zu verschaffen, so steht dem Weg zur Markenbildung nichts mehr entgegen. In dieser Position kann der Name bewirken, daß allein durch sein Hören spontane Vorstellungen von der konkreten Ware ausgelöst werden und daß der Name dann auch vorstellungsmäßig stellvertretend für die Ware selbst einspringt. Name und Produkt werden so identisch. Dieser Vorgang der Identifikation geht den Umweg über die dissonanzmindernde Harmonisierung, d. h. daß ein bestimmter Name u. U. auch dann, wenn er anfangs für die Ware nicht so recht gepaßt hat, allmählich mit dem Erzeugnis verschmilzt und schließlich mit ihm identisch wird. Nicht nur der Gegenstand wird durch die Benennung umstrukturiert, sondern auch umgekehrt: der Name wird durch den Gegenstand verwandelt. *W. T. Tucker* (1964) hat, ähnlich wie auch *McConnell* (1968) bei der Preis-Qualitäts-Beziehung, identische Konsumgüter (Brot) nach Präferenzen in bezug auf bestimmte Markennamen untersucht und kam hier zu ähnlichen Ergebnissen wie auch *McConnell.*

Die Übereinstimmung zwischen Name (Marke) und Produkt kann nun über die gewünschten Grenzen der Bezeichnung hinauswachsen. In diesem Falle wollen wir von einer totalen Identifikation sprechen, die oft absatzwirtschaftlich unerwünscht ist. Es kann dann soweit kommen, daß z. B. Kodak stellvertretend für Fotoapparat, Eukalyptus stellvertretend für Hustenbonbons, Frigidaire stellvertretend für Kühlschrank, Weck-Gläser stellvertretend für Einmachgläser (siehe etwa die Lautbildung »einwecken«) gebraucht wird und der Markenschutz nicht mehr ausreicht, um diejenigen auszuschalten, die den Windschatten des Pioniers ausnutzen und ihre Ware unter eben dieser Bezeichnung auf den Markt bringen. In dem hier geschilderten Falle ist die Kongruenz und die damit verbundene Identifikation über das erwünschte Maß hinaus gediehen.

ad 4) *Verpackung*: Die Verpackung als Produktbildfaktor unterscheidet sich von den bisher besprochenen Faktoren insbesondere dadurch, daß sie selbst wieder einen Komplex verschiedenartigster Bestimmungsmomente verkörpert. Der Einfachheit halber wollen wir hier aber die Verpackung als zusammenhängendes Ganzes betrachten und ihren verschiedenen Teilbeschaffenheiten jetzt keine besondere Aufmerksamkeit widmen.

Ob man die Frage, inwieweit die Verpackung Bestandteil der Ware selbst ist, bejahen will, hängt davon ab, ob das Produkt sehr eng mit seiner Verpackung verschmolzen ist, so daß man beides als Einheit ansehen kann. In vielen Fällen besteht durch die Verpackung der einzig sinnvolle Zugang zur Ware, z. B. bei Schokolade, und man wird wohl sagen können, daß die Entwicklung eines Produktes zur Marke fast stets an die Verpackung geknüpft ist – Ausnahmen sind z. B. Markenfahrräder, Automobilmarken usf. – zumal ja auch der Name irgendwie kenntlich gemacht werden muß und sich hierzu die Verpackung in erster Linie anbietet.

In loser Anknüpfung an *Henry* (1960) wollen wir die Wahrnehmungs- die Gebrauchs- und die Produktbildfunktion der Verpackung unterscheiden. In der Wahrnehmungsfunktion erscheint die Verpackung als Blickfang; entscheidend ist hier der Aufmerksamkeitswert der Verpackung. Dabei geht es zunächst noch nicht darum, ob die Verpackung den Verbraucher auch in positivem Sinne anspricht; maßgebend ist lediglich die blickfangende Wirkung, die die psychischen Affinitäten des Verbrauchers auf die Ware lenken soll. Um die werbliche Resonanz der Verpackung zu erschließen, bedient sich die empirische Forschung des sogenannten Eindruckstests, bei dem der Proband nach Entzug der Vorlage die Packung beschreiben soll. Auf diese Weise erhalten wir ein Bild über den Erinnerungswert einzelner werblicher Aussagen.

Bei der Gebrauchsfunktion handelt es sich um die instrumentale Verwendbarkeit der Verpackung, die insbesondere in den Fragenkreis der Verwendungsforschung gehört. Hierzu zählt ein ganzer Komplex verschiedenster Eigenschaften; wir greifen einige heraus: Möglichkeit der Öffnung, Verschließbarkeit, Unzerbrechlichkeit, Undurchlässigkeit, Haltbarkeit, Handlichkeit, Druckfestigkeit, Möglichkeit zur Weiterverwendung, Transporteignung, Durchsichtigkeit (z. B. Klarsichtpackungen), Frischhaltung usf. Alle diese Teilbeschaffenheiten der Verpackung können sich, je nach dem Gewicht, das ihnen im Einzelfalle zufällt, im Urteil der Verbraucher absatzhemmend oder absatzfördernd auswirken. »Im besonderen aber hat das Auswahlprinzip im parallelen Vergleichstest für die Optimierung der Verpackung eine wichtige Funktion. Es führt zur eindeutigen Erkenntnis z. B. darüber, ob Bier in Flaschen oder in Dosen, Haarwaschmittel in Beuteln, Tuben oder Kissen, Geschirrspülmittel in Paketen, in Tuben oder Flaschen größere Absatzchancen haben« (*Lohmeier*, 1959, S. 170 f.).

Die Produktbildfunktion der Verpackung soll zur Schaffung eines Vorstellungsbildes mit positiver Anmutungsqualität beitragen. Die Verpackung vermag in vielen Fällen das Produktbild recht eigentlich erst zu schaffen; die nackte Ware ist dazu gar nicht imstande. Im Extremfall wird die Verpackung zum alleinigen Träger des Vorstellungsbildes. Weitgehend ist das z. B. bei Zigaretten der Fall, denn es ist bekannt, daß Raucher im Blindtest selbst unter wenig Alternativen nicht imstande sind, ihre Leibsorte zu erkennen. Ähnliches gilt beim Genuß von Spirituosen, wobei allerdings signifikante Geschmacksunterschiede ausscheiden (vgl. hierzu u. a. die Ergebnisse bei *R. I. Allison* und *K. P. Uhl*, 1964).

Der Verpackung fällt ferner die Aufgabe zu, das Produktbild zum *Markenbild* zu erheben; allerdings kann sie allein diese Aufgabe nicht oder wenigstens nicht immer bewältigen. Es stimmt auch nicht, daß der Begriff der Marke immer an die Verpackung geknüpft sein muß – man denke wieder an Markenfahrräder – aber das ist mehr die Ausnahme als die Regel. Im allgemeinen ist die Verpackung unerläßlich, um ein Produktbild solcher Prägnanz, wie es die Marke charakterisiert, zu schaffen.

Die drei genannten Funktionen können sich einander widersprechen: Ein guter Blickfang kann dennoch eine negative Wirkung im Urteil des Verbrauchers bewirken und insofern mit der Produktbildfunktion kollidieren. Umgekehrt mag einem Produkt eine Verpackung zugedacht sein, die den Verbraucher hervorragend anspricht, sich aber zur praktischen Handhabung nicht eignet. Die Verpackung erfüllt also die ihr absatzwirtschaftlich zugedachte Aufgabe nur dann vollends, wenn sie den Verbraucher hinsichtlich aller drei Teilfunktionen gut anspricht. Es kommt also auch hier auf die Harmonie der verschiedenen Teilfunktionen an.

Daß die Verpackung als Ganzes wiederum mit den übrigen Teilbeschaffenheiten der Ware in Konvergenz stehen muß, um eine gute Harmonie des Gesamtbildes hervorzurufen, bedarf keiner weiteren Begründung mehr. Das Erzeugnis soll sich ja – ähnlich, wie wir das schon beim Warennamen gesehen haben – mit der Verpackung identifizieren. Betrachten wir beide Systeme – Verpackung und Erzeugnis – getrennt, so bedeutet das erstens, daß die Verpackung eine bestimmte Vorstellung von der darin befindlichen Ware enthalten sollte und zweitens, daß auch die Ware nicht in beliebiger Weise verpackt werden kann, sondern gleichfalls eine Vorstellung von der dafür geeigneten Pakkung vermitteln soll. So ist die Wahl der produktadäquaten Verpackung keine Gleichung mit zwei Unbekannten: Hat die Ware einen bestimmten Platz im Vorstellungsbild des Konsumenten eingenommen, so kommt für die Verpackung nur noch der gleiche Ort im Bedeutungsfeld in Betracht, denn allein dort wird die von der Theorie geforderte totale Kongruenz gewahrt.

Ist die Ware mit einer bestimmten Verpackung erst einmal eine gewisse Zeit auf dem Markt, so lassen sich die beiden Systeme, Verpackung und Produkt, nicht mehr isoliert voneinander behandeln, weil sie sich gegenseitig in ihrem Faktorgefüge durchdringen und die Ware einschließlich ihrer Packung als Ganzheit erscheinen lassen. Bleiben im Falle der Inkongruenz beide Systeme füreinander undurchdringlich, weil sie sich im Faktoraufbau zu stark widersprechen, so kann das natürlich niemals zur Herausbildung eines Produktbildes von besonderer Prägnanz führen.

1.4. Variationen des Produktbilds

Nachdem wir die Erscheinung des Produktbildes einer Begriffs-, Struktur- und Faktorenanalyse unterzogen haben, interessiert uns nun die Veränderungsmöglichkeit eines bestehenden Produktbildes. Diese Frage ist vor allem Gegenstand der praktischen Motivforschung, zumal das Problem auf das jeweils gegebene Erzeugnis speziell zugeschnitten werden muß, aber wir wollen auch hier wieder sehen, was uns die theoretische Analyse an generellen Aussagen liefert.

Wenn von Veränderungen oder Verlagerungen des Produktbildes die Rede ist, so bleibt zunächst noch offen, ob es sich dabei um eine gewollte oder ungewollte Veränderung handelt. Das Produktbild eines Automobils wird sich ungewollt verändern, wenn sich der Benzinverbrauch dieses Wagens als unerwartet hoch herausstellt, der Motor sich als überzüchtet erweist oder die Automobilfirma in Konkurs geht. Gegenstand unserer Überlegungen sind aber hier nicht jene ungewollten Verlagerungen des Produktbildes, sondern die *bewußt gesteuerte Variation,* die als unternehmungspolitische Maßnahme darauf hinzielt, die Absatzmöglichkeiten für ein gegebenes Produkt zu erweitern.

Grundsätzlich gilt: Veränderungen des Produktbildes sind möglich durch Variationen eines oder mehrerer seiner Faktoren. Zu beachten ist ferner, daß die einzelnen Teilbeschaffenheiten der Ware nicht isoliert nebeneinander liegen und daher auch nicht isoliert variiert werden können. Verändern wir beispielsweise die Farbe einer Feinseife, so müssen wir damit rechnen, daß davon auch das Geruchsempfinden des Verbrauchers betroffen wird, obgleich der Geruch objektiv der gleiche geblieben ist. Wenn mehrere Probanden im Auswahltest eine bestimmte Sorte Damenstrümpfe für die qualitativ beste halten, obgleich in Wahrheit homogene Güter vorliegen, die sich nur durch Parfümierung unterscheiden (vgl. *Laird*, 1932), so muß geschlossen werden, daß dieser Faktor die Gesamtvorstellung des Produktbildes irradiiert. Solche Irradiationsphänomene hatten wir vor allem auch in bezug auf den Preis kennengelernt. Um nun das gewünschte Ziel einer möglichst hohen kommunikativen Prägnanz des Produktbildes zu erreichen, ist oft eine Umgruppierung von Faktoren erforderlich, um den Konvergenzgrad der im Warenbild heimischen Faktoren zu erhöhen. Die Möglichkeit einer solchen Umgruppierung ist natürlich abhängig von der Prägnanzstärke, die das Produktbild schon erreicht hat. Prägnante Bilder sind meist auch relativ inflexibel, d. h. die einmal bestehende Vorstellung hat sich auf Grund des Erstarrungsgesetzes so weit verfestigt, daß die Modellierbarkeit des Gesamtgefüges und die damit erreichbare Verlagerung des Warenbildes erschwert oder überhaupt in Frage gestellt ist. Das wird insbesondere bei solchen Marken der Fall sein, die sich bereits sehr lange auf dem Markt befinden und deren Produktbild schon eine lange »Geschichte« hinter sich hat. Bevor man also an die bewußt gesteuerte Verlagerung eines Produktbildes herangeht, sollte gut überlegt werden, ob eine solche Maßnahme infolge der eventuell bestehenden hohen Gestaltfestigkeit des Produktbildes überhaupt Aussicht auf Erfolg hat oder ob es nicht sinnvoller ist, ein vollkommen neues Erzeugnis unter anderem Namen herauszubringen, das dann als Satelliten-Produktbild oder als Alternativ-Produktbild im Vorstellungsgefüge der Verbraucher einen anderen »Raum« einnimmt, um damit auch andere Positionen im sozialen Feld, also neue Käufer»schichten« positiv anzusprechen. Dies empfiehlt sich immer dann, wenn ein vorhandenes und seit langem bekanntes Produktbild ohne hohe »Kosten« und hohes Risiko nicht geändert werden kann.

Es ist jedoch ein Irrtum zu meinen, daß die hohe Konsistenz von Produktbildern ausreicht, um das Spezifische ihrer Existenz auf Dauer beizubehalten. Es kommt hier sehr leicht zu unbeabsichtigten Schwerpunktverschiebungen: »der Meinungsgegenstand verändert unversehens seinen Charakter, sein Gesicht, sein Image, denn die Anhängerschaft ist ein integrierender Bestandteil des image« (*Spiegel*, 1961, S. 93). So kann ein konservatives Produktbild z. B. mit der überalterten Anhängerschaft eines Tages aussterben. Und so kann ein Produktbild, das zu wesentlichen Teilen auf einem »snob appeal« oder einem Innovationseffekt basiert, sehr schnell seine Anhängerschaft verlieren, wenn nämlich ein gewisser Ausbreitungsgrad erreicht ist.

Fragen wir nun, welche Faktoren überhaupt zur Variation geeignet sind. Gemäß unserer Dreiteilung der Faktoren wäre die erste Möglichkeit die, beim Konsumenten selbst anzusetzen und diesen in seiner Einstellung dem Produkt gegenüber besser abzustimmen, also – um ein grobes Beispiel zu nennen – die Nichtraucher dazu zu überreden, Raucher zu werden. Das Produkt bleibt jedenfalls in seiner objektiven Beschaffenheit unverändert. Ein zweiter Weg wäre der, die Art der Werbung, d. h. den Werbestil zu verändern, indem man etwa betont, daß die Zigarettenmarke A nur von Weltmännern geraucht zu werden pflegt. Dadurch verspricht man sich eine Verlagerung des Produktbildes, das bisher vielleicht als Inbegriff einer »harten Sorte« galt. Auch bei dieser zweiten Möglichkeit wird an der Ware selbst eigentlich gar nichts geändert. Die dritte Möglichkeit besteht nun aber darin, die Eigenschaften bzw. Teilbeschaffenheiten des Produktes abzuwandeln, so daß durch Umstrukturierung einzelner Faktoren eine neue Produktbildkonfiguration entsteht. Man variiert etwa die Farbe eines Erzeugnisses, verändert dessen Geruch, wandelt das Aussehen in einigen Einzelheiten ab, wählt eine andere Verpackung, gibt dem Produkt einen neuen Namen, variiert den Preis usf.

Planen wir die Verlagerung eines Produktbildes, so tauchen insbesondere die folgenden Fragen auf (vgl. hierzu auch: *Reynolds*, 1965; *Wiswede*, 1965):

(1) Welche Faktoren bzw. Elemente des Produktbildes sind am leichtesten zu ändern, wobei produktions- und absatzwirtschaftliche Sicht divergieren können?
(2) Welche Änderungen kann man so beherrschen, daß die Wirkungen voraussehbar sind?
(3) Gibt es Schlüsselelemente im Produktbild, die bei einer Änderung eine totale Bedeutungsverschiebung herbeiführen?
(4) Wie hängen die Elemente zusammen, und welche Änderung der Konfiguration stellt sich ein, wenn eines oder einige der Elemente variiert wird?
(5) Wie können die positiven Elemente in der Perzeption des Verbrauchers herausgestrichen, die negativen dagegen abgebaut werden?

Setzen wir die Bedürfnishöhe, also die Motivation als konstant, so kann die absatzwirtschaftliche Strategie mit zwei Zielen umrissen werden:

(1) Ziel breiterer Verkehrsgeltung, d. h. einer zunehmenden Anzahl potentieller Käufer, die mit dem Produkt positiv angesprochen werden;
(2) Ziel besserer Konvergenz der Teilbeschaffenheiten, also Variation divergenter Elemente mit dem Effekt der Dissonanzreduktion.

Beide Ziele stehen in einem gewissen Sinn miteinander im Widerspruch: Das Streben nach breiterer Verkehrsgeltung ist, wie wir wissen, mit einer Minderung der Prägnanz verbunden; die Bedürfnismatrix lockert sich. Erhöhung der Konvergenz mit der dadurch erreichten Verbesserung der Prägnanz kann mit einer Schmälerung des erreichbaren Marktsektors verbunden sein. Dies ist eine der bekannten Schwierigkeiten der Marktsegmentierung. Um hier praktische Entscheidungen treffen zu können, ist es notwendig, über die Verteilung und die jeweiligen Merkmale der Anhänger bzw. der potentiellen Anhänger genau informiert zu sein, zumal jede Verschiebung von Produktbildern ein teilweises Auswechseln der Anhängerschaft bedeutet.

Da das Problem der Produktbildvariation im wesentlichen kein Problem der tatsächlichen Änderung von Faktoren oder Elementen ist – was sich ohnehin oft nur im Bereich der marginalen Differenzierung oder der modischen Variation vollzieht – sondern vielmehr ein Problem der »psychologischen« Variation, so wird heute ein Großteil aller Maßnahmen zur Änderung des Produktbildes der Werbung aufgebürdet (vgl. hierzu: *R. Bergler*, 1963; 1972; *v. Rosenstiel*, 1969). Auch ohne daß tatsächliche Eigenschaften des Produktes geändert werden, ist ein Wandern des Bildes möglich, indem die Ware mit veränderten psychischen Bedeutsamkeiten aufgeladen wird. Die Art und Weise der Perzeption dieser Werbebotschaften ist jedoch in entscheidendem Maße davon mitgeprägt, welche psychische Platzierung das Produkt in der Ausgangssituation bereits hatte.

Fragen wir nun weiter nach den Faktoren, die die Prägnanz einer Werbebotschaft bedingen, so lassen sich hier die folgenden unterscheiden:

(1) Ganzheitlichkeit
(2) Simplifizierung
(3) Kongruenz
(4) Kontinuität
(5) Originalität

ad (1) Für die Wirkung eines Eindrucks ist maßgebend, ob die Anmutung elementenhaft verläuft, d. h. ob der Angesprochene die Teilinhalte der Botschaft isoliert verarbeitet oder ob er die Gesamtaussage ganzheitlich und gestalthaft zu erfassen vermag. Typisch für ein Fehlschlagen ist z. B. der Fall, den wir einmal als Eindrucksspaltung bezeichnen wollen. Sie liegt etwa dann vor, wenn bei scherzhafter Werbung der Witz isoliert vom Werbeanliegen erlebt wird, d. h. gleichsam ein Eigenleben führt. Oder wir nehmen den Fall der erotischen Werbung, wobei unter

Umständen zuviele psychische Affinitäten am erotischen Reiz haften bleiben.

ad (2) Das in der Werbung Dargestellte muß vereinfacht, d. h. karikaturhaft wiedergegeben werden. Das Individuum braucht sich dann nicht erst mühsam ein Stereotyp zu bilden, sondern findet es bereits fix und fertig vor. Die Werbung zielt damit auf eine positive Vereinfachung der Realität. Würde sie die Wirklichkeit in ihrer Komplexität wiedergeben wollen, so wäre das Individuum nicht in der Lage, einen festen, gestalthaften und prägnanten Eindruck zu gewinnen.

ad (3) Zur Erreichung der Prägnanz ist ferner die Identität von Werbestil und Produktstil notwendig. Im Sinne unseres Kongruenztheorems darf es hier keine Abweichungen geben, denn im anderen Falle würden die beiden divergenten Stile verschwimmen. Das Bild, das der Verbraucher von dem Erzeugnis bekommt, wird unscharf und verwaschen.

ad (4) Im Zeitablauf darf sich der einmal eingeschlagene Werbestil nicht wesentlich verändern. Aus unserem Gesetz der Erstarrung folgt unmittelbar, daß ein Mangel an Kontinuität des Werbestils, ein Zick-Zack-Kurs also, sehr schnell die Stabilität des Produktbildes zerstören würde. Entsprechend unserer Vektorvorstellung kann das Erscheinen widersprüchlicher Faktoren im Gefüge des Warenbildes dazu geeignet sein, einen offenen Stilbruch herbeizuführen und damit das Vertrauen des Verbrauchers zu unterminieren.

ad (5) Das Produktbild muß in der Werbung originell und unverwechselbar erscheinen. Nur dann kann es sich von Konkurrenzfabrikaten genügend abheben. Ist nämlich der Werbestil eines Unternehmens nicht in der geforderten Weise unverwechselbar mit dem Erzeugnis verbunden, so könnte es sein, daß gar nicht für das eigene Produkt, sondern für irgendein Konkurrenzfabrikat geworben wird. Die eigene Werbung gerät dann ins Schlepptau eines anderen Produktes. Diese Interferenzerscheinung tritt insbesondere dort auf, wo ein Unternehmen den Werbestil eines anderen nachahmt. Im allgemeinen haben die Nachahmer das Nachsehen, da das nachgeahmte Produkt bereits die stärkere Machtposition besitzt und insofern das größere Gravitationszentrum bildet. Marktschwache Nachahmer unterstützen daher meist das fremde Angebot und schwächen ihr eigenes. Wir folgern daraus, daß ein Produktbild von genügender Prägnanz für benachbarte schwächere Produktbilder eine Sogwirkung enthält, die ähnlich wie die Gravitation eines Himmelskörpers auf alle Gebilde wirkt, die sich vorstellungsmäßig in der »Nähe« des anderen befinden.

Man wird unschwer erkennen, daß wir es bei den genannten

Punkten zugleich auch mit Voraussetzungen zu tun haben, die die Entwicklung eines Produktes zum Markenartikel, die wir als Weg fortschreitender Prägnanz zu deuten versuchten, bestimmen. Erst durch diese Bedingungen, insbesondere durch die der Kongruenz, der Kontinuität und der Originalität vermag sich überhaupt jenes Markenbewußtsein zu bilden und die Vertrauensstellung zu festigen, die der Verbraucher dem Produkt entgegenbringen soll. Zu diesem Vertrauen ist mehr notwendig als bloße Qualität, auch wenn die objektive Qualität als Faktor in jene Gleichung eingeht. Aber alle diese Daten verändern ihre Gestalt im Spiel komplexer Beziehungen.

Wir haben in den vergangenen Abschnitten einige Aspekte erörtert, die uns bei der Beurteilung von Änderungen des Produktbildes bedeutsam erschienen. Wie bereits in den vorausgegangenen Abschnitten erfolgte diese Erörterung auf dem Hintergrund des Kongruenztheorems, das wir mit der Bedürfnisthematik verknüpft haben. Die hier postulierte Kongruenz läßt sich unschwer auch als kognitive Konsistenz oder Konsonanz im Sinn der Theorie kognitiver Dissonanz (*Festinger*, 1957; *Brehm, Cohen*, 1962) interpretieren: Der Konsument versucht zwischen seiner kognitiven Struktur und der Perzeption der realen Welt Konsonanz zu erreichen (vgl. z. B. *Holloway*, 1967; *Wiswede*, 1973). Doch dürfte gerade vom Bereich der Motivforschung aus darauf hinzuweisen sein, daß hier eine »bloße« kognitive Konsistenz nicht genügt. Die kognitive Perspektive ist, wie wir bereits wiederholt betonten, kein Bezugsfeld für eine wirklich generelle Verhaltenstheorie, da alle subkognitiven Elemente des menschlichen Handelns (Affekte, Triebe, Stimmungen, Emotionen usw.) hierbei nicht oder nur indirekt erfaßt werden. Unser Kongruenzprinzip geht also weiter als das Prinzip der kognitiven Konsonanz und versucht, auch subkognitive Verhaltenskomponenten mit zu erfassen.

2. Kommunikationsmittler

2.1. *Persönlicher Einfluß*

Die Bedingungen und Wirkungen persönlichen (sozialen) Einflusses auf das Konsumverhalten werden üblicherweise im Rahmen der Verbraucher-Soziologie untersucht (vgl. hierzu: *K. H. Hörning*, 1970; *G. Wiswede*, 1972); wir greifen daher hier lediglich einige Aspekte summarisch heraus.

Ein sehr allgemeiner, aber genetisch besonders wichtiger Aspekt sozialen Einflusses sind *Bedingungen und Erfahrungen der Sozialisation* im Rahmen der Herkunftsfamilie sowie in späteren Kindheitsjahren zusätzliche und überformende Einflüsse durch die Gruppe der Gleichaltrigen (peers), die den primären Sozialisationsprozeß fortsetzen. Hier werden soziale Wertvorstellungen und Normen internalisiert, die dann zu Bestandteilen der Motivation werden. Persönlichkeit und Motivation werden auf diese Weise sozial durchformt. Insofern sind auch viele Persönlichkeitszüge (traits) nichts anderes als das Ergebnis von Sozialisationsprozessen, wobei die Bedingungen der Sozialisation im einzelnen wiederum nach sozialen Determinanten (z. B. sozialer Schicht, Einkommensverhältnissen, Bildungsgrad usw.) hinterfragt werden müssen (vgl. *B. Caesar*, 1972). Wesentliche Merkmale des späteren Konsumverhaltens (z. B. Sparneigung vs. Ausgabeneigung) und wichtige Züge der später realisierten Konsum-Muster (z. B. Anteil des Prestigekonsums, Risikofreudigkeit, Hang zur Sicherheit) werden bereits durch die Sozialisationserfahrungen und Vorbilderlebnisse im Elternhaus und in der Gruppe der Gleichaltrigen vorgeprägt.

Ein weiterer wichtiger Aspekt des sozialen Einflusses ist das Gruppenverhalten im *Rahmen der eigenen Familie.* So ist insbesondere die Rollenstruktur der Familie in ihrer Relevanz für das Entscheidungs- und Verwendungsverhalten des Haushalts untersucht worden (*Komarovsky*, 1961; *Wiswede*, 1973). Bei egalitärer Rollenstruktur ergeben sich durch die ansteigende Kommunikation höchst komplexe Entscheidungsprozesse, in die die Motivationen der jeweiligen Teilnehmer in höchst unterschiedlichem Maße einfließen. *Engel, Kollat* und *Blackwell* (1968) verweisen darauf, daß das Entscheidungsverhalten als Prozeß aufgefaßt werden muß und daß Einflußnahmen in jeder Phase eines solchen Prozesses möglich sind. Auch sind Einflußnahmen oft unauffälliger Natur und nicht so recht sichtbar, indem z. B. einer der Partner zwar äußerlich gesehen die Entscheidung trifft, jedoch die mutmaßliche Zustimmung des oder der anderen antizipiert. Auch erstrecken sich Entscheidungsdominanzen oft nur auf partielle Bereiche und werden rollenspezifisch segregiert, indem etwa der Mann für alles »Mechanische« zuständig ist, die Frau hingegen für alles »Kulturelle«. *Kenkel* (1961) und *Zober* (1966) haben darauf aufmerksam gemacht, daß die direkte Befragung hier kaum gültige Ergebnisse bringen dürfte, weil einmal die Personen über den Grad ihrer Einflußnahme selbst nichts Genaues wissen und weil sie zum anderen dazu neigen, ihren Einfluß abzuschwächen oder aber umgekehrt bewußt aufzubauschen. *Kenkel* empfiehlt daher die Anwendung des Experiments – er benutzt zur Beobachtung einer ehelichen Kommunikation über ein fingiertes Konsum-Entscheidungsproblem das Kategoriensystem von *Bales* – und *Zober* empfiehlt die Anwendung des Intensivgesprächs bzw. Tiefen-Interviews.

Der Einfluß von *Bezugspersonen* und *Bezugsgruppen* ist im Rahmen der Verbraucher-Soziologie gleichfalls gut untersucht (vgl. insbesondere: *Bourne*, 1957; *Stafford*, 1966; *Venkatesan*, 1966), obgleich diese Studien nicht alle Implikationen der Bezugsgruppentheorie enthalten (vgl. zusammenfassend: *Hyman, Singer*, eds., 1968). Wichtige Beziehungen bestehen zur Anspruchsniveautheorie, indem Individuen dazu neigen, ihr Anspruchsniveau, z. B. ihren Konsumstandard am Standard der attraktivsten Gruppe ausrichten. Der Bezugsgruppenvergleich umfaßt drei Dimensionen:

(1) Wissen und konsumrelevante Meinungen und Erfahrungen;
(2) Affektivität, d. h. emotionale und affektive Bindung;
(3) Sanktionen, d. h. Bestrafung für abweichendes und Belohnung für konformes Verhalten.

Whyte, der die Mund-zu-Mund-Propaganda (mouth-to-mouth-buying) in einer klassischen Studie untersucht hat (1954), zielt allein auf diesen letzteren Punkt, indem er behauptet, daß Bezugspersonen und Meinungsführer allein deshalb einflußreich sind, weil sie über die Möglichkeiten verfügen, Sanktionen für abweichendes und konformes Verhalten zu verteilen. Es ist zwar möglich, daß dies in einzelnen Fällen zutrifft, jedoch scheint nach neueren Untersuchungen über die Merkmale der Meinungsführer die Hypothese von *Whyte* nicht zuzutreffen. So haben u. a. *Bauer* (1963) und *Cox* (1963) darauf hingewiesen, daß ein wesentlicher motivierender Faktor der Inanspruchnahme von Meinungsführern die Unsicherheit bei Konsumentscheidungen ist und das Bestreben, die Effizienz des Kaufaktes durch personelle Ratsuche zu verbessern.

Zahlreiche Untersuchungen über die Wirksamkeit des persönlichen Einflusses im Verhältnis zur Effizienz formaler Kommunikationsquellen, etwa der Werbung, haben die erheblich stärkere Bedeutung der ersteren ergeben (*Katz* und *Lazarsfeld*, 1955; *Bauer*, 1961; *Klapper*, 1969; *Arndt*, 1967). Schon aus der mittlerweile klassisch gewordenen Studie von *Katz* und *Lazarsfeld* ging hervor, daß persönlicher Einfluß wesentlich gewichtiger als »Mediator« in den Entscheidungsprozeß eingreift als es die Massenmedien vermögen. Hier zeigte sich anhand der Hypothese des zweistufigen Kommunikationsflusses, daß bestimmte Relais- und Verstärkerpersonen, die als Meinungsführer oder Konsumführer in Erscheinung treten, den formalen Medien in stärkerem Maße ausgesetzt sind als der weniger aktive Teil der Bevölkerung, der den Einfluß der Medien selektiv und verstärkt über die Umschaltstation der Meinungsführer erhält.

Gerade auf dem Felde der Konsumforschung ist es jedoch in den letzten Jahren zweifelhaft geworden, ob das vereinfachte Modell des »two-step-flow« die Verhältnisse der Realität richtig wiedergibt. Das Modell von *Katz* und *Lazarsfeld* ist daher verschiedentlich korrigiert und modiziert worden (*E. Katz*, 1957; *J. R. Goeke*, 1961). Einige Untersuchungen postulieren einen mehrstufigen Kommunikationsfluß (*C. R. Wright*, 1959), andere glauben die Theorie einschränken (*E. Rogers*, 1962) und durch andere Modelle ersetzen zu müssen, z. B. durch ein transaktionistisches Modell (*Hollander*, 1967; *McGuire*, 1968), das sowohl die Gruppenzugehörigkeit als auch die Motivationslagen von Kommunikator und Rezipient berücksichtigt oder durch ein Modell der Informationssuche (*Bauer*, 1961; *Cox*, 1963, 1967). Das Modell der Informationssuche besagt u. a., daß das »two-step-flow«-Konzept nur dann anwendbar ist, wenn Konsumenten passiv sind, d. h. wenn sie von sich aus keine Aktivität der Informationssuche entfalten. Wenn also eine hohe Motivation zur Informationssuche vorliegt – *Katona* und *Mueller* (1955) sprachen in ihrer klassischen Studie von »extent of information-seeking activity« – dann ist ein Modell der aktiven Information von höherer Relevanz als ein Modell der passiven Information, wie es das Konzept von *Katz* und *Lazarsfeld* bietet. Nach *Cox* (1963) ist hohe Informationsaktivität gleichbedeutend mit starker Neigung zu informellen Informationsquellen; diese Neigung setzt ein, wenn Risiko und Ungewißheit durch formale Information nicht hinreichend reduziert werden können und wenn das Engagement hoch genug ist, um Aktivitäten informaler Informationssuche einzuleiten.

Konsumenten sind also in unterschiedlichem Maße dazu motiviert, sich vor oder nach einem Kaufakt zu informieren (vgl. zusammenfassend: *E. Kuhlmann*, 1970). Die erwartete »Belohnung« der Informationssuche besteht z. B. in der Stabilisierung von Entscheidungen (psychischer Spannungsabbau), in der Einschränkung des Risikos (geringere Gefahr des Mißerfolgs) und in der Vermeidung von Frustrationen und kognitiven Dissonanzen (Minderung der Dissonanzerwartung).

Das Ausmaß der Informationsneigung dürfte eine Funktion der Merkmale des Verbrauchers (M_V), der Merkmale des Kaufs (M_K) und der Merkmale der Information (M_I) sein:

$$IN = f\,(M_V, M_K, M_I)$$

Als relevante Merkmale des Verbrauchers dürften in Betracht kommen:

(1) der Bildungsgrad: Je höher dieser ist, desto besser die Effizienz und Selektion der Informationen;

(2) das Einkommen in Verbindung mit dem Anspruchsniveau;
(3) das Alter, definiert als Rollenphase im »life-cycle«;
(4) die skeptische Einstellung, z. B. Ausmaß schlechter gegenüber guter Erfahrungen;
(5) die persönliche Kontaktfreudigkeit.

Als relevante Merkmale des *Kaufs* kommen in Betracht:

(1) die Dringlichkeit des Bedarfs;
(2) die relative Kostspieligkeit des Konsumgutes;
(3) der Zugang zur objektiven Beschaffenheit der Kaufsituation und des Produkts (Unsicherheitserlebnis);
(4) die Anzahl alternativer Güter.

Als Merkmale der *Information* dürften die folgenden relevant sein:

(1) Neutralität, Glaubwürdigkeit, Verläßlichkeit (z. B. Grad der Interessengebundenheit einer Information);
(2) die »Kosten« der Information (Zeit, Mühe, Geld);
(3) das Prestige einer Information bzw. Informationsquelle;
(4) die Konsistenz der Information, d. h. der Grad mit dem die Information mit eigenen Anschauungen und Einstellungen übereinstimmt;
(5) das Ausmaß der Verstärkung der Information (durch Verstärkerpersonen, sog. Multiplikatoren).

Besonders gut untersucht sind Attribute der Kommunikationsquelle wie: Glaubwürdigkeit, Macht, Prestige, Gefälligkeit, Dynamik (vgl. *Maloney*, 1963; *Bauer*, 1965; *McGuire*, 1968; *Weiss*, 1970; *Meyer-Dohm*, *Kuhlmann*, 1972). Es darf im übrigen angenommen werden, daß mit wachsender Motivation zur Informationssuche größere Skepsis hinsichtlich der Glaubwürdigkeit der Informationsquelle waltet, oder anders: daß sich eine besondere Resistenz gegenüber den Aussagen der Werbung entwickelt. In dieser Weise wird also der persönliche Einfluß der Bezugspersonen und -gruppen hoch sein, jedoch in einer weit weniger passiven Weise, wie dies das ursprüngliche Modell von *Katz* und *Lazersfeld* vermuten läßt. An die Stelle des bloßen Ausgesetzt-Seins tritt bei hoher Motivation zur Information die aktive Suche nach Information. Allerdings fragt sich, bei welchen Personen wir uns um Information bewerben. Konsumenten werden von bestimmten personellen Informationsquellen um so eher Gebrauch machen, je mehr sie sich mit diesen Personen identifizieren können.

Ein bedeutsamer Gesichtspunkt ist also der, welche Personen

als Bezugspersonen und damit auch als Verstärkerpersonen in Frage kommen. Dieses Problem ist in der Verbrauchsforschung vor allem unter der Thematik des Leitbildes behandelt worden, ohne daß freilich diese Fragestellung auf dem Hintergrund der Theorie der Bezugsgruppen (*Merton* u. a.) oder der Theorie der Imitation (*Bandura* u. a.) entwickelt worden wäre. Dieser Frage wollen wir abschließend etwas genauer nachgehen.

2.2. *Leitbild und Identifikation*

Wenn wir annehmen, daß der menschliche Motivvorrat durch das Hinzukommen von Leitbildern abgewandelt wird, dann können wir diesen Sachverhalt nur so beschreiben, daß wir sagen, ein besonderer Vorgang sei in der Lage, das Individuum auf eine gewisse Dauer affektiv zu beeinflussen. Das genauere Studium dieser affektiven Bindung an eine andere (möglicherweise nur abstrakt vorhandene) Person verdanken wir der Psychoanalyse, die den eben beschriebenen Sachverhalt aus dem Mechanismus der Identifizierung (*Freud*) oder Introjektion (*Ferenczi*) erklärt hat. Als *Identifizierung* gilt die Übernahme eines Motivkomplexes von (abstrakten oder konkreten) Personen der Umgebung. Wir bemerken am Rande, daß in einem etwas weiter gefaßten Sinn in dieser Arbeit ständig von Identifikationen die Rede war: bei der Normation und Internalisation, beim Ineinandergriff von Verbraucher und Produkt — wir sprachen in diesem Zusammenhang von einer Identitätsgleichung — bei den Botschaften der Werbung, mit denen sich der Verbraucher identifizieren soll, beim Produktbild, in dem sich das Selbstbild des Verbrauchers widerspiegelt usf. Das Phänomen der Identifizierung, das uns jetzt bei der Untersuchung des Leitbildes entgegentritt, ist also nichts Neues, und mit einem gewissen Recht läßt sich sogar die Behauptung aussprechen, daß wir im Mechanismus der Identifizierung das oberste und allgemeinste Beziehungsprinzip vor uns haben, welches das Verbraucherverhalten durchwaltet.

Wir sahen, daß in bezug auf die Motivation des Verhaltens die Identifizierung zur Übernahme eines Motivkomplexes führt und fragen nun nach dem Einfluß des Leitbildes auf die Persönlichkeitsstruktur, die sich logischerweise gleichfalls ändern muß. Dabei gehen wir wieder von der *Freud*schen Dreiteilung der psychischen Instanzen in das Es, das Ich und das Über-Ich aus. Eine etwas zurückliegende Überlegung zeigte bereits, daß sich aus dem Ich eine imaginäre Persönlichkeitsinstanz herauskristallisiert, die wir nach *Karen Horney* als das idealisierte Ebenbild oder mit einem *Freud*schen Ausdruck als das *Ich-Ideal* oder mit *Krech* et. al. als Ideal-Selbst kennzeichneten. Nach der psychoanalytischen und hier sehr einleuchtenden Auffassung erscheint das Ich-Ideal als Erbe eines ursprünglichen Narzißmus, in dem das kindliche Ich sich noch nicht selbst genügte. Die Anforderungen der Umgebung werden jedoch so übermächtig, daß das Ich den gestellten Ansprüchen nicht immer nachkommen kann, was schließlich dazu führt, daß das Ich-Ideal die Funktion einer partiellen Ersatzbefriedigung übernimmt und sich mehr und mehr aus dem Ich herausdifferenziert. Wo immer der Mensch mit seinem Ich nicht mehr zufrieden ist, wo es ihm gleichsam nicht mehr genügen kann, bezieht er seine Befriedigungen aus dem Ich-Ideal.

Nun ist anzufügen, daß das Maß der Entfernung des Ich-Ideals vom aktuellen Ich interindividuell sehr variabel sein kann. Der kleine Angestellte, dessen Ich-Ideal der Direktor ist, mag durch einen relativ hohen Abstand zwischen beiden Instanzen gekennzeichnet sein. Ganz allgemein ist es ja auch so, daß der Abstand zwischen konkreter Wirklichkeit und angestrebtem Ziel für den Realisten geringer, für den sog. Idealisten dagegen größer ist. Ich-Ideale mögen sogar ganz imaginär sein: jemand identifiziert sich mit einem Raumfahrer, einer Prinzessin, einer Filmdiva; insofern erfüllen sie die Funktion einer Flucht aus dem Alltag und beschränken sich auf die Rolle von Tagträumen.

Das Leitbild dient nun dazu, das eigene, nicht erreichte Ich-Ideal zu ersetzen. »Man liebt es wegen der Vollkommenheiten, die man fürs eigene Ich angestrebt hat und die man sich nun auf diesem Umweg zur Befriedigung seines Narzißmus verschaffen möchte« (*Freud*, 13, 1948). Der Lehrling versetzt sich in den Chef, der Student in den Professor, d. h. er ahmt ihn nach, übernimmt ein fremdes Rollenschema und damit einen ich-fremden Reaktionsstil. So baut er seine eigene Persönlichkeit ab und übernimmt systemfremde Motivstrukturen. Die Identifizierung erfolgt immer auf Kosten des eigenen Ichs, bleibt aber nicht ohne Einfluß auf das Über-Ich und auch auf das Es, da sich ein wesentlicher Teil der Identifikation unbewußt abzuspielen pflegt.

In diesem Zusammenhang taucht dann auch gleich die Frage nach der Verbindlichkeit solcher Leitbilder auf, d. h. wir versuchen herauszufinden, welche Konsistenz solchen Leitbildern im allgemeinen zukommt. Bei hoher Konsistenz von Leitbildern würde es zur Verfestigung eines bestimmten Reaktionsstils kommen, bei geringerer Konsistenz wäre dagegen die vom Leitbild her begründete Verhaltensweise meist nicht sehr lange wirksam und sehr schnell von anderen Identifikationen in Anspruch genommen. Diese Atomisierung des Leitbildes ist typisch für pluralistische Gesellschaften, in denen das soziale Wertsystem nicht mehr »wie aus einem Guß« ist, sondern mannig-

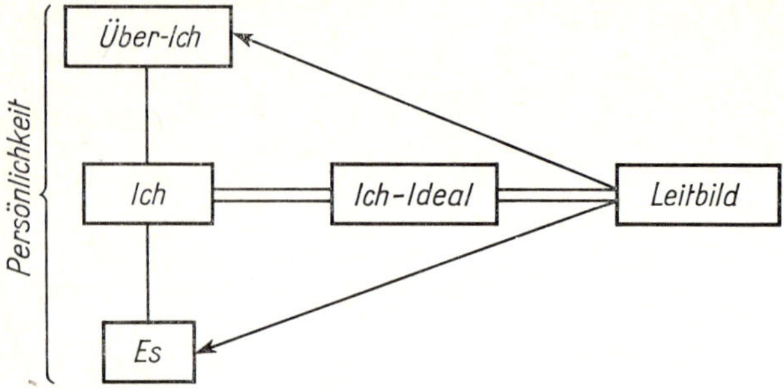

Abbildung 17: Persönlichkeit und Leitbild

faltige Differenzierungen in subkultureller und individueller Hinsicht zuläßt.

Wir sind bisher hauptsächlich den Spuren der Psychoanalyse gefolgt, wobei Identifikation als wichtiger Entwicklungs-Mechanismus im Dienste der Über-Ich-Bildung angesehen wird, deren Zweck die Lösung von der Ödipus-Situation ist. Gegenüber dieser engeren Auffassung dominiert heute ein wesentlich von der Lerntheorie und der Sozialpsychologie her geprägter Identifikationsbegriff (*Tolman*, 1943; *Kagan*, 1958; *Bandura* und *Walters*, 1970; *Bandura*, 1969). Nach *Kagan* ist eine Identifikation eine erworbene kognitive Reaktion, die Ähnlichkeit mit einer Modellperson beinhaltet und die das Vorbild eines Individuums entsprechend den jeweils das Vorbild betreffenden Ereignissen determiniert. Die Ähnlichkeitshypothese spielt im übrigen auch eine große Rolle in der Theorie der Bezugsgruppen (vgl. *Hyman* und *Singer*, 1968).

Neben dem Faktum der Ähnlichkeit spielt es jedoch eine entscheidende Rolle, ob und in welcher Weise die Identifikation durch die Umwelt verstärkt wird (Reinforcement-Hypothese der Imitation). Es kommt also dann zur Identifikation, wenn Individuen andere Individuen imitieren, deren Imitation belohnend wirkt (*Bandura*, 1969). Eine Identifizierung kann nicht stattfinden, wenn

(1) die Ähnlichkeit mit dem eigenen Selbstbild ist groß, also die Identifikations-Distanz unüberbrückbar ist;
(2) die Imitation des Verhaltens nicht verstärkt wurde.

Für die empirische Beurteilung der Distanz ist der Abstand zwischen Selbstbild und Ideal-Selbst (oder Ich-Ideal) relevant. Es erscheint daher nützlich, bestehende Leitbilder, wie sie uns im

Wirtschaftsleben begegnen und wie sie auch durch die Werbung dargeboten werden, nach dem Grad einzustufen, in dem sich der Verbraucher mit ihnen identifizieren kann.

Zunächst treffen wir eine Unterscheidung, die dahin geht, ob die uns begegnenden Leitbilder eine bestimmte, genau definierte Person zum Gegenstand haben oder damit ein weitgehend abstrakter Gattungsbegriff gemeint sein soll. Demnach wollen wir von konkreten und abstrakten Leitbildern sprechen. Konkrete Leitbilder wären z. B. »mein Vater«, »Professor Meier«, der »Nachbar Müller«, der »Vorgesetzte Huber«. Das sind sämtlich Leitbilder, die den Umkreis einer einzelnen Person betreffen und auch nur für diesen Bereich Verbindlichkeit haben. »Professor Meier« wird aber vermöge seiner pädagogischen Tätigkeit eine recht viel breiter streuende Leitbildwirkung aufweisen können als etwa der »Nachbar Müller«. So können wir die konkreten Leitbilder wieder nach dem Grad ihrer allgemeinen Anerkennung einstufen. Konkrete Leitbilder von relativ großer Breitenwirkung sind etwa: die Frau des amerikanischen Präsidenten, Königin Elisabeth, Udo Jürgens usf. Abstrakte Leitbilder orientieren sich dagegen nicht an einer bestimmten Person; sie sind verdichtete Formen eines Vorstellungsbildes über Personen, die eine ganz bestimmte Schönwetter-Rolle im täglichen Leben zu spielen haben: der Direktor, der Filmstar, der Arzt (= Medizinmann), die Sekretärin usf. Wir wissen bereits, daß wir in solchen Fällen von Stereotypen zu sprechen haben, wobei die Stereotypie einer Vorstellung jetzt nicht auf die Sache – wie beim Produktbild – bezogen wird, sondern auf eine Person.

Wir hatten in all den Fällen von *stereotypen Systemen* gesprochen, bei denen ein Gegenstand oder eine Person in karikaturhafter Überdeutlichkeit und Prägnanz erlebt wird, wobei sich ein komplexer Sachverhalt in einer das Subjekt entlastenden Weise vereinfacht widerspiegelt. Während aber nun der Mensch in seiner sozialen Erscheinung als Flechtwerk seiner verschiedenen Rollen, kurz als Rollenkomplexität aufgefaßt werden muß, wird er bei der Stereotypisierung auf das Spiel einer einzigen Rolle reduziert. Betrachten wir etwa das Leitbild des Filmschauspielers, so interessiert hier nur die Tatsache, daß es sich um einen Filmschauspieler handelt; sonst nichts. Ja es ist, ins Äußerste gesprochen, noch nicht einmal belangvoll, daß es sich hierbei um einen Menschen handelt, der vielleicht außerdem Ehemann, Fußballanhänger, Katholik oder Verbrecher ist, seine Rolle bleibt reduziert. Er ist in chemischer Reinheit eben nur Filmschauspieler, ein Fabelwesen, kein Mensch aus Fleisch und Blut.

Die Identifizierung mit einem solchen Leitbild, das hier soeben als stereotypes System der *Rollenreduktion* vorgestellt wurde, spielt sich nun in der Weise ab, daß das mit dem Spiel einer Rolle oder eines Rollenschemas verbundene Motivsystem auf den Verbraucher übertragen und wie ein eigenes behandelt wird. Warum kann es in dieser Weise behandelt werden? Das ist dann möglich, wenn das Leitbild dem vom Ich nicht erreichten Ich-Ideal entspricht, mit ihm also korrespondiert. Nehmen wir nun an, daß das Individuum an mehrere Leitbilder gebunden ist und situationsspezifische Leitbilder aufzuweisen hat, so wäre im Extremfall ein Abbau der Persönlichkeit denkbar, die schließlich nur noch mit systemfremden Motiven angereichert ist, die aus übernommenen Rollenschemata stammen.

Ganz allgemein können wir zunächst zwischen männlichen und weiblichen Leitbildstereotypen unterscheiden, etwa in der generellen Form des »typischen« Mannes und der »typischen« Frau. Spezielle Ausformungen sind dann: der Sportsmann, der Fachmann, der Weltmann, der Gentleman, der Filmstar, der Erfolgreiche, der Twen usw., oder bei den weiblichen Stereotypen: die Dame, der Filmstar, die Prinzessin, die Hausfrau, der Teenager, die Sekretärin, die Stewardess, das Mannequin, das Glamour-girl usw.

Man könnte nun diese Konsum-Leitbilder etwa in der Abstufung gruppieren, inwieweit eine Identifizierung möglich und wahrscheinlich ist. Sie wird z. B. im Falle der Prinzessin gering sein, im Falle des Weltmannes jedoch wegen der relativ großen Verkehrsgeltung sehr hoch. Den einzelnen Stereotypen werden dann ganz genau umrissene Bündel von Eigenschaften zugeordnet, die dem jeweiligen Rollenschema entsprechen. So etwa der Gentleman, der feine, gepflegte Herr von moderner Lebensart, sorgfältig rasiert und korrekt angezogen, der nur Maßanzüge trägt, ein hervorragender Weinkenner und Mitglied eines exklusiven Klubs ist, einen eleganten Wagen fährt und einen Diplomatenschreibtisch besitzt. Das Pendant dazu wäre die gepflegte und elegante Dame der Gesellschaft, die viel zur Pflege ihres Gesichtes und ihrer Hände ausgibt, regelmäßig den Friseur besucht, mindestens zwanzig Paar Schuhe besitzt, modern und schick angezogen ist und natürlich ein Dienstmädchen hat. Das (positive) Stereotyp der Hausfrau trägt andere Züge. Sie wird vorgestellt als sauber und adrett, anspruchslos und kinderlieb, sparsam und planend, häuslich und solide, arbeitsam und putzfreudig. Es sei bemerkt, daß das Stereotyp der Hausfrau einen Denaturierungsprozeß durchgemacht hat und heute nicht mehr in jeder Hinsicht erstrebenswert erscheint, da hier auch recht viele negative Komponenten ins Spiel kommen: dumm und einfältig, klatschsüchtig und spießerhaft, niedriges soziales Ansehen, geringe soziale Bewertung der Tüchtigkeit usw. Hier haben wir eine zunehmende Anreicherung des Begriffsinhaltes mit negativen Bedeutsamkeiten vor uns. Entsprechend der Rollentheorie können wir sagen, daß dem Idealbild einer Frau von heute ein anderes Rollenrepertoire zugeordnet wird wie das der als »typisch« zu bezeichnenden Hausfrau (vgl. *R. Bergler*, 1971, 1972). Leitbilder sind ständig im Wandel begriffen, vom Positiven zum Negativen und umgekehrt, so daß es – dynamisch gesehen – niemals ruhende, sondern immer nur »wandernde« Leitbilder geben kann.

Stereotype drohen also gelegentlich in eine negative Bedeutsamkeit umzuschlagen: aus der Hausfrau wird das »Heimchen«, aus dem »Twen« der »Dandy« usw. Hier haben wir dann sog. Konsum-Schreckbilder (*Scherke*, 1963) vor uns, deren Konsumgebaren niemand zu übernehmen wünscht: der unfeine Mann, der Spießer, der Kleinbürger, das Dienstmädchen, die Unschuld vom Lande, das Aschenputtel, das Mauerblümchen usw. Diese Schreckbilder haben auf das Verhalten naturgemäß die umgekehrte Wirkung wie die Leitbilder; von ihnen versucht man sich abzuheben, man will vermeiden, mit ihnen identifiziert zu werden.

Für die Werbung ist es notwendig, kongruente Leitbilder zu verwenden, d. h. Bezugsbilder müssen

(1) dem Grundcharakter des Produktes entsprechen, für das geworben werden soll (verfehlt also etwa: Bild eines Twens für Sektwerbung; Bild eines Glamourgirls zur Waschmittelwerbung);
(2) die Identifikation ermöglichen, d. h. die Identifizierungsdistanz darf nicht zu groß sein (verfehlt also etwa: Künstlertyp wirbt für ein »seriöses« Produkt);
(3) verstärkend wirken, d. h. die Identifikation muß belohnenden Charakter haben (verfehlt also etwa: Bild einer Hausfrau für Produkte, die sich vorwiegend an weibliche Berufstätige wenden und die die Hausfrauen-Rolle negativ einschätzen).

Die Werbepraxis hat es mit sehr viel feineren Abstufungen und Nuancierungen zu tun. Hierüber liegen zahlreiche neuere Untersuchungen vor (z. B. *R. Bergler*, 1970, 1971, 1972; *G. Güttner*, 1972), die das kommunikationspsychologische Modell der Identifikation auf das Konsumverhalten anwenden. Wie schon das Selbstbild-Konzept, so scheint auch das Identifikations-Konzept im Rahmen des Verbraucherverhaltens von höchster Relevanz zu sein. Dies dürfte nicht allein für das Aussagensystem der Werbung gelten, sondern für die Akzeptanz bestimmter Güter ganz allgemein sowie für die Bereitschaft, bestimmte modische Neuerungen zu übernehmen im besonderen.

2.3. *Einfluß der Werbung*

Wir wollen uns in folgendem noch ein wenig mit der Wirkung der Werbung beschäftigen. Abhandlungen über das Verbraucherverhalten bleiben nämlich in erstaunlichem Maße wirklichkeitsfremd, wenn sie an einem theoretischen Modell erarbeitet werden, das die Einflüsse der Werbung als »systemfremd« eliminiert. Nun befassen wir uns in dieser Arbeit vorwiegend mit Motivationsproblemen, und unser Anliegen ist deshalb auch hier, den Zusammenhang zwischen Werbung und Motivation herauszuarbeiten. Dabei interessieren uns weniger die »instrumentellen« Gesichtspunkte der differentiellen Wirkung von Werbebotschaften, etwa der Effizenz von Anzeigen usw., auch nicht Fragen der Werbeerfolgskontrolle. Hier darf auf die einschlägigen Arbeiten über Werbung hingewiesen werden, etwa auf die von *Kleppner* (1966), *Mandell* (1968) und *Sheth* (1969).

Die Frage nach den Wirkungen der Werbung ist ein wenig vorbelastet durch zwei ideologische Positionen. Die eine wird von den meisten Marketing-Praktikern und auch einigen Theoretikern eingenommen, indem man sich bemüht, der Werbung sehr viele positive Funktionen und möglichst edle Absichten anzudichten. Als Folge wird dann insbesondere die Information als positive Leistung des Werbenden herausgehoben. Die andere ideologische Position vermutet in der Werbung ein Grundübel dieser Gesellschaft, mit dem der Verbraucher manipuliert und in einen Konsumfetischismus hineingedrängt werde. Beide Positionen haben ein recht vereinfachtes Weltbild hinsichtlich der tatsächlichen Wirkung von Werbebotschaften (vgl. kritisch hierzu: *G. Wiswede*, 1972).

Einige Untersuchungen befassen sich auch mit den Funktionen der Werbung (z. B. *C. Möller*, 1969), wobei das Bezugssystem solcher Funktionen nicht immer explizit gemacht wird und der Bedeutungsgehalt des Begriffes Funktion nicht immer klar ist. Wir bleiben daher lieber bei dem einhelligeren Begriff der Wirkung. Die »zugedachte« Wirkung der Werbung kann nur darin bestehen, das Verhalten von Individuen so zu ändern, daß das Produkt, für das geworben wird, von mehr Personen als bisher und oder in höherem Ausmaß gekauft wird. Alle anderen Wirkungen oder Funktionen, wie Information, Einstellungsänderung usw. sind nur Wege zum Ziel, bleiben jedoch im Sinne des Veranstalters der Werbung, letztlich also des Unternehmers, nur Vorziele. Die Kernwirkung der Werbung – worauf es ankommen soll; wozu es überhaupt »gemacht« wird – ist also die Motivationswirkung. Unbeschadet dessen können wir jedoch noch eine Vor- und eine Nachstufe unterscheiden, indem wir insbesondere daran denken, daß die Beeinflussung des Verhaltens nur durch vorherige Information (sei sie auch unterschwellig), d. h. also durch Wahrnehmung möglich ist[3]. Ferner wird der einmal gefaßte Entschluß des Verbrauchers nur dann aufrecht zu erhalten sein und zu Wiederholungskäufen führen, wenn das Individuum den Eindruck hat, richtig gehandelt zu haben. Die Nachstufe besteht also darin, den Entschluß des Käufers vor sich selbst und gegenüber anderen zu rechtfertigen. Bezeichnen wir die Aufgabe der Information als Vorfunktion und die der Rechtfertigung (Motivierung) als Nachfunktion, so gelangen wir zu einer Dreiteilung, in der die Motivationsfunktion als Kernstück die bestimmende Mitte einnimmt:

(1) Die *Information*swirkung (Vorstufe)
(2) Die *Motivation*swirkung (Kernstück)
(3) Die *Motivierung*swirkung (Nachstufe)

Dabei spielt es keine Rolle, welche Qualität die Information im einzelnen hat; sie kann z. B. einseitig, falsch oder idiotisch sein.

Befassen wir uns also zunächst mit der Informationswirkung. Dabei werden wir zu zeigen haben, daß eine Information ohne gleichzeitige Beeinflussung des Verhaltens nicht möglich sein kann, d. h. daß mit jeder Erhöhung des Informationsgrades gleichzeitig der Verhaltensstrom in eine andere Richtung gelenkt wird. Es gelingt demnach nicht, die Funktion des Informierens losgelöst von der eigentlichen Kernfunktion des Beeinflussens zu betrachten.

Es ist einleuchtend, daß als Käufer einer Ware nur die Informierten in Betracht kommen. Die Information, die stets durch Wahrnehmungen vermittelt wird, bildet also gewissermaßen die Vorstufe und die Anbahnung zur eigentlichen Beeinflussung. Dabei ist es gleichgültig, ob es sich um die bewußte Zuwendung des Käufers handelt oder ob die Wahrnehmung unterschwellig nach dem Modell der Subzeption vor sich gegangen ist, gleichgültig auch, ob der Käufer zu diesem Produkt bereits eine lang andauernde Beziehung aufrecht erhält oder ob er eben erst von dieser Ware erfahren hat. Der durchschnittliche Informationsgrad der Wirtschaftsteilnehmer wird von der Markttransparenz, den auf dem Markt befindlichen Gütern, der Intensität der werblichen Bemühungen und der Motivation zur Information abhängen.

Die Informationswirkung vollzieht sich ihrerseits wieder in

[3] Das Problem der subliminalen (unterschwelligen) Werbung hat vor etlichen Jahren die Gemüter erregt. Die auf der sog. Subception-Hypothese beruhende Annahme, die Werbung habe eine das Unbewußte direkt über den Wahrnehmungsapparat steuernde manipulative Wirkung, darf spätestens seit *Koepplers* Untersuchung endgültig als erledigt betrachtet werden (1972).

mehreren Stufen. Am Beginn einer Reihe von Beeinflussungsstufen steht der erste Anstoß, die erste Kontaktnahme. Die Werbebotschaft sickert durch ein Netz verschiedener Informationsschwellen, in denen nacheinander die Anmutung, die Stereotypisierung und die Wertfilterung vor sich gehen. Jede Nachricht, die das Individuum aufnimmt, wird durch ein Wertesystem gefiltert. Dieses Wertesystem ist aber im wesentlichen von der Bedürfnisthematik her bestimmt. Wir wollen daher drei Stadien der Information unterscheiden, wobei wir bei der dritten Stufe bereits den Übergang zur Motivationsfunktion verzeichnen:

(1) Die Kontaktstiftung
(2) Die Ordnungsstiftung
(3) Die Wertstiftung

In der ersten Stufe wird nach den Vorstellungen der Informationstheorie ein Teil der Botschaft vom Individuum aufgenommen, während ein anderer Teil wirkungslos bleibt. (Ich weiß, sagte ein Unternehmer, daß die Hälfte des Geldes, das ich für Werbung ausgebe, vertan ist. Ich kriege bloß nie heraus, welche Hälfte es ist.) Je nach der Wirksamkeit einer Anzeige oder eines Plakates etc. wird also das Ausmaß der »übertragenen Information« sein, d. h. verschieden hohe Informationsquanten werden in die Vorstellungswelt des Verbrauchers übergehen. In der zweiten Phase wird nun vom Individuum in das Chaos der Anmutungen Ordnung gebracht, so daß das Material gleichsam aufbereitet und nach dem Muster der Stereotypisierung einer vereinfachenden und verzerrenden Betrachtung unterworfen wird. In der dritten Stufe wird das so aufbereitete Material nun nochmals durch ein Wertsystem gefiltert, wobei es sich wohlgemerkt um die subjektive Wertwelt des Individuums in seiner aktuellen Lage handelt, die von seiner Bedürfnisthematik abhängt.

Besondere Beachtung verdient in diesem Zusammenhang die Frage nach der Wirkung von Wiederholungen einer Werbebotschaft. Schon sehr früh konnte der Nachweis geführt werden, daß Wiederholungen nicht nur zur Verstärkung der Gedächtnisspur führen, sondern auch Sättigung und darüber hinaus Ablehnung hervorrufen können. Sobald Übersättigung eintritt, kann der Informationserfolg durchaus negativ ausfallen. Wiederholungen allein genügen also nicht; man muß eine Stimmung der Aufnahmebereitschaft erzeugen.

Den Zusammenhang zwischen Motivationsstärke (Bedürfnis), Anzahl der Wiederholungen und Lernerfolg hat *C. L. Hull* (1943) empirisch untersucht und die Ergebnisse in einem dreidimensionalen Modell verarbeitet, das wir etwas modifiziert und vereinfacht hier wiedergeben:

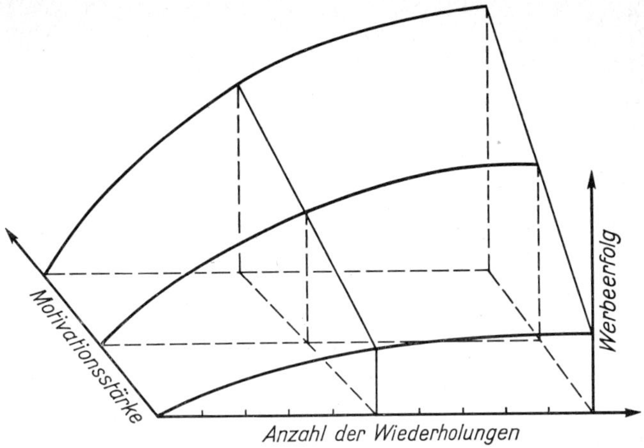

Abbildung 18: Der Zusammenhang zwischen Motivationsstärke, Anzahl der Wiederholungen und Lernerfolg (nach *Hull*)

Daraus wird schon ersichtlich, daß von einer scharfen Trennung zwischen Information und Motivation realiter gar keine Rede sein kann, da beide Funktionen der Werbung ineinanderlaufen. Das Fremdwort Information spricht hier recht deutlich, insofern es einmal die unmittelbare Benachrichtigung und Meldung meint, die zugleich und zum anderen die unauffällige Prägung (d. h. Formierung) der Angesprochenen übernommen hat. In der Formierung erfährt der Informierte den bewußten oder unbewußten Übergang zur Beeinflussung.

Im Fortgang unserer Studie wollen wir nun annehmen, daß es in dem von uns betrachteten Markt – es ist immer ein Teilmarkt: der Zigarettenmarkt, der Illustriertenmarkt, der Seifenmarkt etc. – nur noch Informierte gibt, so daß wir nicht mehr mit Uninformierten zu rechnen brauchen. Ein solches Verschwinden von Nicht-Informierten ist in praxi naturgemäß selten verwirklicht. Annähernd realisiert ist es nur bei Gütern von sehr hohem Bekanntheitsgrad, z. B. Persil, Coca-Cola usf. Auch dort wird es genau genommen einen Rest von Uninformierten und Uninformierbaren geben, die wir aber jetzt vernachlässigen wollen.

Der potentielle Abnehmerkreis unserer Ware besteht also aus den Mitgliedern dieses Marktes. Ein Teil dieser Personen wird dem Konsumgut positiv gegenüberstehen, ein anderer negativ, ein dritter Teil wird sich gleichgültig verhalten. Wir verzeichnen demnach eine bestimmte Anhängerschaft, der die Front der Ablehner gegenübersteht. Dazwischen befindet sich die Zahl der Indifferenten, die zu dem Gegenstand keine oder zumindest keine klar zutage tretende Meinung haben. Innerhalb der Anhängerfront läßt sich dann nach dem Grad der Verwendung weiter aufteilen. Die »schwachen« Anhänger verwenden das Produkt möglicherweise nicht, da ihre Sympathie noch zu gering ist, um verhaltensauslösend zu wirken. Erst ein gewisser Appetenzgrad hat zur Folge, daß die Anhänger auch zu Käufern werden. Je nach der Intensität dieser Zuneigung unterscheiden wir zwischen Schwachverwendern und Starkverwendern. Die Überzeugungsstärke (Ablehnung oder Zustimmung) ist um so größer, je weiter das Individuum vom Zustand der Indifferenz entfernt ist. »Extreme Standpunkte werden mit größerer Intensität vertreten als intermediäre« (*Hofstätter*, 1949, S. 117 f.). Beachten wir im Hinblick auf die Ausführungen *Hofstätters* ferner, daß extremere Standpunkte entsprechend seltener vertreten werden, so läßt sich die Dimension der Anzahl durch zusätzliche Einzeichnung der *Gauß*schen Normalkurve veranschaulichen:

Alle Informierten befinden sich entweder links oder rechts vom *Indifferenzpunkt* (*Hofstätter*). An der extremen Linken verzeichnen wir die größtmögliche Zustimmung, an der extremen Rechten die maximale Ablehnung. Nun haben wir allerdings hier einen theoretischen (idealen) Gradientenverlauf vor

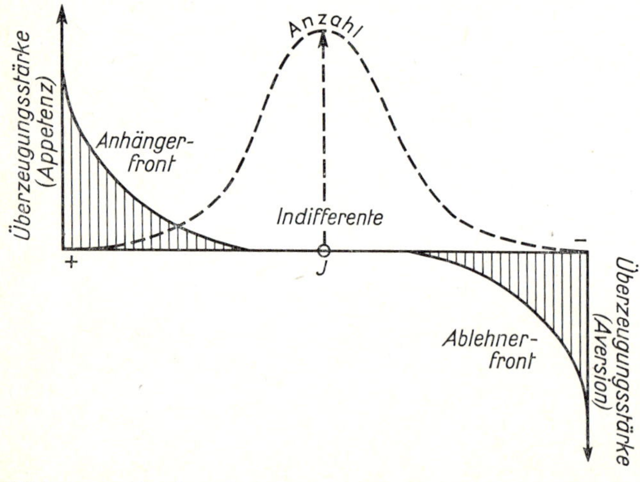

Abbildung 19: Die Verteilung der Standpunkte bei Informierten

uns, bei dem Ablehner und Anhänger zwei gleich überzeugungsstarke Lager verkörpern. Empirisch wird sich die Kurve verschieben: Bei großer Beliebtheit des Produktes wird die Ablehnerfront klein sein, und je nach dem speziellen Fall wird auch die Zahl der Indifferenten variieren. Jedoch ist die Bildung einer Anhängerfront nach *Hofstätter* und *Spiegel* (1961) gesetzmäßig mit dem gleichzeitigen Auftreten einer mehr oder minder starken Ablehnerfront verbunden. Durch werbliche Maßnahmen läßt sich nun lediglich das Bild etwas verschieben, die gesetzmäßige Struktur dagegen nie ganz beseitigen.

Einstweilen wagen wir die These, daß sich die Werbung in erster Linie an die Indifferenten zu wenden hat, wenn ihr Bemühen erfolgreich sein soll. Wir werden diese Auffassung noch näher zu begründen haben. Vorerst stellen wir aber erst einmal die Frage, wovon denn nun eigentlich die Zahl der Indifferenten gegenüber einem Konsumgut abhängt. Da ist zunächst die Zahl derjenigen, die mit einem Produkt nichts anfangen kann, weil es sie überhaupt nicht betrifft: Männer beispielsweise in bezug auf Artikel, die die Frau einzukaufen pflegt und umgekehrt. Überhaupt sind Männer indifferenter in Angelegenheiten des Verbrauchs, was schon daraus hervorgeht, daß die Frau ja durch ihre Stellung im Haushalt mit den Fragen des Einkaufs weit mehr befaßt ist, zumindest bei den Gütern des periodischen Bedarfs. Damit haben wir auch schon den zweiten Punkt, von dem die Zahl der Indifferenten in einem Markt abhängt: vom Ausmaß der Aktualität. »Mit steigender Aktualität einer Frage nimmt die Häufigkeit intermediärer Meinungen ab, immer mehr Angehörige der Gruppe entscheiden sich in Richtung auf eines der beiden Extreme« (*Hofstätter*, 1949, S. 117). Eine Sache ist im allgemeinen nur für denjenigen aktuell, den sie auch betrifft, also für präsumtive Käufer, und das Auftauchen einer neuen Zigarettenmarke ist für den Nichtraucher in der Regel auch keine aktuelle Frage. Somit darf das Aktualitätsmaß als der entscheidende Gradmesser für die Zahl der Indifferenten in einem Markt bezeichnet werden.

Durch werbliche Maßnahmen kann das Aktualitätsmaß heraufgesetzt werden, wodurch immer mehr Indifferente gezwungen sind, Stellung zu beziehen. Wohl kaum wird es dabei der Werbung gelingen, alle Indifferenten zu Anhängern zu machen und damit zu verhindern, daß ein Teil der Gleichgültigen zur Ablehnerseite überläuft. Es wird vielmehr ein Abwandern nach beiden Seiten geben, und vom Geschick der Werbung wird es abhängen, welcher Trend dabei überwiegt.

Das Modell zeigt grundsätzlich drei Ansatzpunkte der Werbung und sagt zugleich etwas aus über die Wirksamkeit ihrer

Maßnahmen. Sie wendet sich erstens an die Anhängerschaft, denn das ist keineswegs überflüssig; es muß ja etwas getan werden, um diese Käufer »bei der Stange zu halten«.

Sie wendet sich zweitens an die Ablehnerfront und versucht, einen Teil der Gegner auf die eigene Seite herüberzuziehen. Aber das Schema zeigt deutlich, daß es hier nicht genügen kann, Appetenzen zu wecken, sondern daß es jetzt gleichzeitig notwendig wird, die dort bestehenden Aversionen abzubauen. Die Werbung hat hier also, um es simpel zu sagen, doppelte Arbeit. Den Versuch zu machen, die Ablehner an der extremen Rechten für die andere Seite zu gewinnen, ist schon fast »verlorene Liebesmüh«; die Zahl der tatsächlich noch zu erschließenden Käufer steht in keinem Verhältnis zum Werbeaufwand. Das ist der Grund, weshalb in einem gewissen Stadium der Frontausbreitung zusätzliche Werbeaufwendungen unrentabel werden. Der Grenzertrag des Werbeaufwandes nähert sich in diesem Falle dem Wert Null an.

Mit Nachdruck wird sich die Werbung an die Lauen und Unentschlossenen wenden, die als indifferent bezeichnet wurden[4]. Dort herrscht ja nur eine geringe, am Indifferenzpunkt überhaupt keine Überzeugungsstärke. Im allgemeinen wird daher die Umstimmung, auf die ja die Werbung in der Motivationsfunktion abzielt, leichter möglich sein. Aber eigentlich ist der Ausdruck »Indifferente« etwas irreführend, da dadurch der Anschein erweckt wird, als handle es sich hier ausschließlich um Personen, die innerlich von dem Meinungsgegenstand ziemlich unberührt sind. Die Bezugnahme auf unser Konfliktmodell, das auch hier wieder gute Dienste leistet, zeigt, daß es auch anders sein kann: Wir müssen nämlich annehmen, daß zahlreiche »Indifferente« einem inneren Konflikt unterliegen. In der Sprache des Modells heißt dies, daß sich am Indifferenzpunkt auch solche Individuen befinden können, deren Motivstruktur soviel widersprüchliche Determinanten aufweist, daß die Resultierende im Endeffekt den Wert Null aufweist. Aus diesem Grunde kann es nicht zum Ineinandergriff von Motivstruktur und Produktbild kommen. Daher stellen die Indifferenten in vielen Fällen nicht einfach eine gleichgültige, sondern vielmehr eine instabile Gruppe dar. Die Unentschiedenen befinden sich möglicherweise in einem spannungsvollen Ungleichgewicht, in einem Konflikt.

Die Kernfunktion der Wirtschaftswerbung besteht nun darin, den Ineinandergriff von Verbraucher und Produkt herbeizufüh-

[4] Nach der *Gauß*schen Normalkurve befindet sich dort auch die Mehrzahl der Verbraucher, denn extreme Standpunkte werden seltener vertreten als intermediäre.

ren und zu festigen. Das ist, wie wir wissen, auf zweifache Weise möglich: Die Werbung kann einmal versuchen, das Produktbild zu ändern, so daß es bestimmte Verbrauchergruppen besser anspricht als vorher. Zum zweiten kann sie bei gegebenem Produktbild versuchen, die Motivstruktur von Verbrauchern zu ändern. Hierbei fällt der Werbung die Aufgabe der *bewußten Steuerung eines Motivkonfliktes* zu. Die Wirtschaftswerbung zielt daher in diesem Falle auf eine ganz bestimmte Lösung eines Konfliktes ab, z. B. wenn mehrere Alternativen von gleicher Bekanntheit und Beliebtheit gegeben sind, und sie bemüht sich andererseits um die Schaffung eines Konfliktes, wenn die neu ins Spiel gebrachte Alternative von den anderen abgehoben und damit unterscheidbar gemacht werden soll (vgl. *Hofstätter*, 1957, S. 327). Daß auf diesem Wege der Konfliktsteuerung nicht die ganze Motivstruktur von Grund auf umgestaltet werden kann – wir erinnern an das Problem der Motivkonsistenz und an die These von den kognitiven Strukturen – ist einleuchtend. Die Werbung kann mit dem Ergebnis bereits zufrieden sein, wenn sie den Strom des Verhaltens nur um wenige Grade ablenken kann, um somit mehr Affinitäten auf das Produkt zu lenken als bisher. Schon eine kleine Verschiebung der jeweiligen Resultierenden kann das bewirken.

Die dritte Funktion der Wirtschaftswerbung, die der *Motivierung*, betrifft nun in erster Linie die Anhängerfront, denn die Werbung soll ja nicht nur dazu dienen, neue präsumtive Käufer anzureizen. Es handelt sich vielmehr auch darum, die gegebene Motivation der Anhänger aufrecht zu erhalten, so daß sie nicht zum Erliegen kommt. Die Aufgabe, die der Wirtschaftswerbung hier zufällt, ist die der Rechtfertigung: Der Kunde will seinen Willensentschluß als richtig bestätigt wissen und bedarf hierzu der Hilfestellung. Das Unsicherheitserlebnis (Angst) des Verbrauchers soll darum auch noch nachträglich gemindert werden, damit der Kauf nicht bereut wird und Wiederholungshandlungen nichts im Wege steht. Die Motivierungsfunktion bekundet sich nun einfach darin, den Kaufentscheid des Verbrauchers durch beigegebene Rationalisierungen zu rechtfertigen, um auftretende kognitive Dissonanzen zu reduzieren.

Schließlich zeigt auch die empirische Forschung, daß ein Werbetext, der der eigenen Auffassung zuwiderläuft, leichter vergessen wird als ein solcher, bei dem die Versuchsperson sich zu irgendeinem Gegenstand positiv verhält (*Levine*, *Murphy*, 1943). Wir wissen bereits, warum das so sein muß: Das Aktualitätsmaß ist hier größer als dort. Die Suche nach den Gründen entspringt hier einem sehr intensiven Bedürfnis nach Bestätigung der eigenen Auffassung. Es ist ferner eine bekannte Tatsache, daß eine

Anzeige für ein beliebiges Erzeugnis weit mehr von Leuten beachtet wird, die dieses Produkt bereits benutzen als von denen, die es nicht benutzen bzw. Konkurrenzfabrikate verwenden (*Ehrlich* et al., 1957). Obgleich es sich hier um eine Wirkung handelt, die der Werbeplaner gar nicht in dieser Weise gewollt hat, darf die Motivierungsfunktion der Wirtschaftswerbung dennoch nicht verkümmern, da sie auf dem Wege der sekundären Motivation den unerläßlichen Anstoß des weiteren Verhaltens abgeben kann.

Wir haben bisher die Wirkung der Werbung mehr oder weniger als Phasenfolge verstanden, an deren Anfang die Wahrnehmung und an deren Ende die Verhaltensmodifikation steht. In ähnlicher Weise gehen sehr viele Marketingtheoretiker vor, die sich mit Werbung befassen. Am bekanntesten ist wohl das Ablaufmodell nach der AIDA-Formel: attention, interest, desire, action. Eine andere Stufenfolge (*L. H. Britt*, 1967) ist z. B.: awareness, knowledge, preference, action. Ähnlich führen *Howard* und *Sheth* (1969) eine Reihe von Vorreaktionen auf, die für die Marketing-Praxis relevant sind: Aufmerksamkeit, Markenverständnis, Einstellung, Kaufabsicht. Man stellt sich hierbei vor, daß alle diese Stadien in einer kausalen Kette zusammenhängen (kritisch hierzu: *K. S. Palda*, 1966; *W. E. Clement*, 1967).

Wir sollten jedoch besonderes Augenmerk auf die Selektionsprozesse legen, die den Zusammenhang zwischen dem Stimuli-Universum (U), den Stimuli, denen man ausgesetzt ist (A), den Stimuli, die man wahrnimmt (W), den Stimuli, die Einstellungen verändern (E) und den Stimuli, die zu Aktionen (z. B. zu Käufen) führen (K), näher beschreiben und deren Bedingtheit erklären. Schematisch könnte man hier ein Trichtermodell (vgl. auch *P. F. Lazarsfeld*, 1959; *F. M. Nicosia*, 1966) konzipieren, das die einzelnen Selektionsprozesse verdeutlicht:

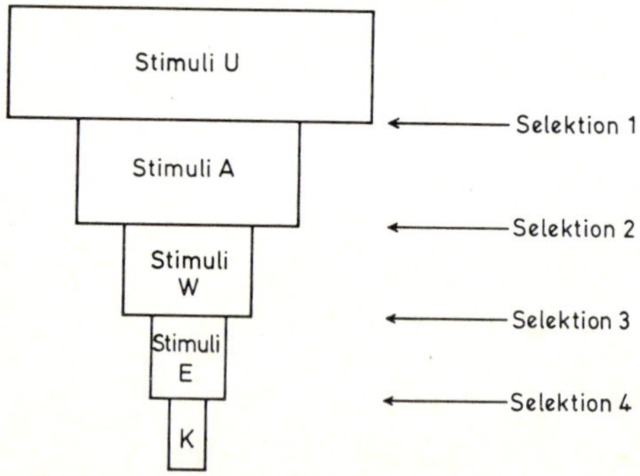

Abbildung 20: Trichtermodell der Kommunikation

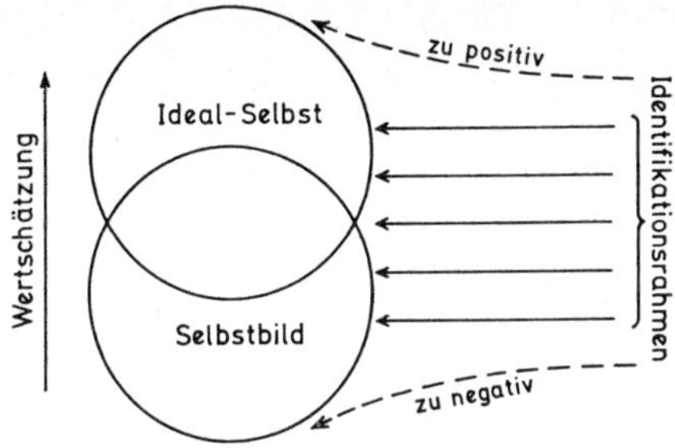

Abbildung 21: Akzeptanzbereich von Botschaften

Versuchen wir einige Aussagen darüber zu machen, welche Faktoren die Selektion im einzelnen bedingen. Anhand unserer Überlegungen zur Persönlichkeitstheorie im ersten Teil dieser Arbeit erscheint es naheliegend, daß bestimmte Stimuli (z. B. Werbebotschaften) nur dann vom Individuum perzipiert und verarbeitet werden, wenn sie mit dem Selbstbild dieses Individuums übereinstimmen. Es wird ferner solchen Botschaften gegenüber aufgeschlossen sein, die mit dem Wunschbild (dem Ich-Ideal bzw. Ideal-Selbst) harmonieren. Wir stellen also die Hypothese auf, daß nur solche Botschaften vom Individuum akzeptiert werden, die sich im Zustand der Kongruenz mit dem Selbstbild oder dem Ideal-Selbst befinden.

Diese Selektion läßt sich im Lichte allgemeiner Verhaltenstheorien deuten, etwa im Sinne der beschriebenen Theorie der Identifikation, wobei im »oberen« Bereich eine Identifizierung nicht mehr möglich wird, weil der Identifikationsradius überschritten ist – so möchte man zwar gern sein, jedoch befindet sich die Realität dazu im Widerspruch – und im »unteren« Bereich, weil die Identifizierung nicht mehr belohnend wirkt – so ist man zwar auch, jedoch möchte man unter keinen Umständen daran erinnert werden.

Selektives Ausgesetzt-Sein gegenüber Werbebotschaften läßt sich jedoch auch mit einer anderen Verhaltenstheorie erklären, nämlich mit der Theorie der kognitiven Dissonanz von *Festinger* (1957). Diese Theorie hat hinsichtlich ihrer Anwendung im Bereich der Werbung seit Erscheinen des Artikels von *Ehrlich* et al. (1957) schon eine lange Tradition (vgl. etwa: *T. Joyce*, 1967; *W. E. Clement*, 1967), wobei selektives Wahrnehmen, Ausgesetztsein und Akzeptieren vom Grad der kognitiven Konsistenz her bestimmt wird. Ohne hier alle Implikationen der Theorie zu wiederholen – wir haben ihren Anwendungsbereich bereits im zweiten Teil dieser Arbeit umrissen – kann man sagen, daß die kognitive Struktur wie ein Filter auf alle Botschaften wirkt, das alle Elemente der Aussage passieren läßt, die sich konsonant zur kognitiven Struktur verhalten und alle Elemente der Aussage ablehnt, die den Überzeugungen widersprechen. Das Maß der Überzeugungsstärke ist also ein Gradmesser für das Auftreten kognitiver Dissonanzen. An einer negativen Überzeugungsstärke wird also eine noch so effiziente Werbebotschaft scheitern.

In Übereinstimmung mit den Aussagen der Theorie der kognitiven Dissonanz haben auch die Untersuchungen im Bereich der Kommunikationsforschung zu der Vermutung geführt, daß Werbung eher bestehende Motivationen und Attitüden verstärken kann als sie induzieren (vgl. *Klapper*, 1960; *B. Berelson, G. A. Steiner*, 1964; *C. I. Hovland, L. Janis, H. H. Kelley*, [11]1968; *W. Weiss*, 1970; u. a.). Dies zeigte auch bereits das lerntheoretische Modell des Zusammenhangs zwischen Motivationsstärke, Anzahl der Wiederholungen und Lernerfolg.

Aus allem geht hervor, daß Werbung nur im Rahmen bestimmter Muster und Strukturen, gleichsam durch ein Netz von Brechungen, auf uns einwirkt. Das Bild von der Marionette »Verbraucher«, der nach der Pfeife des Werbungstreibenden tanzt, ist daher wohl ein wenig irreal, obgleich die Werbungstreibenden es sicher gern so hätten. Davon unberührt bleibt allerdings die Frage, inwieweit die Werbung auf lange Sicht ein soziales Wertsystem so verändern kann, daß unsere Wünsche und Normen vom Geiste des Konsumierens so wesentlich bestimmt werden, daß es viele, vielleicht allzuviele Energien und Aktivitäten unseres Lebens absorbiert. So ist der Mensch unversehens von der Arbeits-Ideologie in eine Konsum-Ideologie geraten; und einiges deutet darauf hin, daß er damit zumindest einen Teil der Freiheit, die ihm die Abkehr vom puritanischen Erbe der Vergangenheit bescherte, wieder leichtfertig verspielt hat. Werbung und Marketing dürften an diesem Prozeß nicht unbeteiligt sein, auch wenn ihr Einfluß sich nur durch ein Netzwerk von Brechungen und Selektionen geltend machen kann.

Dieser Umstand könnte nun zu der Vermutung führen, daß sich die Wissenschaft in den Dienst einer effektiveren Manipulierung des Konsumenten gestellt habe, also gewissermaßen Handlangerdienste für egoistische Unternehmerinteressen leiste und lediglich rechtfertigungsideologisch bekunde, daß sie auf diese Weise die Synchronisierung von Produktions- und Bedarfswachstum herbeiführe. Hierfür spricht u. a., daß die wesentlichen wissenschaftlichen Befunde auf dem Gebiet der Verbrauchsforschung ganz offensichtlich nicht dem reinen Erkenntnisinteresse dienten, sondern vorwiegend aus den Reihen der

Marketing-Praxis und -Theorie hervorgegangen sind, deren Perspektive von vornherein pragmatisch eingegrenzt ist. Wir können und wollen an dieser Stelle die hier vorliegende Problematik nicht weiter verfolgen, sondern verweisen nur darauf, daß Konsumtheorie nicht lediglich im Rahmen der Unternehmungspolitik von praktischer Bedeutung ist, sondern gleichermaßen für die Verbraucherpolitik, auch wenn man in diesem Bereich von wissenschaftlichen Ergebnissen in schüchternem Ausmaß Gebrauch zu machen pflegt. Dabei möchten wir Verbraucherpolitik in einem Sinn verstanden wissen, der mehr und anderes bedeutet als hier ein kleiner Einkaufswegweiser, da ein bißchen Warentest und dort ein mahnender Aufruf zum Preisbewußtsein. Die Erkenntnis der motivationalen und sozialstrukturellen Bedingtheit des Konsumverhaltens sollte uns vielmehr in die Lage versetzen, mit mehr Distanz und mehr Kritik in einer Welt zu leben, die uns mit Konsumgütern umzingelt hat.

Literatur

Abelson, R. P. et al. (eds.): Theories of cognitvie consistency. New York 1968
Adler, A.: Praxis und Theorie der Individualpsychologie. [4]Berlin 1940
Adorno, Th. W.: Dissonanzen. Göttingen 1956
Albert, H.: Zur Theorie der Konsumnachfrage. In: Jb. f. Soz. wiss. 1965
– Marktsoziologie und Entscheidungslogik. Neuwied 1967
Allison, R. I., Uhl, K. P.: Brand identification and perception. In: JMR. *1*, 1964
Allport, F. H.: Theories of perception and the concept of strukture. New York 1955
Allport, G. W.: Persönlichkeit. Stuttgart 1949
Alpert, L., Gatty, R.: Product positioning by behavioral life-styles. In: JM. *33*, 1969
Amstutz, A. E.: Computer simulation of competitive market response. London 1970
Anastasi, A.: Fields of applied psychology. New York 1964
Anderson, H. H., Anderson, G. L. (eds.): An introduction to projective techniques and other devices for understanding the dynamics of human behavior. New York 1951
Arndt, J.: Word of mouth advertising. New York 1967
– Insights into consumer behavior. Boston 1968
Atkinson, J. W.: Motivational determinants of risk-taking behavior. In: Psych. Rev. *64*, 1957
– (ed.): Motives in fantasy, action and society. New York 1958
– An introduction to motivation. Princeton 1964
Bales, R. F.: Interaction process analysis. Cambridge 1950
Bandura, A.: Principles of behavior modification. London 1969
–, *Walters, R. H.*: Social learning and personality development. [2]London 1970
Bass, F. M., King, Ch. W., Pessemier, E. A. (eds.): Applications of the sciences in marketing management. New York/London 1968
Bauer, R. A.: Consumer behavior as risk-taking. In: *Hancock* 1960
Bayton, J. A.: Motivation, cognition, learning. Basic factors in sonsumer behavior. In: JM. 1958
Benedict, R.: Urformen der Kultur. Hamburg 1960
Berelson, B., Steiner, G. A.: Menschliches Verhalten. Weinheim 1969/72
Bergler, G.: Verbrauchsforschung zwischen Mensch und Wirtschaft. Nürnberg 1961
– Materialien zu einer Absatzlehre. Nürnberg 1965
Bergler, R.: Psychologie des Marken- und Firmenbildes. Göttingen 1963
– Psychologie stereotyper Systeme. Bern/Stuttgart 1966
– (Hg.): Marktpsychologie. Bern/Stuttgart 1972
Bernard, L. L.: Instinct. A study of social psychology. New York 1924
Berth, R.: Marktforschung zwischen Zahl und Psyche. Stuttgart 1959

Bierfelder, W.: Die Marktentnahme. Nürnberg 1959
Bilkey, W. J.: The vector hypothesis: a psychological approach to Consumer behavior analysis. Storrs 1952
Birdwell, E. A.: Influence of image congruence on consumer choice. In: Smith (ed.) 1964
Blankenship, A. B.: Consumer and opinion research. New York 1943
Bliss, P. (ed.): Marketing and the behavioral sciences. ²Boston 1968
Bourne, F. S.: Group influence in marketing and public relations. In: *Likert/Hayer* (eds.) 1957
Brehm, J. W., Cohen, A. R.: Explorations in cognitive dissonance. New York/London 1962
Brentano, L.: Versuch einer Theorie der Bedürfnisse. Leipzig 1924
Britt, St. H. (ed.): Consumer behavior and the behavioral sciences. New York/London 1966
– (ed.): Consumer behavior in theory and action. New York/London 1970
– (ed.): Psychological experiments in consumer behavior. New York/London 1970
Brown, L. O.: Principal psychological techniques in marketing research. In: *Ferber/Wales* (eds.) 1958
Brown, R.: Social psychology. New York 1965
Brown, R. L.: Wrapper influence on the perception of freshness in bread. In: Journ. of Appl. Psych. *42*, 1958
Burk, M. C.: Survey of interpretations of consumer behavior. In: *Kassarjian/Robertson* (eds.) 1968
Bush, R. R., Mosteller, F.: Stochastic Models for learning. New York/London 1955
Caesar, B.: Autorität und Familie. Hamburg 1972
Carell, E.: Über die Voraussetzungen und den Erkenntniswert des Indifferenzkurvenkonzepts des Haushalts. In: *A. Kruse* (Hg.): Wirtschaftstheorie und Wirtschaftspolitik. Berlin 1951
Cattell, R. B.: Personality and motivation. Structure and measurement. New York 1957
– Objektive und experimentelle Analyse menschlicher Motivation. In: *Haseloff* (Hg.) 1970
Cherry, C.: On human communication. New York 1957
Cheskin, L.: How to predict what people buy. New York 1957
Clark, L. H. (ed.): Consumer behavior. Research in consumer reactions. New York 1958
Clawson, J.: Lewins vector psychology and the analysis of motives in marketing. In: *Cox/Alderson* (eds.) 1950
Clement, W. E.: An analysis of the advertising process and its influence on consumer behavior. In: Changing marketing systems. Chicago 1967
Cohen, J. B.: The role of personality in consumer behavior. In: *Kassarjian/Robertson* (eds.) 1968
Copeland, M. T.: Principles of merchandising. Chicago/New York 1924
Cox, D. F. (ed.): Risk taking and information handling in consumer behavior. Boston 1967

– The audience as communicators. In: *Cox* (ed.) 1967

Crane, E.: Marketing communications. New York/London 1965

Cunningham, S. M.: Perceived risk as a factor in informal consumer communication. In: *Cox* (ed.) 1967

Dahrendorf, R.: Homo sociologicus. [12]Köln/Opladen 1973

Day, R. L.: Buyer attitudes and brand choice behavior. New York/London 1970

– *Parson, L. J.* (eds.): Marketing models. Scranton/Toronto 1971

Dichter, E.: Toward an understanding of human behavior. In: *Ferber/Wales* (eds.) 1958

– Strategie im Reich der Wünsche. Düsseldorf 1961

– Handbuch der Kaufmotive. Düsseldorf 1964

Dornbusch, S. M., Hickman, L. C.: Other-directedness in consumer goods advertising. In: Social Forces. *38*, 1959

Douglas, J., Field, G. A. Tarpey, L. X.: Human behavior in marketing. Columbus 1967

Duesenberry, J.: Income, saving and the theory of consumer behavior. New York 1952

Edwards, A. L.: Techniques of attitude scale construction. New York 1957

Ehrenberg, A. S. C., Pyatt, F. G. (eds.): Consumer behavior. Harmondsworth 1971

Ehrlich, D. et al.: Postdecision exposure to relevant information. In: Journ. of Abn. and Soc. Psych. *54*, 1957

Engel, J. F. (ed.): Consumer behavior. Homewood 1968

– *Kollat, D. T., Blackwell, R. D.*: Consumer behavior. New York/Chicago 1968

Eysenck, H. J.: Dimensions of personality. [5]London 1961

Feldman, S.: Cognitive consistency. New York 1966

Ferber, R.: Research on household behavior. In: Am. Ec. Rev. 52, 1962

– *Wales, H.* (eds.): Motivation and market behavior. Homewood 1958

Festinger, L.: A theory of social comparison processes. In: Human Rel. 7, 1954

– A theory of cognitive dissonance. Evanston 1957

– Conflict, decision and dissonance. Stanford 1964

– *Schachter, S., Back, K.*: Social pressures in informal groups. New York 1950

Fishbein, M. (ed.): Readings in attitude theory and measurement. New York/London 1967

Foote, N. A. (ed.): Household decision making. New York 1961

Frederick, J. G.: Introduction to motivation research. New York 1961

Freud, S.: Gesammelte Werke, 18 Bände. London 1942–1953

Gäfgen, G.: Theorie der wirtschaftlichen Entscheidung. [2]Tübingen 1968

Gehlen, A.: Der Mensch. Seine Natur und seine Stellung in der Welt. Bonn 1950

Gossen, H. H.: Entwicklungsgesetze des menschlichen Verkehrs und der daraus fließenden Regeln für menschliches Handeln. Braunschweig 1854

Grubb, E. L., Grathwohl, H. L.: Consumer self-concept. Symbolism and marketing behavior: A theoretical approach. In: JM. *31*, 1967
– *Hupp, G.*: Perception of self. Generalized stereotypes and brand selection. In: JMR. 5, 1968
Gschwender, J. A.: Continuities in theories of status consistency and cognitive dissonance. In: Social Forces. 46, 1967
Güttner, G.: Identifikationsmodelle und Konsumverhalten. In: *Bergler* (Hg.) 1972
Guttman, L.: Measuring the true state of opinion. In: *Ferber/Wales* (eds.) 1958
Haines, G. H.: Consumer behavior. Learning models of purchasing. New York 1969
Hancock, R. S. (ed.): Dynamic marketing for a changing world. New York 1960
Hansen, F.: Consumer choice behavior. A cognitive theory. New York/London 1972
Hartfiel, G.: Wirtschaftliche und soziale Rationalität. Köln/Berlin 1968
Haseloff, O. W. (Hg.): Struktur und Dynamik menschlichen Verhaltens. Stuttgart/Berlin 1970
– Kommunikation, Transformation und Werbeerfolg. In: Kommunikation und Gesellschaft. Karlsruhe 1972
Heckhausen, H.: Furcht und Hoffnung in der Leistungsmotivation. Meisenheim 1963
Heider, F.: The psychology of interpersonal relations. New York 1959
Hempel, C. G.: Problems of concept and theory formation in the social sciences. Philadelphia 1952
Henry, H.: Was der Verbraucher wünscht. Die Praxis der Motivforschung. Düsseldorf 1960
Hermanns, A.: Sozialisation durch Werbung. Düsseldorf 1972
Herrmann, Th.: Lehrbuch der empirischen Persönlichkeitsforschung. Göttingen 1969
Herzog, H.: Bahavioral science concepts for analyzing the consumer. In: *Bliss* (ed.) 1963
Hicks, J. R.: Value and Capital. [2]London 1950
Hilgard, E. R., Bower, G. H.: Theorien des Lernens. Stuttgart 1970/71
Hill, C. R.: Haire's classic instant coffee study. 18 years later. In: Journ. Quart. 1968
Hillmann, K. H.: Soziale Bestimmungsgründe des Konsumentenverhaltens. Stuttgart 1971
Hörning, K. H.: Ansätze zu einer Konsumsoziologie. Freiburg 1970
Hofstätter, P. R.: Die psychologische Erforschung ruf-artiger Gebilde. In: Arch. f. Rassen- und Ges. biologie. *36*, München/Berlin 1942
– Psychologie der öffentlichen Meinung. Wien 1949
– Psychologie. Frankfurt/Hamburg 1957
– Einführung in die Sozialpsychologie. [4]Stuttgart 1966
– Gruppendynamik. Kritik der Massenpsychologie. NA. Reinbek 1972
– Differentielle Psychologie. Stuttgart 1972

Holland, J. G., Skinner, B. F.: Analyse des Verhaltens. München/Berlin 1971
Hollander, E. P.: Principles and methods of social psychology. New York/London 1967
Holloway, R. J.: An experiment on consumer dissonance. In: JM. *3*, 1967
– *Mittelstadt, R. A., Venkatesan, M.* (eds.): Consumer behavior. New York/Atlanta 1971
Homans, G. C.: Elementarformen menschlichen Verhaltens. Köln/Opladen 1968
– Theorie der sozialen Gruppe. [4]Köln/Opladen 1969
Horney, K.: Unsere inneren Konflikte. Stuttgart 1954
Hovland, C. I., Rosenberg (eds.): Attitude organization and change. New York 1960
– *Janis, I. L., Kelley, H. H.*: Communication and persuasion. [10]New Haven/London 1966
Howard, J. A.: Marketing theory. Boston 1965
– *Sheth, J. N.*: The theory of buyer behavior. New York/London 1969
Hull, C. L.: Principles of behavior. New York 1943
– A behavior system. [2]New Haven 1958
Hummell, H. J.: Psychologische Ansätze zu einer Theorie sozialen Verhaltens. In: *König* (Hg.) 1969
Hunzicker, P.: Erziehung zum Überfluß. Soziologie des Konsums. Stuttgart 1972
Hyman, H. H., Singer, E. (eds.): Readings in reference group theory and research. New York/London 1968
Johannsen, U.: Das Marken- und Firmenimage. Theorie, Methodik, Praxis. Berlin 1971
Joyce, T.: Techniques of brand image measurement. London 1963
– What do we know about advertising works. London 1967
Jung, C. G.: Die Beziehungen zwischen dem Ich und dem Unbewußten. NA Frankfurt/Hamburg 1972 (Darmstadt 1928)
Kagan, J.: The concept of identification. Psychol. *65*, 1958
Kahn, R. L., Cannell, C.: The dynamics of interviewing. New York 1957
Kassarjian, H. H.: Social character in differential preference for mass communication. In: JMR. 2, 1965
– *Cohen, J. B.*: Cognitive dissonance and consumer behavior. In: Cal. Man. Rev. *8*, 1965
– *Robertson, T. S.* (eds.): Perspectives in consumer behavior. Glenview 1968
Katona, G.: Das Verhalten der Verbraucher und Unternehmer. Tübingen 1960
– Die Macht des Verbrauchers. Wien/Düsseldorf 1962
– Der Massenkonsum. Wien/Düsseldorf 1965
Katz, E.: The two-step flow of communication: an up-to-date report on an hypothesis. In: Publ. Op. Quart. *21*, 1957
– *Lazarsfeld, P. F.*: Persönlicher Einfluß und Meinungsbildung. Wien 1962

Kegereis, R., Engel, J. F., Blackwell, R. D.: Innovativeness and diffusiveness. In: *Kollat* et al. (eds.) 1970

Kelly, G. A.: Der Motivationsbegriff als irreführendes Konstrukt. In: *Thomae* (Hg.) 1965

Kenkel, W. F.: Decision making and the life-cycle: Husband-wife interaction in decision making and decision choices. In: Journ. of Soc. Psych. *54*, 1961

Kernan, J. B., Sommers, M. S.: Dimensions of product perception. In: South. Journ. of Bus. 1967

King, Ch. W.: Fashion adoption: a rebuttal to the »trickle-down« theory. In: *Engel et al.* (eds.) 1968

Klapper, J. T.: The effects of mass communication. [10]New York 1969

König, R. (Hg.): Handbuch der empirischen Sozialforschung. Stuttgart 1969

Kollat, D. T., Blackwell, R. D., Engel, J. F. (eds.): Research in consumer behavior. New York/Chicago 1970

Komarovsky, M.: Class differences in family decision-making on expenditures. In: *Foote* (ed.) 1961

Kotler, Ph.: Bahavioral models for analyzing buyers. In: JM 1965

– Marketing decision making: a model building approach. New York/Chicago 1971

Krech, D., Crutchfield, R. S., Ballachey, E. L.: Individual in society. New York 1962

Kreikebaum, H., Rinsche, G.: Das Prestigemotiv in Konsum und Investition. Berlin 1961

Kroeber-Riel, W.: Constructs and empirical basis in theories of economic behavior. In: Theory and decision. Dordrecht 1971

– (Hg.): Marketingtheorie. Köln 1972

– Absatzpunkte und Probleme der verhaltensorientierten Absatztheorie. In: *Kroeber-Riel* (Hg.) 1972

– Zur Prognoserelevanz von Einstellungen, die durch einfache Ratings gemessen werden. In: *Kroeber-Riel* (Hg.) 1972

Kühn, R.: Erklärungsmodelle des Käuferverhaltens als Grundlage einer wissenschaftlichen Absatzforschung. In: GfM-Mitt. *3*, 1969

Kuehn, A. A.: Consumer btand choice as a learning process. In: JAR. 2, 1962

– *Day, R. L.*: Strategy of product quality. In: Harv. Bus. Rev. *40*, 1962

– *Day, R. L.*: Probobilistic models of consumer buying behavior. In: JM *28*, 1964

Kuhlmann, E.: Das Informationsverhalten der Konsumenten. Freiburg 1970

Kunz, G.: Motivforschung. In: Wörterbuch der Soziologie. Stuttgart 1969

Lavington, M. R.: A practical microsimulation model for consumer marketing. In: Op. Res. Quart. *21*, 1970

Lazarsfeld, P. F.: The art of asking why in marketing research. In: Nat. Mark. Rev. *1*, 1935

– *Rosenberg, M.* (eds.): The language of social research Glencoe 1955

Leibenstein, H.: Bandwagon, snob and Veblen-effects in the theory of consumers demand. In: Quart. Journ. of Ec. *44*, 1950

Leonhard, D. L.: Consumer research with projective techniques. Shenandoah 1955

Levy, S. J.: Symbols for sale. In: Harv. Bus. Rev. 37, 1959

Lewin, K.: Vorsatz, Wille, Bedürfnis. Berlin 1926

– Principles of topological psychology. New York 1936

– Feldtheorie in den Sozialwissenschaften. Stuttgart 1963

– et al.: Level of aspiration. In: *J. McHunt* (ed.): Personality and the behavior disorders. New York 1944

Likert, R., Hayer, S. P. (eds.): Some applications of behavioral research. Paris 1957

Lindzey, G., Aronson, E. (eds.): The handbook of social psychology. New York 1969

Lipset, S. M., Zetterberg, H. L.: A theory of social mobility. In: Transactions of the third World Congress of Soc. London 1956

LoSciuto, L. A., Perloff, R.: Influence of product preference on dissonance reduction. In: JMR. *4*, 1967

Lucas, D. B., Britt, S. H.: Advertising psychology and research. New York/Toronto/London 1950

Maccoby, E. E., Newcomb, T. M., Hartley, E. L. (eds.): Readings in social psychology. New York 1958

Mahnkopf, D.: Systematische Theorie sozialen Konsumverhaltens. Mainz 1969

Malewski, A.: Verhalten und Interaktion. Tübingen 1967

Maloney, J. C.: Is advertising believability really important? In: JM. *4*, 1963

Markin, R. J.: The psychology of consumer behavior. Englewood Cliffs 1969

Martineau, P.: Kaufmotive. Düsseldorf 1959

Marx, K.: Das Kapital. Kritik der politischen Ökonomie. Bd. 1. Berlin 1959

Maslow, A. P.: Motivation and personality. New York 1954

Massy, W. F., Montgomery, D. B., Morrison, D. G.: Stochastic models of buying behavior. Cambridge/London 1970

McClelland, D. C.: The achieving society. New York 1961

– *Atkinson, J. W.* et al.: The achievement motive. New York 1953

McConnell, J. D.: The price-quality relationship in an experimental setting. In: JMR. 1968

McGuire, W. J.: Nature of attitudes and attitude change. In: Handbook of social psychology. New York 1968

McNeal, J. U.: Dimensions of consumer behavior. New York 1969

Merton, R. K., Kitt-Rossi, A. S.: Contributions to the theory of reference group behavior. In: *Merton/Lazarsfeld* (eds.): Continuities of social research. Glencoe 1950

Meyer-Dohm, P., Kuhlmann, E.: Absatzwirtschaftliche Kommunikation. Freiburg 1972

Miller, N. E.: Experimental studies of conflict. In: Personality and the behavior disorders. New York 1944

Möller, C.: Gesellschaftliche Funktionen der Konsumwerbung. Stuttgart 1970
Morton, P. R.: Riesman's Theory of social character applied to consumer-goods advertising. In: Journ. Quart. *44*, 1967
Moser, H.: Wilhelm Vershofens Beitrag zu einer Theorie des Verbraucherverhaltens. Berlin 1963
Mueller, E.: A study of purchase decisions. In: Clark (ed.) 1958
Myers, J. G.: Consumer image and attitude. Berkeley 1968
Myers, J. G., Reynolds, W. H.: Consumer behavior and marketing management. Boston/New York 1967
Newcomb, Th. M., Turner, R. H., Converse, P. E.: Social psychology. New York 1965
Newman, J. W.: Motivforschung und Absatzlenkung. Frankfurt 1960
– (ed.): On knowing the consumer. New York 1966
Nicosia, F. M.: Consumer decision processes. Englewood Cliffs 1966
Nieschlag, R., Dichtl, E., Hörschgen, H.: Marketing. Ein entscheidungstheoretischer Ansatz. 4Berlin 1971
Noelle-Neumann, E.: Umfragen in der Massengesellschaft. Reinbek 1963
Norris, R. T.: The theory of consumers demand. New Haven 1941
Opp, K. D.: Kybernetik und Soziologie. Neuwied/Berlin 1970
– Soziales Handeln, Rollen und soziale Systeme. Stuttgart 1970
– Verhaltenstheoretische Soziologie. Hamburg 1972
Osgood, C. E., Suci, G. J., Tannenbaum. P. H.: The measurement of meaning. Urbana 1957
Oshikawa, S.: Can cognitive dissonance theory explain consumer behavior. In: JM. 33, 1969
Oxenfeldt, A. et al.: Insights into pricing from operational research and behavioral science. Belmont 1961.
Palda, K. S.: The hypothesis of a hierarchy of effects. In: JMR. 3, 1966
Parsons, T.: The social system. Glencoe 1951
– *Shils, E.*: Toward an general theory of action. Cambridge 1951
Pawlik, K.: Dimensionen des Verhaltens. Bern/Stuttgart 1968
Perrez, P.: Ist die Psychoanalyse eine Wissenschaft? Bern/Stuttgart 1972
Politz, A.: Motivation research – opportunity or dilemma? In: *Ferber/Wales* (eds.) 1958
Reynolds, W. H.: The role of the consumer in image building. In: Cal. Man. Rev. 7, 1965
Riesman, D., Denny, R., Glazer, N.: Die einsame Masse. Hamburg 1961
Rinsche, G.: Der aufwendige Verbrauch. In: *Kreikebaum/Rinsche.* 1961
Robertson, T. S.: Consumer behavior. Glenview 1970
Rogers, C. R.: Client centered therapy. Boston 1951
Rogers, E. M.: The diffusion of innovations. New York 1962
Rokeach, M.: Attitude change and behavioral change. In: Public Op. Quart. 30, 1967
Rosenberg, M. J. et al.: Attitude organization and change. New Haven 1960
Rosenstiel, L. v.: Psychologie der Werbung. Rosenheim 1969

Roth, E.: Psychologie der Werbung. Rosenheim 1969
Ruppel, P.: Die Bedeutung des Image für das Verbraucherverhalten. Göttingen 1965
Sader, M.: Möglichkeiten und Grenzen psychologischer Testverfahren. Bern/Stuttgart 1961
Scherhorn, G.: Bedürfnis und Bedarf. Berlin 1959
– Verbrauch, Verbraucher. In: Wörterbuch der Soziologie. Stuttgart 1969
– Gibt es eine Hierarchie der Bedürfnisse? In: Konsum und Qualität des Lebens. Symposium der Forschungsstelle für empirische Sozialökonomik. Berlin 1973
Scherke, F.: Der Verbrauchercharakter. Nürnberg 1965
Schopenhauer, A.: Die vierfache Wurzel des Satzes vom Grund. NA Hamburg 1957
Shapiro, B. P.: The psychology of pricing. In: Harv. Bus. Rev. *46*, 1968
Sherif, C., Sherif, M., Nebergall, R. E.: Attitude and attitude change. New York 1965
Sheth, J. N.: A review of buyer behavior. In: Management Science. *13*, 1967
– How advertising works. In: IAA. 1969
Smith, G. H.: Motivation research in advertising and marketing. New York 1954
Snider, J. G., Osgood, C. E.: Semantic Differential Technic. Chicago 1969
Sodhi, K. S.: Urteilsbildung im sozialen Kraftfeld. Göttingen 1953
Sommer, R.: Das Fishbein-Modell als ein Verfahren zur Werbeplanung. In: JAV. *1*, 1973
Spence, K. W.: Behavior theory and learning: selected papers. New York 1960
Spiegel, B.: Werbepsychologische Untersuchungsmethoden. Berlin 1958
Spiegel, B.: Die Struktur der Meinungsverteilung im sozialen Feld. Bern/Stuttgart 1961
– Gradientenmodelle in der Sozialpsychologie. In: Kölner Zeitschr. f. Soz. u. Soz. ps. *1*, 1962
Stafford, J. E.: Effects of group influence on consumer brand preferences. In: JMR. *3*, 1966
Starbuck, W. H.: Level of aspiration theory and economic behavior. In: Behavioral science. New York 1963
Stephan, E.: Methoden der Motivforschung. Nürnberg 1961
Streissler, E., Streissler, M. (Hg.): Konsum und Nachfrage. Köln/Berlin 1966
Sturdivant, F. D. et al.: Managerial analysis in marketing. Glenview 1970
Szondi, L.: Experimentelle Triebdiagnostik. Bern 1957
Szymanski, J. S.: Gefühl und Erkennen. Berlin 1926
Thomae, H. (Hg.): Die Motivation menschlichen Handelns. Köln 1965
Thurstone, L. L.: Multiple factor analysis. Chicago 1947
Tolman, E. C.: A cognition motivation model. In: Psych. Rev. *58*, 1952

Toman, W.: Motivation, Persönlichkeit, Umwelt, Göttingen 1968
Tucker, W. T.: The development of brand loyalty. In: JMR. 1964
– Foundations for a theory of consumer behavior. New York 1967
Udell, J. G.: A new approach to consumer motivation. In: Journ. of Retailing. *4*, 1964/65
Venkatesan, M.: Experimental study of consumer behavior conformity and independence. In: JMR. *3*, 1966
Vernon, M. D.: The psychology of perception. Baltimore 1962
Vershofen, W.: Die Marktentnahme als Kernstück der Wirtschaftsforschung. NA Berlin/Köln 1959
Vierkandt, A.: Die Stetigkeit im Kulturwandel. Leipzig 1908
Voigtländer, E.: Über die Typen des Selbstgefühls. Leipzig 1910
Webster, F. E.: Interpersonal communication and salesman effectiveness. In: JM. *32*, 1968
Weiss, W.: Effects of mass media of communication. In: *Lindzey/Aronson* (eds.) 1969
Westfall, R.: Psychological factors in predicting product choice. In: JM. *26*, 1962
Whyte, W. H. jr.: The web of word of mouth. In: *Clark* (ed.) 1958
Winkler, A.: Kritische Überlegungen zur Tragfähigkeit des Imagebegriffs. In: JAV. 2, 1973
Wiswede, G.: Motivforschung. Eine Analyse ihrer Erkenntnisgrenzen. Nürnberg 1962
– Das Motivvakuum. Zur Psychologie des Überfragtseins. In: Zeitschr. f. Markt- und Meinungsf. *2/3*, 1963
– Eine Vektortheorie des Verbraucherverhaltens. In: JAV. *1*, 1966
– Soziologie des Verbraucherverhaltens. Stuttgart 1972
– Rationalität und soziales Wertsystem. In: Zeitschr. f. Wirtsch. u. Soz. wiss. *4*, 1972
– Rollenstruktur des Haushalts. In: JAV. *1*, 1973
– Bedürfnismatrix und kognitive Dissonanz. In: JAV. 2, 1973
Wulfeck, J., Bennett, E. M.: The language of dynamic psychology as related to motivation research. New York/Toronto/London 1954
Wylie, R. C.: The self-concept: a critical survey of pertinent research literature. Lincoln 1961
Yankelovich. D.: New criteria for market segmentation. In: Harv. Bus. Rev. *42*, 1964
Zajonc, R. B.: The concepts of balance, congruity and dissonance. In: The Publ. Op. Quart. *24*, 1960
Zober, M.: Marketing management. New York 1964

Namenregister

Sachregister